# 基于管理心理学的
# 母性领导力研究

朱亚明 著

中国纺织出版社有限公司

图书在版编目(CIP)数据

基于管理心理学的母性领导力研究 / 朱亚明著.
北京：中国纺织出版社有限公司, 2024.6. -- ISBN
978-7-5229-1898-3
Ⅰ. C933.41
中国国家版本馆 CIP 数据核字第 2024LV6784 号

---

责任编辑：张　宏　　责任校对：王蕙莹　　责任印制：储志伟

中国纺织出版社有限公司出版发行
地址：北京市朝阳区百子湾东里 A407 号楼　邮政编码：100124
销售电话：010—67004422　传真：010—87155801
http://www.c-textilep.com
中国纺织出版社天猫旗舰店
官方微博 http://weibo.com/2119887771
天津千鹤文化传播有限公司印刷　各地新华书店经销
2024 年 6 月第 1 版第 1 次印刷
开本：710×1000　1/16　印张：14
字数：210 千字　定价：98.00 元

凡购本书，如有缺页、倒页、脱页，由本社图书营销中心调换

# 前　言

在这个全球化的世界中，科技和数字化正在以完全不同的方式推动社会进程。我们面临的挑战不再是物理距离、体力或劳动强度，而是知识的不断更新、人际关系模式的新状态和竞争环境的持续改变。如今的女性，接受着与男性同等的教育，她们和男性一样有能力。由于性别平等的不断强化，女性们比之前有更高社会地位的同时也在社会的各个领域更受欢迎。

尽管我们目睹了女性社会地位的显著改善及其经济和政治地位的不断提高，但是也不得不承认女性仍然面临明显的性别歧视：尽管有证据证明有女性高管的企业在各方面的表现比没有或有很少女性的企业要出色，但在大多数公司中却只有极少数女性在高级管理层有一席之地。

扁平的世界和组织结构、更容易获得的新技能及技术，导致追随者对领导者的依赖大大减少。因此，人们提出了一个问题，即在现在和未来主要关注点不是技术、技能或权威的管理领域中，什么是真正有效的领导力？现在的社会中，员工面临着来自不断变化的内外环境和交付要求的巨大压力；人们的沟通主要通过数字化的移动设备来进行；社会、政治和经济环境经历着快速变化……这一切使得人与人直接的、真正的、心与心的互动变得弥足珍贵。所有这些都导致了真正的焦虑、不确定性和不安全感。理想的领导者是那些不仅要设计好的战略，还要有能力有效执行战略的人，他们充分了解员工需求，并为其提供愉悦的心理感受。

母亲领袖，是作为新概念在本书中提出的第三性别，通过怀孕、分娩和抚育孩子成长，获得了一种内在的魅力和能力来为她们的队友提供心理愉悦。不同于男性领导者和没有孩子的女性领导者，母亲型领导似乎更适合在现今和将来的世界担任领导角色，更好地为企业和社会的福祉做出贡献。

我们提倡三种性别（男性、未育女性和母亲型领导）都应该努力为员工提供心理愉悦的环境，以更有效的方式领导当今的企业和社会。

朱亚明
2024 年 2 月

# 目　　录

1　母性领导力的研究背景 ················································· 1
   1.1　"玻璃天花板"的现状 ············································ 2
   1.2　研究母亲领袖的意义 ············································· 5
   1.3　本研究的创新性 ··················································· 8

2　领导学理论与母性领导力 ·············································· 11
   2.1　领导学理论的历史回顾 ········································· 14
   2.2　信息时代的领导力 ··············································· 23
   2.3　20世纪末和21世纪初的情商、魅力型领导理论 ·········· 26
   2.4　绩效管理和平衡计分卡 ········································· 30
   2.5　经典的魅力领导力理论和新魅力领导力理论 ·············· 37
   2.6　领导者的技能、能力和领导原则 ····························· 40
   2.7　从生物学和大脑结构的角度看女性刻板印象 ·············· 50
   2.8　妇女运动和女权主义者 ········································· 63
   2.9　女性领导 ··························································· 68

3　母性领导力的研究方法 ················································· 77
   3.1　用互动的方法收集数据和洞察 ································ 79
   3.2　采用"扎根理论" ················································ 83

4　母性领导力的田野研究 ················································· 93
   4.1　对J女士的现场观察——一位母亲领袖的非凡领导方式 ··· 94
   4.2　领导力标准调研 ·················································· 97

  4.3 访谈 ································································ 107
  4.4 克尔斯汀·斯图尔特的案例研究 ································ 139

# 5 心理愉悦与第三性别——母亲型领导的新性别认同 ············ 147
  5.1 新世界需要更多的肯定 ············································ 148
  5.2 母亲型领导更适合提供心理愉悦 ································ 157
  5.3 母亲领导应该挺身而出 ············································ 164
  5.4 性别角色之争——从刻板印象到魅力四射 ····················· 182

# 6 结论 ································································ 197

**参考文献** ································································ 205

# 1 母性领导力的研究背景

## 1.1 "玻璃天花板"的现状

随着经济和社会的发展,女性开始在企业中发挥重要的作用,她们具有强大的直觉、良好的沟通能力、独特的亲和力和高超的情商,已经成为一股不容忽视的中坚力量。但由于社会习俗、个人性格及自我制约等原因,女性往往会在职场遇到"玻璃天花板"阻碍晋升之路。在现代公司治理结构中,男性往往占据大部分高级管理职位,而大多数女性经理只能担任副职。

2013年的"女性很重要"调研得出结论,高级管理职位女性较多的公司往往展示出更好的财务业绩:平均净资产收益率高出47%,税前平均收入高出55%。然而现实却很有讽刺意味,如图1-1所示,2019年12月标普500公司中,尽管女性占这些公司员工总数的44.7%,首席执行官中却仅有29名女性(5.8%),女性高收入者和董事会席位不到22%。

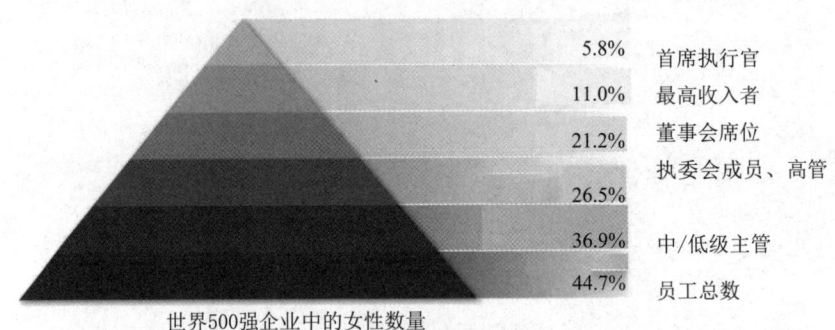

世界500强企业中的女性数量

图1-1 标普500公司的女性

世界经济论坛2020年发布的2019年年底全球性别差距报告显示,从2019年开始缩小性别差距直到实现性别平等所需的时间为99.5年,较2018年的108年略有改善。性别不平等在健康、教育和政治方面更为严重。杨希的研究显示,中国金融业仍存在"玻璃天花板",255家上市银行和保险公司中只有19名女性高管,约占高管总数的7%。她总结道:"越来越多的女性拥有更高的学历水平、更强的职业自信以及更大的事业追求……诚然，不同行业的领导者有着不同的特定要求，女性领导者也的确拥有差异于男性的领导特质。不可否认的是，在资本密集、知识密集的中国金融业，女性领导者仍然是少数群体"（杨希，2020）。

在中国的其他行业/领域也存在这种情况。截至2016年年底，在全球主要股票交易所挂牌的86家市值超过1000亿元的中国公司中，只有4家由女性担任首席执行官或董事长，女性董事会成员和女性高级领导的占比分别为11.32%和10.75%。我们不得不问：在"玻璃天花板"这个名词被提出来40年后，这个问题还在吗？为什么性别不平等仍然存在？"能撑住半边天"的妇女占了全国总人口的48.80%[1]和劳动力的43.10%[2]，如今能否在领导职位中获得公平的地位？有什么可以和应该做的来进一步改善性别不平等和"玻璃天花板"的情况？

回顾人类历史，母系社会时期，女性，尤其是有生育经历的女性，是母系社会一个家庭的关键决策者，一个家族和氏族的领袖。在这个原始社会阶段，亲属关系是界定家庭关系及社会地位的主要标准，女性受到高度崇拜。进入农业社会后，奴隶制逐渐形成，奴隶主——通常是男性——开始在经济和上层建筑中发挥主导作用。到了封建社会，家庭关系、性别、姻亲关系、社会关系等决定着每个人在社会中的地位和角色，所以男性仍然是家庭的主心骨和社会的领袖。进入现代社会，随着工业化和资本主义的发展，精英制度在很大程度上成为社会结构的关键：基于教育、民主、能力的选拔制度是社会生活和组织的核心，社会"密码"被个人能力所取代，社会在效率和平等方面有了巨大进步，但这种看似进步的平等和效率是就男性而言的，很少得到教育和其他机会的女性仍然处于劣势。女性的觉醒兴于20世纪30年代的女权主义运动。在著名的《第二性》（*Le Deuxième Sexe*）（1949）中，西蒙娜·德·波伏娃（Simone de Beauvoir）指出"对于女性来说，除寻求自我解放外，没有其他出路"。她相信"当有一天女人爱她的力量，而不是她的弱点；不是逃避自己，而是发现自己；不是顺从，而是肯定自己；女性的爱将和男性的爱一样成为生命的来源，而不是一个致命的危险"。女权运动确实带来了女性社会地位的提高，在

---

[1] 杨菊华. 改革开放40年公共领域性别平等进展[N]. 中国妇女报.2018-10-30（005）.
[2] 新华社. 巾帼心向党，奋进新时代[N]. 中国妇女报.2018-10-30（001）.

女性教育、就业机会方面取得了良好的进展，我们甚至看到少数女性成为政治领袖和有影响力的企业家。女性教育和工作机会方面的重大进展体现在以下事实中。

（1）女性受教育状况大大改善：根据世界经济论坛披露，全球男女受教育人数比例差距为5%，中国只有3.7%❶。

（2）女性劳动力和女性高层领导：麦肯锡调查显示，在《财富》500强企业中，女性占劳动力总数的42%（2012年）和45%（2015年）（图1-2）。

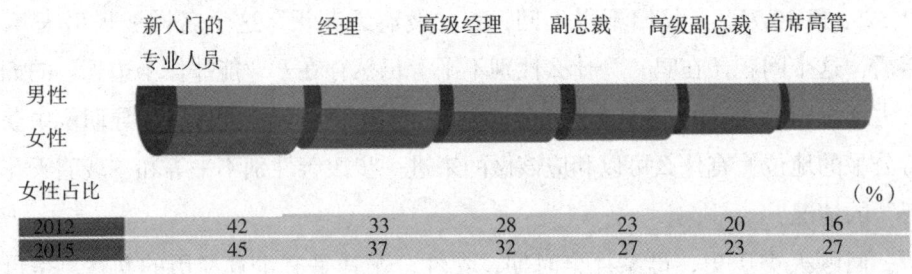

图1-2　企业人才库

现今的社会，女性走出家门，接受教育，从事一份工作，追求自己的职业生涯并非难事，有不少女性甚至自己创业，或是在不同规模的企业中不断升级，领导一个团队甚至整个公司和团体。女性已经进入社会公共领域，在很多方面都做出了出色的成绩。但不幸的是，尽管这个社会强调个人能力，可大多数情况下，女性仍然在低水平的决策链上，而男性仍然是世界的主宰：他们领导国家、政府、公共或私人企业和组织。"对性别刻板印象的改变还不够多，作为一个弱势的群体，女性仍然不如男性"（波伏娃，1949年）。上述麦肯锡的调查显示，女性所占的百分比随着职位的上升而下降，2012年只有16%的女性在首席高官行列，三年后的情况几乎没什么改善，女性领导人只多了一个百分比，达到17%。2015年，只有11%的女性跻身于收入最高的群体。女性自身、企业和社会都认为：女性怀孕、分娩和抚养孩子是她们职业发展的"拖累"；女性因为照顾家庭而受到赞扬，而不会因为擅长工作、事业有成（如果工作时间比照顾家庭时间多）而得到褒奖；漂亮的外表和讨人喜欢是家庭认可和社会接纳的重要标准。女性不被鼓励"抛头露面"；在涉及战略规划、愿景设立、创造和经营大型企业方面，女性常被认为（也许是未说的共识）不如男

❶ *Global Gender Gap Report 2017.*

性。性别仍然是不平等的主要原因。朱迪思·洛伯尔（Judith Lorber）在她的书《性别不平等》（*Gender inequality*）（2010）中，将性别解释为："一种社会地位、一种法律名称和一种个人身份。通过性别化的社会过程，性别划分及随其而来的规范和角色期望被纳入主要的社会组织架构，如经济、家庭、国家、文化、宗教和法律——性别化的社会秩序。"我们必须承认，性别问题仍然存在，而且对母亲领导人来说似乎更为明显。随着时间的推移，男性和女性在各自领域分工明确的现象已经减弱，我们看到男性和女性在工作和家庭中的角色越来越相似。但蒋莱（2010）认为"劳动分工的现象仍然存在，母亲们仍然面临着职业和母亲角色之间的艰难决择"。

男性和女性（母亲或非母亲）接受相同的教育，面对着相同的生活和工作机会，但是有谁可以对性别不平等做最好的解释？既然社会主要是由知识、科技而不是体力、权力为主导，我们是否应该期待并为变革而战？女性，尤其是母亲领袖，能否发挥重要作用，而且有更多的她们成为领导从而造福于社会和她们所服务的企业？

## 1.2　研究母亲领袖的意义

在试图理解性别问题和领导效率时，我们意识到把母亲和没有孩子的女性领导继续归为一类是不科学的，因为母亲和非母亲女性领导人体现出很不同的领导风格，日常行为，甚至领导结果，两者之间的差异不逊于女性领导人和男性领导人之间的差异。没有孩子的女性领导和母亲领导在家庭和社会中的角色都是不同的，她们面临着非常不同的挑战，而且她们的行为方式也不一样。因此，本研究将集中于从职业和领导的角度来确定母亲领导者作为第三性的独特性。这里需要澄清的是，我们研究母亲领导并不意味着非母亲女性或男性领导人不重要或不值得研究，只是在这个阶段，本研究中，我们的重点在于母亲领导，因为到目前为止，第三性还没有得到应有的关注。

从弗雷德里克·温斯洛·泰勒（Frederick Winslow Taylor）（2011）自下而上的科学管理到马克斯·韦伯（Max Weber，1947）的科层组织管理理论，再到亨利·法约尔（Henri Fayol，1949）自上而下的现代操作组织管理理论，管理哲学随着社会的进步得到了很大的发展，领导力理论也同样有了发展。从中国古代《孙子兵法》，儒家、道教、法家的领导哲学，西方的德谟克利特、苏格拉底、柏拉图的西方哲学领导理论和马基雅维利的《君主论》到现代领导理论，如行为理论、情境理论、交易和变革理论到情感/魅力理论，使我们意识到：即使企业的产品和服务看似相同，但世界的快速变化意味着没有标准化的商业模式，也没有相同的企业结构。员工们掌握着越来越多的高科技技术，他们可以独立完成哪怕是非常复杂的任务。在这个社会中，领导者的角色是理解员工的压力、焦虑、渴望和愿望，而不是下达命令，也非提供体力和技术支持。因此，传统的基于秩序、知识和任务指标实现的领导能力受到了挑战。我们需要理解并回答以下问题：当代企业所面临的挑战的关键特征是什么？哪种领导风格更适合激励员工以促进公司的可持续增长？在不确定性和复杂性日益增加的环境中如何最大化领导的有效性？这个社会是否真正且高效地提供平等的领导机会？性别刻板印象是有关领导力的一个大问题吗？母亲在职业发展中是否比男性和没有孩子的女性面临更大的障碍？

关于性别和领导力，人们已经做了相当多的研究，其中有不少致力于分析为什么女性领导人如此稀缺。关于女性领导者如何提高职业发展的机会，人们提出了各种建议，比如，提高女性的自我意识，利用她们的关怀和关注的魅力，呼吁社会给予女性更多的关注，提供特殊的机会，甚至有建议让女性按男性的方式来言行。所有这些都是有意义的，有助于女性在某种程度上突破玻璃天花板。然而这一切并没有解决根本问题，对于寻求利润，寻找成本效率最大化的企业来说，相信女性不如男性，女性的生产力低于男性的问题并没得到根本的解决。可笑的是人们并没有弄清楚"为什么女性生产力低于男性"，也没有挑战这种思维的可靠性和真实性，实际上对于"生产力"的定义都没有解释清楚。大家似乎普遍认为，职业女性在分娩、抚养孩子时是在"浪费"企业的时间；她们比男性的贡献要少，因为她们需要花时间、精力来关注照顾家庭和孩子；女性缺乏资源，因为她们不参加某些俱乐部和圈子。目前，对职业成功女性领导者的研究仍存在许多不足之处：①性别研究通常把所有女性都归为一类，很少区分没有孩子的女性与有生育经验的母亲；②大多数关于职业女性的研究从知觉历史的角度考虑性别平等，但很少从管理的角度考虑女性职业发展，特别是对女性领导者职业成功的研究；③在以男性为中心的价值体系和父权制文化的背景下，对女性的职业发展的研究大多遵循传统的理论框架，许多研究只基于大量男性样本来得出结论，忽略或者说非常少关注性别特征，女性和女性的管理观点变得看不见或微不足道，女性成为"失语症"患者，她们的经验被视而不见和边缘化；④领导和管理研究中对追随者、团队成员的心理方面的关注很少；⑤很少有研究关注社会需要更多的女性领导者来做出贡献这一事实，而更多的女性参与对组织实践的可能影响也并没有反映在组织理论的研究中。

本研究旨在通过关注上述方面，明确性别刻板印象对于领导力特别是领导力有效性的影响。而对于笔者、一名企业高管和一名母亲来说，这也是一个非常有意义的职业回顾过程。笔者目睹并经历过很多场合，男性因为他们的潜力被选任，而女性的被选任却是因为她们过往的成绩。

本研究还旨在正视对母亲领导者的污名化及对其追根究源，并证明母亲领导者的理论可以回答管理中一些被忽视的意义。在本研究中，母亲领袖、无子女女性领袖、其他性别话题中的特质群体等都不处于对立的立场，也不相互争斗。本研究的目的是指出母亲领袖由于几个世纪以来男性和技术的统治而被污名化，必须寻求变化，因为这种变化在管理学中具有重要意义。然而，这并不意味着：①母亲领袖是唯一的受害者；②针对其他群体的研究不能提供有意义的结论。因此，完成本研究之后可以考虑一个更雄心勃勃的计划，如韦伯（Weber）对宗教研究的态度，应该对不同群体（理想类型）进行全面的实证研究，从而形成一个完整的形象（概要）。目前，受时间、精力、规模、范围等的限制，本研究选择从母亲领袖开始研究，作为一个突破。作为一名母亲领袖，当笔者第一次遇到这样的话题时，感觉可以用一个人类学家风格的内部视角，提高研究的质量。从长远的角度来看，笔者非常愿意继续对其他女性群体进行类似的研究，这是很重要的和必要的。总之，本研究并不是为了结束某件事，而是希望以此为起点打开一些值得关注和进一步研究的东西。

管理是一个集中的方向，而不是像德国传统哲学的勒本韦尔特（Lebenwelt）说的那样与现实世界或现实生活分离的舒缓方向。因此，本研究从当前企业管理中的一些具体问题出发，但当前的管理实践很难回答这些问题，这就是为什么笔者在相关的社会学、社会理论、心理学中寻找补充。最后，本研究着力于确保提出的结论具有管理上的实操性，但需要提醒的是，本研究的重点不在于提供具体操作指南（手册）。

## 1.3 本研究的创新性

为了更好地理解性别差异、领导力和管理成功标准的理论和发展、对女性领导力的刻板印象等，本研究对领导力、管理学、心理学、社会学进行了系统的跨学科文献研究。尽管有不少关于性别和女性领导能力的研究，而专注于母亲领导能力的具体研究却明显缺乏；尽管有许多关于工作场所身体安全和心理安全的研究，但心理愉悦对领导效率的影响的研究少之又少。本研究的理论创新在于注重母亲领袖与心理愉悦之间的联系，就此发展、总结和扩展了新的管理理论。通过对领导理论演变的批判性分析，比较男性、未育女性、母亲在生活经历、心理积累、社会行为等方面的差异，本研究首次提出了第三性别（母亲领袖）的概念，并首次将心理愉悦的概念引入管理学领域，最后，本研究提出了新的领导力理论：具有提供心理愉悦能力的母亲型领导者更适合当今和未来的企业和社会。

本研究其他方面的创新还表现在以下两点。

（1）新的访谈方法：通过邀请有子女的已婚夫妇进行面对面的访谈，然后再分别进行一对一的访谈，了解夫妻双方对于母亲领导人的角色、责任和潜力的看法，同时观察两人在有对方在场时的观点是否和对方没在场时保持不变。事实表明这对夫妇在面对面的访谈时答案和一对一的访谈时的答案不尽相同，有时甚至是互相矛盾。

（2）新的案例研究方法：不同于传统的基于访谈、数据收集等方式的案例研究，本研究采用了基于自传的案例研究方法。这种案例研究克服了访谈/数据收集方式的某些缺点：耗时，又不够全面。传记可以反映不同时间和环境下的事件和活动的全貌。当然，不可否认的是，这样的案例研究可能不够客观，因为它基本是基于自传作者的个人观点。但这种简化的案例研究方式足以用来补充通过其他研究方法得出的发现和结论。

本研究采用传统的 6 章结构具体内容如下。

（1）母性领导力的研究背景，也就是本章。它为这项研究奠定了基础。通过一些事实和数据，显示了女性领导者不可忽视的角色和贡献；同时揭示了拥有女性领导者的公司业绩表现更好，但是遗憾的事实是在女性员工将近占其员工一半的《财富》美国 500 强公司中，只有个位数百分比的 CEO 为女性，女性的职业天花板显而易见。现有领导实践的低效和领导理论研究的不足是本研究的关注点。这里没有遵循基于两种性别领导力研究的流行趋势，而是引入了一个更微妙的研究方向，即关注母亲的领导力，同时并不低估对其他群体的研究需要。本文提出了"母亲型领导更适合领导当今和未来的企业/社会的需求"的新理论，在下面的章节中有进一步详述。

（2）领导学理论与母性领导力。本章旨在分享和研究关于领导力、女性领导力的历史和当代研究。通过深入和全面的文献综述，论证了领导力理论和绩效管理的演变，综述了管理学、社会学、心理学等不同领域的相关文献，以更好地理解关于女性的刻板印象。所有这些文献综述都旨在得出这样的结论：在这个社会中，传统的男性领导类型（交易型）效率较低，基于情感以魅力领导的效果更好。关于女性和母亲的文献表明，她们在情感和魅力方面都有明显优势。

（3）母性领导力的研究方法。本章详细介绍了研究是如何展开的，在哪里和如何收集数据信息，以及如何根据"扎根理论"的研究方法得出结论。

（4）母性领导力的田野研究。在本章中，对详细的研究方法进行了阐释，首先是对 1000 多名不同背景、区域、性别的人进行了在线随机调查，了解他们对领导力标准的看法；然后进行深入访谈（小组或个人、结构化、半结构化或非结构化），了解他们对领导、女性领导的刻板印象，对男性、有孩子和无子女的女性领导之间风格的差异的看法，以及改善母亲领导职业发展的可能行动；第三个田野研究方法是笔者对 J 女士的个人观察。作为一位母亲领袖，J 女士体现了果断、战略和专注的有效领导力……最后的田野研究是一个基于柯斯汀·斯图尔特（Kirstine Steward）传记的案例研究，证明母亲们尽管面对诸多障碍，仍然可以成为领导且取得成功。

（5）心理愉悦与第三性别——母亲型领导的新性别认同。在这一章中，我们讨论了在这个充满变化和压力的世界认可积极情绪的重要性和关键性。在这里，"心理愉悦"的新概念被提了出来且做了解释。从本质上讲，母亲有这种提供心理愉悦的内在的能力。本章详细分析和解释了阻碍母亲晋升的社会、文化、企业和个人障碍，呼吁母亲将性别刻板印象转化为领导魅力。为此目的，笔者提出了针对于不同参与者的行动：政府/社会、企业、男人/父亲和母亲自己都可以做出各自的贡献。

（6）结论。最后一章的结论是，现在和未来的世界为女性领导者提供了不错的职业发展机会，她们可以做出巨大的贡献，女性的领导力是不可忽视的社会重要资产。但是如果没有女性（特别是母亲）自我意识和各方强有力的行动，她们不会自动成为领导者。如果没有来自社会、企业、男性和女性/母亲自身的共同努力，母亲领导者的角色和责任就不会真正落实。

# 2 领导学理论与母性领导力

日益加剧的全球竞争、不断提高的业绩预期以及世界各地激增的社会和经济问题，急需一种前所未有的新型领导，以适应比以往任何时候都更加灵活、更有技术支持的社会。组织的更快、更频繁的变化就需要更多的网络化管理，而非分层管理。我们都知道，一个头衔或职位并不会自动创造出一个真正的领导者，那么今天或明天的领导者应该是什么样子呢？

领导力作为一个特定研究领域还相当"年轻"，"领导力"一词在1821年首次出现。第一本公认的领导力经典著作是詹姆斯·麦格雷戈·伯恩斯（James MacGregor Burns）在20世纪70年代出版的《领导力》。书籍、文章、研究论文、博客、TED演讲和其他类型的文件给出了各种关于领导力的定义、描述。在组织行为和社会学领域，大约有1400万篇关于领导力研究的文章和书籍，这给了我们一个关于领导力洞察的信息宝库。各种各样的专业人士，包括心理学家、管理理论学家、历史学家、政治学家、政治家、神学家、哲学家、记者、其他社会评论员，当然还有企业中真正的从业者（包括领导人），都在非常努力地定义领导和领导力。专家们花了大量的时间和精力去努力解释一个真正的领导者应该做什么，成功的领导者标准是什么样子。为此，他们使用了不同的方法，如科学分析、学术传记和对领导者生活的描述等。在我们庆幸可以很容易获得大量的信息和学习机会时，我们也对大量的信息和知识感到困惑，因为不幸的是，我们发现并不存在被普遍接受的领导力定义，领导力的内涵于不同的学者来说也各不相同。维基百科对领导力给出了一个相对广泛和宏观的定义，即"一种实用的技能，包括个人或组织用于领导或指导其他个人、团队或整个组织的能力"。专家们持有不同的观点，认为东方和西方的领导方法，以及（在西方内部）美国和欧洲的领导方法都不同。侃莫斯（Chemers, 1997）将领导力定义为"一个社会影响的过程，在这个过程中，其中一个人可以寻求他人的帮助和支持以完成一项共同任务"。斯托格迪儿（Stogdill, 1948）认为领导工作的成功有三个关键：①领导人（拥有领导权力的人）需要属于某个组织；②领导在组织中有话语权；③这个组织有明确的目标和方向。一些政治和商业领袖，研究人员也提供了他们对领导力的定义。美国前国务卿亨利·基辛格博士对领导力给出了一个更直接和个性化的定义："领导力是把人们从他们现在所在的地方带到他们以前没有去过的地方。"把它们出版在

《哈佛商业评论》的"领袖手册"中，罗恩和布鲁克（Ron Ashkenas and Brook Manville，2019）从典型的企业观点来描述领导力，即"产生影响力，激励你的组织进入到更高的水平"。他们对领导力的进一步定义为"通过建立为共同目标奋斗的一个组织而实现显著的积极影响"。

加里·尤克尔（Gary Yukl，2013）认为"领导力被定义为特征、行为、影响、互动模式、角色关系和职业的行政职位"。在他的《组织中的领导力》一书中，尤克尔总结了研究员们提出的领导力定义（见表2-1）。

表2-1 Gary Yukl领导力的定义的总结（2013）

| 研究员 | 时间 | 定义 |
| --- | --- | --- |
| Hemphill & Coons | 1957 | 领导力是一个人的行为……引导一个群体的活动朝着一个共同的目标发展 |
| Katz & Kahn | 1978 | 领导是除机械遵守组织常规指令之外的影响力的增量 |
| Rauch & Behling | 1984 | 领导能力是影响一个有组织的团体的活动以实现目标的过程 |
| Richards & Engle | 1986 | 领导是关于清晰的愿景的表述，价值观的体现，并创造可以完成任务的环境 |
| Jacobs & Jaques | 1990 | 领导是赋意义于一个集体努力目的（有意义的方向）过程，并导致人们为达到目的而付出自愿的努力 |
| Schein | 1992 | 领导力是走出文化的能力……开始更具适应性的进步变化过程 |
| Drath & Palus | 1994 | 领导是让人们一起做的事情有意义，以便人们能够理解和为此奋斗 |
| House et al | 1999 | 领导力是指个人影响、激励和使他人为组织的有效性和成功做出贡献的能力 |

尤克尔对领导力的定义是"影响他人理解和就需要做什么以及如何做达成一致的过程，以及促进个人和集体努力实现共同目标的过程"（Yukl，2013）。

中国的领导力研究直到20世纪90年代末才开始。有学者将领导力定义为影响组织能力的能力，它可以特别地影响成员的情绪行为。史洁慧（2015）指出，领导力是一个过程，包括影响力，领导力发挥的作用取决于一个组织和组织的目标。刘峰（2006）认为，领导能力是在技术和方法的层面上进行的，这属于方法论的范畴。

为了更好地理解领导力、领导者，就需要对领导力理论进行历史回顾和分类。

## 2.1 领导学理论的历史回顾

### 2.1.1 中西古代的领导力理论

#### 2.1.1.1 君权神授—古代社会

在古代社会,领导人被认为是"天定的、神圣的",反映在中国,便是古老的"君权神授"的政治和宗教教义,在夏朝就有"有夏服天命"的说法,这是"君权神授"思想最早的记载,到了汉代,董仲舒系统地发展了"君权神授"思想。有了这种信念,中国古代皇帝的权力和统治就不会受到挑战,当然也不可能被推翻,除非有人能证明他才是被神选中来取代现在的国王或皇帝的人选。类似的思想及信仰也主导了前贵族时代的西方世界,在那里,国王的权利和权力是神圣的。中世纪西欧著名的政治思想家和神学家托马斯·阿奎那(Thomas Aquinas)首先提出了国王的神圣权利和权力的思想。他使用"自然法则"论证了"君权神圣"说:"在自然界,支配权总在单一的个体手中,因此,国家也应该由一个君主来治理。在此基础上,英国国王詹姆斯一世于1603年即位后,开始鼓吹"君权神授"这一说法"(董智,夏欣茁,2008)。

#### 2.1.1.2 中国东周时期的将之五德(公元前770年—公元前256年)

中国著名的哲学家和军事战略家孙武(前545—前470)写的《孙子兵法》是中国现存最早的军事书籍,也是人类历史上第一本关于战略的最有影响力的书籍。在这本书中,领导力被描述为智(智力)、信(可信赖度)、仁(人性)、勇(勇气)和严(纪律)的结合。《孙子兵法》表示,只具有其中的单一品德的人不会成为一个好的领导人,因为光有出色的智力可能导致反叛,盲目信任会导致一些荒唐事件,仁义可能带来弱点,勇气本身可能导致暴力,太多的纪律和严厉的命令会导致残忍。只有当某人集这五种美德于一身,他才可能成为一个真正的领导者。

### 2.1.1.3 儒家、法家和道家的领导力思想

1. 儒家的明德慎罚思想

以孔子（前551—前479）为代表的儒家思想是中国古代最具影响力的学派之一。"儒家主张明德亲民、重教治心，提倡以理服人、以德服人。孔子认为，只有用礼义道德引导和教育百姓，使其懂得礼义廉耻，他们才会自觉约束自己的行为，从而达到'善治'的最终目标。而明德慎罚则是儒家推崇的主要治国手段。其中，明德即崇尚德政，统治者需要持之以恒地谨慎修德，提高自身的道德修养。慎罚即慎用刑罚，统治者要慎重断案，不能滥用刑罚，如若刑罚过重，就会使民积怨，从而威胁到统治者的政权。"（周虹霞，2018）

2. 道家"无为而治"的领导哲学

道家关于"无为而治"的思想来自于春秋时期的哲学家老子（前571—前471）所写的《道德经》，这个思想的核心是"道"，即自然法则。"道"只让约束宇宙中一切的法则去工作，而一切都遵循这些法则。延伸到国家治理，"不统治"是由制度管理国家（可以理解为"道"法），通过制度约束人的行为，而人们受法律制度的约束。"不受干涉的治理"不是什么都不做，而是充分发挥所有人的创造力，实现自我，实现崇高和辉煌的成果。不作为不是完全不作为，而是在不违反客观的自然法则的情况下，一切事情都可以做。当你遵循"道"时，你就会遵循客观的自然法则。

3. 法，术，势三位一体的法家领导力哲学

以申子（前385—前337）、商鞅（前390—前338）和韩非（前280—前233）为代表的法家学派强调法、术，势三位一体的领导思想。商鞅《商君书》中首次提出了严厉惩罚的思想。民风民情古今不同，百姓巧伪的现实决定了理民治国要有成效就必须把刑罚置于首位，实行法治。而且，刑罚宜重不宜轻，只有"刑重者，民不敢犯"，才能做到"无刑而民莫敢为非"。申不害在商鞅"法"的基础上提出了"术"的概念，包括为君之术与驭臣之术。他认为，君主应该牢牢掌握权力、发号施令，臣对治国之道不具有建言之权，对君主亦无谏诤之责，否则就是挑战"治主"的地位，而君主的无上威权就体现为"势"或"势位"。因此，法家的领导思想可以概括为以法为本，严刑峻法；尊君卑

臣，刑赏严明；君主集权，驭下以术（周虹霞，2018）。

### 2.1.1.4 古代西方的领导力理论

"西方的领导思想萌芽于古希腊和古罗马时期，思想家们在探寻政治学、哲学、伦理学的过程中，提出了许多宝贵的领导思想"（边慧敏，2012）。

1. 德谟克利特（前460—前370）

古希腊伟大的唯物主义哲学家德谟克利特认为，"领导者必须具备以下几条原则：一是对全民负责，不畏权贵们的淫威；二是经得起公众的批判和监督；三是明白是非，执法如山；四是面对众议，豪爽坦荡"（边慧敏，2012）。

2. 苏格拉底（前469—前399）

作为希腊（雅典）哲学的创始人，苏格拉底指出，自制是一切德性的基础，是一个政治家的必备品格，治理国家只能依靠少数优秀人物，而这种优秀人物必须具备高贵的品质（边慧敏，2012）。

3. 柏拉图（前427—前347）

柏拉图是西方客观理想主义哲学的创始人，他认为"治国是一门学问，是一种知识；正义是最能使国家为善的德性，只有哲学家才能够达到对国家的本质——'善'的认识和把握，因为哲学家具备人类最高的知识，具有节制、智慧与正义的品格，他们是唯一能够被人民委托国家绝对权力的人，所以只有他们才能成为统治者"（边慧敏，2012）。

4. 亚里士多德（前384—前322）

亚里士多德是一位代表希腊哲学家的科学家和教育家，"他认为公正德性是统治者的基本要求，处于富有和贫穷两个极端阶级之间的中等阶级最适合成为执政者，因为这个阶级是一个国家中最安稳的公民的阶级，他们拥有适度的财产，不贪图别人的东西；他们恪守'中道'，他们的生活状况使他们最容易通循合理的原则，所以以中等阶级作为统治基础的国家最为巩固。亚里士多德还认为，凡是想担任城邦中最高职务、执掌最高权力的人必须具备三个条件：第一是效忠于现行政体；第二是要有足以胜任其职司的高度才能；第三是适合于该政体的善德和正义"（边慧敏，2012）。

### 2.1.2 马基雅维利主义

意大利政治思想家和历史学家尼科洛·马基雅维利（Niccolò Machiavelli）认为，君王必须有智慧和远见，避免可能导致亡国的恶行，但同时，如果可能的话，君王应保留那些不会带来国家灭亡的恶行。因为人性是坏的，被人恐惧比被爱戴更安全。但君王必须避免被人憎恨。虽然君王不需要有所有的好品质——尤其是一个新君王，为了保护他的国家经常必须背信弃义，放弃仁慈，违背人性和神的意旨——但有的君王必须要表现得拥有所有这些品质：富有同情心、忠诚、人道、正直和敬畏神的意旨。马基雅维利强调权力是政治唯一的，最高的目的。同时，马基雅维利同样重视与公众、平民人口保持良好的关系，以获得足够的民众支持，因此不必担心叛乱。马基雅维利对狮子和狐狸有一个著名的类比，他认为君主必须像狐狸一样狡猾，像狮子一样凶猛，并充分利用一切手段来获得权力。

### 2.1.3 19世纪末20世纪初的领导特征理论

对领导力的认真和系统的研究始于对领导者的研究以及对领导者的特征的研究，这种研究已经持续了几个世纪。到19世纪末20世纪初，"领导力的特征理论"开始流行起来，该理论承认领导力的重要性，同时强调领导力是基于领导者个人特性的。这种理论认为领导力植根于某些个人所拥有的特征。一些历史学家、哲学家和心理学家通过对有权有势的人的领导素质的研究和检验来推广这一理论，主要是探索掌权人的才能、技能和身体特征。根据高尔顿（Galton，1869）的研究，领导能力是由出生时带来的独特的性格特征所决定的，如外向性、聪明才智等。他们得出的结论是，只有少数的人具有独特的领导力，这些人具有某些不可改变且无法被复制的特征。1938年，管理理论家巴纳德·切斯特（Barnard Chester）认为，一个领导者应该具备的基本素质是：

（1）精力和耐力。

（2）快速决策力。

（3）人际交往能力。

（4）责任性。

（5）智慧。

C.A.Gibb（1969）确定了领导者的七个特征：

（1）善于表达。

（2）英俊的外表。

（3）杰出的智力。

（4）自信。

（5）心理健康。

（6）控制欲。

（7）外向和敏感的性格。

斯托格迪尔在他的《领导力手册》（1974）中更进一步提出了10个领导者特征。

（1）智慧。

（2）强烈的责任感。

（3）努力实现目标。

（4）大胆和创新的精神。

（5）自信。

（6）合作。

（7）接受决策和行动的后果。

（8）对挫折的耐力。

（9）社交能力和影响他人行为的能力。

（10）处理各种事情的能力。

在过去的几十年里，领导力特质理论受到了极大的批评，因为它过于简单和无用，也因为个性对工作表现的解释和预测能力较低，不能帮助组织选择有效的领导者。高尔顿因未能说明社会地位所造成的影响和如何以经济继承的形式获得资源而受到质疑。因此人们怀疑，继承的"显赫"或"天才"只有通过富裕家庭提供的优渥环境来获得。一些学者指出，有证据表明，领导力可以通过努力工作和仔细观察来获得。

然而，"研究人员并没有放弃继续研究人格特质对领导者有效性的影响，因为成功的领导者似乎确实与其他人不同，并且拥有某些核心人格特质对他们的成功起着重要作用"（Derue et al，2011）。根据 2002 年"世界经理人"网站的调查，中国的领导者的特质是：

（1）有远见。

（2）基于信息的决策。

（3）资源配置。

（4）有效沟通。

（5）激励。

（6）人才培养。

（7）责任性。

（8）诚实可靠。

（9）职业导向。

（10）快速学习能力。

　　一些研究认为，对领导力特质理论的研究仍然具有很大的价值，领导力发展的实践表明，个人特质与有效的领导力之间存在着很大的相关性，而有效的领导力不能仅仅通过行为的培养来实现。人格特征会促进或阻碍领导者影响他人的努力，各种情况和追随者的特征也会影响领导者的个性。一种研究领导特质的新方法认为，领导特质是一个动态的过程，因此从发展的角度来分析领导特质是很重要的。成功的领导特质可以在领导实践中获得、形成和发展。领导特质理论在实践中的广泛应用，也解释了领导特质理论存在的合理性、科学性和价值。我们必须对领导力特质理论有一个新的认识，充分理解其价值，并有意识地将其应用到领导力发展的实践中。

　　当代特质理论认为，领导者的特质和素质可以通过实践、训练及指导来建立。

### 2.1.4　20 世纪 40 年代末和 50 年代初的领导行为理论

　　"领导行为理论"在 20 世纪 40 年代末和 50 年代初获得认可。那时，很多研究人员对"领导力特质理论"逐渐变得气馁，他们开始密切关注经理人员的日常工作：他们如何安排时间，他们典型活动的习惯，他们所承担主要管理的责任和功能等。一些研究还调查了管理者如何应对工作中的需求、约束和角色冲突。大多数关于管理工作的研究使用数据收集的描述性方法,如直接观察、日记、工作描述问卷和从访谈中获得的轶事。"虽然这项研究并不是为了直接评估有效的领导能力,但为这一课题提供了有用的见解"(Yukl,2013)。

有效的领导者在行为上与无效的领导者有所不同。在过去的 50 年里,大量研究检验了领导行为和领导效率的各种指标之间的相关性。定性研究对领导背后的驱动力持有非常不同的观点,证据表明,某人在某种情况下是领导者而在其他情况下不一定成为领导者,个人在某些情况下可以有效领导,而不幸的是在其他情况下不一定能有效领导。现在关注的焦点集中到了领导在领导过程中的具体行为,以及不同领导行为对下属的影响。

学者们开始把领导力作为一套行为来研究。对成功领导者的行为进行评估,以确定行为分类和确定大致的领导风格。由此得出的结论是:行为与领导效能呈正相关。这可以从以下三种行为来解释:第一,"任务导向"行为,在此行为下,领导者通过与追随者就目标和如何执行任务进行清晰、准确的沟通,从而获得有效的结果;第二,"社会关系导向"行为,在此行为下,领导者可以与追随者建立良好的人际关系,建立起相互的信任;第三,"参与性行为"(也称为"仆人领导"),通过这种行为,领导者允许追随者参与群体决策,并鼓励下属提出自己的见解。这有助于避免领导的控制现象,而允许领导和下属之间进行更多的互动。Derue(2011)和同事发现,领导者行为比特质更能预测领导者的有效性,因此他们提倡领导者特质和行为合二为一的综合模型。

尤克尔指出,大多数行为研究都有局限性,使得结果难以解释。为了理解为什么一个领导者是有效的,尤克尔建议研究这些行为如何以相互一致的方式相互作用。尤克尔给出了关于监控员工的日常操作的例子,监控操作可以帮助发现问题,但如果领导者不采取行动解决问题,监控将毫无意义。"领导行为的整体模式比一个特定类型的行为使用的频率更重要,而且不同的行为模式可能被用来完成相同的结果",尤克尔说,"行为研究提供了一些有用的、有关有效领导的见解,但需要更多的研究来了解领导人如何有效地适应具体情况,按不同的情景灵活采取不同的行动"。

行为理论认为,领导者的行为可以通过观察和采用而获得,它不是天生的或早期形成的,而是可以通过学习形成的。

### 2.1.5　20世纪60年代的情境领导理论

来自俄亥俄州立大学和密歇根大学的管理理论家们进行了一系列研究,以确定领导者是应该更以任务为导向还是以关系为导向。他们创造了情境领导理论,该理论认为领导者应该依照情境和被领导的人的具体情况,适度同时使用任务导向和关系导向。有效的领导是根据不同的任务采用不同的方式,最成功的领导者是那些使他们的领导风格适应他们试图领导或影响的个人或群体的能力和意愿的人。

20世纪60年代情境领导力理论是对领导力特质理论的一种反思。布兰查德和赫西(Blanchard, Hersey, 1969)发展了情境领导理论,该理论得到了西方国家企业的广泛关注。在他们的《组织行为的管理:领先的人力资源》(1969)一书中,对应用行为科学进行了全面的研究。他们认为,企业的执行权力取决于情境领导的实施,即企业根据被领导对象的情况来决定自己的领导风格和行为。该书全面阐述了著名的情境领导模式,根据员工的意愿、能力和信心分为四种情况,如表2-2所示:R1:不称职和不自信的员工;R2:自信但没能力的员工;R3:有能力但不自信的员工;R4:有能力和自信的员工。领导者必须根据四种情况采取四种不同的管理方法,即告知、推销、参与和授权。领导还应根据下属情况的变化,调整其领导方式。

表2-2　领导者四种管理方法

| 行为风格 | 告知 | 推销 | 参与 | 授权 |
| --- | --- | --- | --- | --- |
| 员工特点 | 员工缺乏工作所需的特定技能,但他们愿意从事这项工作。他们都是新手,但很热情 | 个人有能力完成这项任务;然而,他们没有动力,不愿去完成这项工作或任务 | 个人有经验,有能力完成任务,但缺乏信心或承担责任的意愿 | 个人在这项任务中有经验,并且对自己的工作能力感到满意。他们不仅能够、愿意完成任务,而且愿意对任务负责 |

时代和情景造就领导者,而不是遗传。情境领导理论认为,根据不同的情况,不同的需要,应有相应特征的人来领导,世上不存在标准化的单一最佳领

导形象。根据该理论,"一个人在作为领导者时的实际行为,在很大程度上取决于他所处的环境的特征"(Hemphill,1950)。

综上所述,情境领导理论假设领导者的人格、行为风格和行为的有效性高度依赖于他人所构成的情境。

经典的领导理论主要关注领导者,忽视了下属和环境变化的影响,情境领导理论则首次整合了组织目标、领导目标和下属的目标,要求根据情境(环境和下属)进行领导风格的变化和适应。

### 2.1.6　20世纪后期的交易型与变革型领导理论

在这个阶段,领导力研究从领导者的个性特征和个人行为延伸到领导者为整个组织带来的影响。詹姆斯·麦格雷戈里·伯恩斯(James MacGergory Burns)在他的畅销书《领导力》(1978)中第一个提出"变革型领导力"的概念。伯恩斯将变革型领导力与交易型领导力进行了对比。对他来说,变革型领导呼应追随者的道德价值观,能提高他们对道德问题的意识,并调动他们的精力和资源来改革制度。交易型的领导能通过满足追随者的自身利益和利益交换来激励他们。

其他关于变革型领导的理论中最具影响力的版本来自伯纳德·巴斯(Bernard Bass)和他的同事们,他们提出了两种不同类型的领导力:交易型领导和变革型领导。交易型领导的关注点在监督、组织和绩效,他们使用奖惩制度,可以让追随者保持短期的动力。领导者应该注意查找下属的错误和偏差,这种类型的领导者希望下属照章办事,没有偏差,巴斯认为,交易型领导在危机和紧急情况下以及需要以预先确定的具体方式进行的项目中都是有效的。变革型领导是指领导与团队伙伴一起确定需要的变化,激励团队成员信守承诺,团结协调顺利执行变革。"变革型领导者与他们的上下级关系更融洽,并为组织做出更多的贡献。""他们不断提高标准,冒一些合理的风险,让其他人一起为共同愿景而努力和奋斗。他们不是仅仅在组织文化中工作,而是挑战和改变组织文化"(Bass,1990)。巴斯将这两种领导风格的不同行为总结如表2-3所示。

表 2-3 变革型和交易型领导者的特征

| | 交易型领导者 | 变革型领导者 |
|---|---|---|
| 行为 | 或有奖励——奖励努力，奖励良好表现，认可成就 | 魅力——提供远见和使命感，灌输自豪感，获得尊重和信任 |
| | 找错——观察和搜寻偏离规则和标准的情况，并采取纠正措施 | 激励和鼓励——提出很高的期望，集中精力，用简单的方式来表达重要的目的 |
| | 例外管理（被动管理）——只有在标准不符合时才进行干预 | 智力刺激——提倡聪明地，理性地和谨慎地解决问题 |
| | 自由放任——推卸责任，避免做决定 | 个性化考虑——关注和分别对待每位员工，给予、建议和提供指导 |

变革型领导者在复杂的环境、更有知识的员工和先进的技术下更有效。伯恩斯理论的本质是变革型领导和交易型领导之间的区别，两者是截然不同的，但不是相互排斥的过程，它可能是一个双向的过程；而巴斯（Bass）理论中的领导者的转变是单向的（Bass，1985）。巴斯的变革领导理论包含了行政领导的社会性变化，这是伯恩理论所没有触及的。

一个多世纪以来，管理模式的所有变体都是分层的，不管层次结构是集中的还是在首席官们之间分散的。信息时代几乎改变了工作方式的所有东西——地点、时间，特别是"如何"，因此，自上而下的模式不再有意义。传统的管理方式现在需要被新型的领导力所取代。

## 2.2 信息时代的领导力

上文已经对随着正常社会和经济发展演变的领导力及管理理论进行了相当详细的回顾。进入 21 世纪以来，世界正在经历一场戏剧性和革命性的变化，信息力量成为增长和发展的关键引擎。因此对信息环境下的领导和管理理论的具体文献综述是关键和必要的。

当今是一个非常不同的时代，VUCA（波动性、不确定性、复杂性和模糊性）和高科技、信息、大数据正在成为沟通、执行甚至领导的主要背景机制。这种经济、社会和文化环境的变化导致了工作场所、组织、劳动力之间的互动、员工—主管关系的变化。工作时间、工作场所、沟通模式甚至客户服务能力等诸多方面的灵活性，被不断发展的技术以一种革命性的方式大大增强，而且还会随着人工智能和其他我们还不知道的未来的技术而进一步增强。

许多公司在其绩效改进计划上过于复杂，人们无法用传统工具和线性思维来管理一个灵活的、快速发展的战略。要使战略成功，它必须成为组织各阶层的所有员工"自己"的战略且得到他们的支持。这意味着依靠KPI（关键绩效指标）的领导方式不再有效，相反，基于人性，以人为中心的领导方式才可以带来一个企业的成功。是时候重新思考管理者的角色和责任了，领导者应该让队友能够为自己思考和行动。

"领导力就是因为你的存在而让他人变得更好，并确保即使你不在时，正面影响会持续下去"（Sandberg，2015）。我们不再生活在一个领导者或管理者能够解决所有问题或做出所有决定的时代，我们所处的时代，世界在不停的变化和改革，利用大量的实践和知识，人们可以不断探索和利用快速及不断出现的机会。

在这个信息时代，人们通过互联网随时、随地、多维、双向（甚至多种方式）和互动地连接起来。领导力便不可能是单一的权力，而是各种思维、决策和执行能力的统一，组织变得越来越网络化、平坦、松散，不可避免地导致领导者权力的"丧失"。这种联系使得个体之间的话语力量变得平等，每个人都有自由"发声"的权利；从宏观的角度来看，这反映了整个社会相互作用方式的变化。尚俊杰（2017）及其学生构建了以信息为中心的信息时代领导模式，环绕着包含开放思维、魅力引领、愿景共享、基于良好沟通之上的关系和业务管理五个要素（图2-1）。

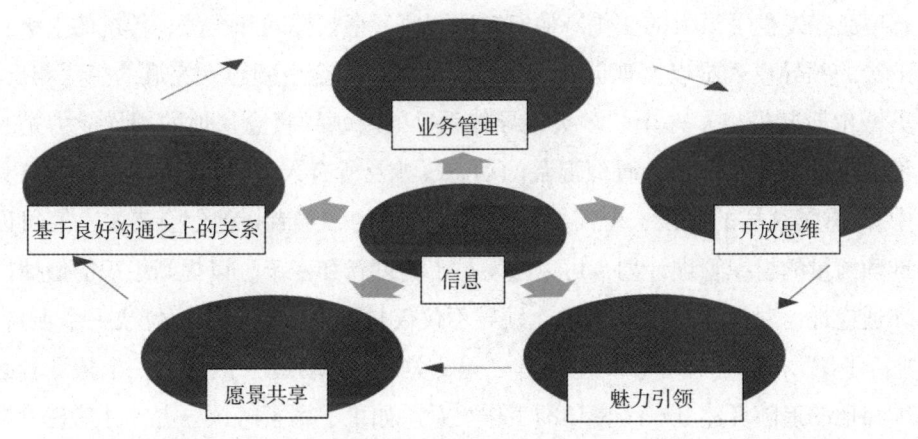

图 2-1　信息时代领导模式

知识经济正在颠覆商业模式。等级制度、官僚管理结构正在消失，传统的领导形象也越来越缺乏吸引力。严格的领导人通过各个层级发号施令，层层传达，期待世界按照他们的方式前进的日子已经一去不复返了。现在，这个世界有了发言权。随着社交媒体的普及，以及网上关于客户、产品和竞争对手7天24小时随时可得到的大量可靠数据，今天的领导者必须是善于倾听，反应迅速和善于灵活应对的。他们不能指望自己还是那个会议室里最聪明的拥有所有答案的人，互联网把答案给了每个人。新的有效的领导者是那些有远见并擅于提出好问题的人。他们领导的是团队，而不是员工。他们着力于建立各种工作、生活关系网络，而不是孤军作战。他们努力创造了这样的一种文化：大家精诚合作，人人都是多面手。而对现代领导至关重要的品质——预见性，同时进行多重任务处理，灵活性等，正是女性尤其是母亲所具有的特征。

旧的领导模式正在失去它的基础，因为组织正在变化，人也在变化。人们的行为更像猫而不是羊，他们不会再被牧羊人带着走。今天的人们不喜欢家长式作风，因为他们受过更好的教育，更自信，更愿意自己做决定。"需要一个专制的老板的等级化的、崇尚权力的组织，现在正让位于平等的、灵活的组织，而这种新的组织需要一个不同类型的领导人"（尚俊杰等，2017）。

在《未来领导力（复杂的适应性领导力——包容悖论及不确定性）》（2017）一书中，尼克·奥博伦斯基（Nic Obolensky）指出，以"少数在上"为代表的对领导的传统理解正变得越来越站不住脚。年轻一代对工作和权威的态度已经发生了很大的变化。他们知识渊博，喜欢提问和挑战，传统的上级和下级的领导模式难以实现创新。与传统的领导完全由领导人完成的想法相反，奥博伦斯基提出了一个"多头领导体系"的新领导概念。他的领导能力是一种适应性的、复杂的、看似混乱的动态，涉及所有人："每个人都可以参与其中。"有了这样的假设，就需要具有不同能力的领导者，他们会带来一套可以准确衡量的组织管理计划，可以激发员工的创新和变革，以提高组织的敏捷性和适应性。对奥博伦斯基来说，领导不仅仅是一个人、一个职位或一个项目，"多对多"指的是领导者和追随者之间的关系，即互动。因此，一个领导者必须与他的追随者建立一个密切的工作关系。如果下属了解领导者，并信任领导者，他们就会愿意支持和跟随领导者。另外，如果管理者与追随者之间的关系很遥远，相互怀疑，甚至相互敌对，那么下属就会逐渐与领导者疏远，彼此脱节，没有团队合作，没有协同作用。

埃里克·施密特（Eric Schmidt）是2001年到2015年谷歌的执行主席，他被许多人认为是拥有最好领导技能的人之一，他的领导风格概括为以下五个方面：了解员工；创造新方法来奖励和宣传优秀员工和他们的事迹；让员工自己解决问题；让员工在工作时可以忽略公司等级制度；由那些受员工尊重的人对员工作客观和公正的评价。很明显，埃里克把员工放在优先首位。为什么员工为中心很重要？组织如何才能真正以员工为中心呢？什么样的领导才能推动员工为中心的议程？所有这些问题的答案都在于领导力的特性，那些基于情感的魅力型的领导，即能提供心理愉悦的领导可以做到以员工为中心。

## 2.3 20世纪末和21世纪初的情商、魅力型领导理论

正如我们之前所提到的，在这个信息时期，有效的领导者是那些具有高情商的人。因此，我们在这里探讨一下有关情商的话题。

情商（EQ）是一种新的才智，约翰·德·梅耶和彼得·萨洛维（John D. Mayer and Peter Salovey）于1990年首先将情商定义为"感知情绪的能力，获

得及生成情感，以此来协助思考，理解情感和情感意义，并以反射性调节情绪的方式促进情感和智力增长"。随着戈尔曼（Goleman）的书《情感智力：它是什么？为什么它很重要？》的出版，情商成为流行文学的热门话题。戈尔曼指出，情商和智商对于学术、专业、社会和人际关系生活方面的成功一样重要。戈尔曼在1998年将情商定义为识别自己和他人的感受，激励自己，并很好地管理自己和与他人的关系中的情绪的能力。

近年来，情商在领导能力方面也受到了关注。谷歌显示大约有130万个关键词链接领导力和情商（有类似数目的关键词链接管理和情商）。关于情商的概念，在管理文献中有不同的定义。以范·鲁伊和维斯韦斯夫兰（Van Rooy and Viswesvran）为例，他们对情商和绩效之间的关系进行了荟萃分析。他们将情商定义为一整套语言和非语言能力，使一个人能够产生、识别、表达、理解和评估自己和他人的情感，以指导思考和行动，成功地应对环境需求和压力。根据一些学者的说法，如约翰逊、印德维克和麦克加维（Johnson and Indvik and McGarvey）所说，组织的积极情绪越丰富，员工的情商就可能越高。用更科学的术语来说，"情商可以被定义为一系列非认知技能和能力，它们会影响一个人应对环境需求和压力的能力"（马哈茂德 Al-Mahmoud，2009）。

对安德鲁·科尔曼（Andrew Colman，2008）来说，情商是指个体识别自己和他人的情绪，辨别不同的情绪并适当地贴上标签，使用情绪信息来指导思维和行为，管理和调整情绪以适应环境或实现目标的能力。

斯坦·斯莱普（Stan Slap，2011）认为，对企业来说，员工的敬业度比智力和体力更重要。他告诉我们如何把公司变成一个实现生活的价值观的地方，这样经理和员工可以得到整体幸福，从而改善工作场所冷漠的人际关系，给管理添上更多的情感，让员工投资更多的情感在工作中，进而给企业带来"非经营"性增长。

史蒂文·J. 斯坦（Steven J.Stein，2017）也在他的书《情商领导者》中指出，情商有助于有效的领导力。他建议领导者灌输激情，设立共同的目标，并通过情商建立有意义的组织。在这种情商领导力理论中，领导力被视为个体领导者的情绪与社会影响互动的过程。

在一个组织中，领导者本人的情绪会影响团队，其行为也会积极或消极地影响员工的工作情绪。领导者创造的情境和事件会导致团队的情绪反应。托马斯·阿·克劳斯和托马斯·维克勒（Thomas R. Krause，Thomas Weekly，2005）得出的结论是：情商，即理解和管理自我和他人的情绪和情感的能力，有助于有效地领导。领导者情绪的影响可以分为三个层次来描述。

（1）关于个体成员：领导者通过情绪传染的机制将其情绪传递给其他群体成员。领导者的情绪与团队成员的情绪呈正相关。由积极情绪的领导带领的团队成员能体验更积极的情绪，感觉更安全，会提供更好的结果。

（2）关于整体群体氛围：一直保持情绪良好的领导者带领的团队，表现出良好和互相关心的群体氛围，相较于由情绪消极的领导带领的团队，他们体现了更多的关切及积极正面的情感。

（3）关于协调、努力付出和任务策略等团队流程：领导者公开的情绪表达会影响听众的感知，作为他们的目标、意图、态度，甚至是业务表现状态的信号。观众（追随者）对领导者公开表达的情绪或情感会有感知且做出反应，他们的反应会在日常的群体流程中的认知和行为方式上体现出来。

约翰·德·梅耶和彼得·萨洛维（John D. Mayer，Peter Salovey，1997）的能力模型认为情感是有用的信息来源，可以帮助一个人理解和驾驭社会环境。该模型提出，个体处理情绪本质信息的能力以及将情绪处理与更广泛的认知联系起来的能力各不相同。这种能力可以在某些适应性行为中表现出来。该模型声称，情商包括四种类型的能力。

（1）感知情绪——检测和解读面部表情、图片、声音和文化产物中情感的能力，包括识别自己情绪的能力。感知情感代表了情感智力的一个基本方面，因为它使情感信息的所有其他处理成为可能。

（2）利用情绪——利用情绪来促进各种认知活动的能力，如思考和解决问题。情商高的人可以充分利用其不断变化的情绪来切合手头的任务。

（3）理解情感——理解情感语言和充分明白情感之间复杂关系的能力。理解情感包括敏感感知情绪之间的细微变化，以及识别和描述情绪如何随着时间演变。

（4）管理情绪——调节自己和他人的情绪的能力。高情商的人可以控制情绪，甚至是消极的情绪，并管理这些情绪以达到预期的目标。

戈尔曼（1998）提出的模型的重点是将情商作为驱动领导绩效的广泛能力和技能。戈尔曼的模型概述了五个主要的情商结构。

（1）自我意识——能够了解一个人的情绪、优势、弱点、驱动力、价值观和目标，并认识到它们对他人的影响，同时利用直觉来指导决策。

（2）自我调节——控制或改变一个人的破坏性情绪和冲动，并适应不断变化的环境。

（3）社交技能——管理人际关系，与他人和谐相处。

（4）同理心——考虑别人的感觉，尤其是在做决定的时候。

（5）动机——清晰明了什么可以激励他人。

表 2-4 显示了戈尔曼如何识别领导风格和领导风格与情商能力的链接。

表 2-4 领导风格和 EQ 能力

| 领导风格 | 情商能力 |
| --- | --- |
| 远见型 | 自信，共情，催化变革 |
| 教练型 | 帮助他人成长发展，共情，情感自我意识强 |
| 亲和型 | 共情，建立盟友，处理矛盾和冲突 |
| 民主型 | 合作，团队领导力，沟通 |
| 带头型 | 尽责，激励团队实现目标，主动 |
| 指挥型 | 激励团队实现目标，主动，情感自控能力强 |

从维科（Vico）到马菲索利（Maffesoli），再到哲学的浪漫主义者，新康德哲学，马克斯·韦伯，西梅尔（Simmel），布迪厄（Bourdieu），吉登斯（Giddens）或历史学家克罗斯（Croce），当代许多思想家都强调了情感元素在我们社会建设过程中的重要性。作为社会化组织中不可避免的角色，领导也受到现代社会情感因素的影响（Vico，1986；Croce，2009；Maffisoli，2007；Weber，1947；Simmel，1999）。

狄金斯（Diggins，2004）认为，情商帮助人们了解他们的人际关系风格，识别和管理情绪对他们的思想和行为的影响，发展他们判断工作场所社交动态的能力，以及了解他们如何管理和如何改善人际关系。狄金斯指出，情商是实现有效绩效的关键，并在组织变革时起到首要作用。

戈尔曼（1998）指出，情商在领导者取得卓越表现所必需的能力中占到 67%，其重要性是技术专长或智商的 2 倍。与此同时，他指出，情感能力不是天生的，而是必须学习的能力，可以通过学习和发展从而获得卓越的表现。

关于情商，另一值得关注的是来自卡内基梅隆大学、麻省理工学院和联合学院的研究人员的发现，他们完成了一系列研究，以检验一些群体是否比其他群体更聪明。他们的研究显示，女性多的团队表现优于男性多的团队，团队中女性越多，业绩表现就越好。研究人员得出的结论是，这与女性在"读心术"方面的情商得分超过男性有很大关系。另一项测试显示，女性总是更善于在字里行间解读他人的情绪，而这些情绪又是影响团队表现的关键因素。

## 2.4 绩效管理和平衡计分卡

当前管理实践中魅力的理论和应用比较少，而以平衡计分卡为主，其间暴露的一些问题已经开始受到一些批评。因此，有必要在本研究探讨平衡计分卡的演化历史、发展逻辑和操作模型，特别是由此带来的问题。

绩效管理是指一种帮助领导监督和评估员工工作的企业管理方法。绩效管理的目标是创造一个环境，让人们能够尽其所能，高效、高质量地工作。"绩效管理是关注组织、部门、员工的绩效或管理特定任务的流程（Harrisetal, 2003）。"绩效管理标准通常由组织中的高级领导和任务负责人来组织和传达。绩效管理一直随着人类社会的发展而发展，因而也需要领导力随时代的要求而不断发展和变化。

### 2.4.1 绩效管理简史

绩效管理在平衡计分卡出现之前经历了三个阶段。

19世纪的主导产业为纺织、铁路、钢铁和一些商业，那时的绩效评价指标以生产力为基础（每码成本、每吨铁路制造的煤炭消耗成本、销售毛利等）。弗雷德里克·温斯洛·泰勒的科学管理理论（2011）带来了更复杂的基于成本的会计方法和激励机制，从而使生产率显著提高。

绩效管理的第二阶段始于20世纪初。财务指数开始被当作关键的绩效指标。典型的例子是杜邦公司的首席执行官阿尔弗雷德·阿·斯隆（Alfred R Sloane）在20世纪20年代提出的杜邦公式。其捕捉到了一个现实，即股本回报率是三个变量的函数：净利润率、资产周转率和金融杠杆。这种以财务指标为基础的绩效管理一直被广泛使用到20世纪80年代。

绩效管理在1929—1933年金融危机和第二次世界大战后进入第三个阶段，随着非财务指标的被重视，企业开始发展其市场营销、科研、人力资源等能力。市场份额、客户满意度、新产品开发、员工满意度等分别成为公司不同部门的关注点。延续到20世纪70年代，随着竞争日益激烈，企业意识到不同职能协调这些要素之间的必要性：销售、生产、科研、财务、人力资源应该作为同一公司的统一／一体化部门，而不是互不相关的独立部门，随着高科技和知识经济的快速发展，无形资产在企业的长期发展中发挥着越来越重要的作用，不同部门之间的协调变得越来越关键。

1980年年底，基于战略管理的绩效评价研究开始升温，1992年卡普兰和诺顿发布的平衡记分卡理论开始产生影响力。

王化成，刘俊用（2004）认为，平衡记分卡能够把战略规划和管理的各组成部分之间"连接起来"。在平衡计分卡的框架下，具体的度量被用来衡量组织的成功，组织试图实现的战略目标，以及组织的使命、愿景和战略。

卡普兰和诺顿（1996）这样描述平衡记分卡的创新："平衡记分卡保留了传统的财务指标。但财务指标只能体现已发生的过去的事件，对于工业时代的企业来说，这或许是足够的，因为对长期能力和客户关系的投资并不是成功的关键。然而，这些财务措施对于指导和评估信息时代的发展是不够的，企业必须通过投资客户、供应商、员工、流程、技术和创新来创造未来的价值。"

平衡记分卡及其衍生工具的特点是在一份简明报告中混合了财务和非财务指标，每种指标与目标值进行比较。该报告并不是要取代传统的财务或业务报告，而是一个简洁的摘要，展现了对阅读者来说最相关的信息。平衡记分卡是用来确定最相关信息的方法。

平衡计分卡背后的最初想法集中在与战略执行有关的信息上，并将一般的战略陈述（使命、愿景等）用更具体有形的形式描述出来。

平衡计分卡现在被认为是一个完全集成的战略管理系统，在过去的几十年里，作为许多领导者的顶级绩效管理工具之一，发挥了重要的作用。它经历了几个发展阶段。

第一阶段：萌芽期（1987—1989 年）

不同于传统以财务为主的战略设计，半导体公司 ADI 决定以不同的方式进行战略规划。ADI 将其主要利益相关者确定为股东、员工、客户、供应商和社区。"我们的成功取决于那些理解他们的个人目标与公司目标的相互依赖和一致性，并因此有动力为实现这些目标做出贡献的人……"

第二阶段：第一代平衡计分卡（1990—1993 年）——四个视角

第一代平衡计分卡诞生于卡普兰和诺顿的文章《平衡记分卡——驱动业绩的措施》(*Kaplan and Norton*, 1992)。卡普兰和诺顿认为，仅依靠财务指标有很大的局限性，使用提高短期财务业绩的方法如裁员、削减培训成本、开发成本、营销成本、客户服务成本等，有可能损害公司未来的财务健康。他们还认识到，仅反映历史业绩的滞后指标，并不能为未来的绩效衡量提供可靠的依据。因此，卡普兰和诺顿提出了一种被称为"平衡记分卡"的方法，这是一种以"四个视角"来识别跟踪战略实施的措施。最初的"四个视角"是：

（1）财务，用来回答"股东如何看我们？"

（2）客户，用来回答"什么对我们的客户和利益相关者是重要的？"

（3）内部业务流程，以回答"我们必须擅长什么？"

（4）学习和成长，用来回答"我们如何才能不断进步，创造价值，持续创新？"

卡普兰和诺顿的"第一代平衡计分卡反映了短期和长期目标、财务和非财务指标、财务的滞后指标和用来帮助改善未来业绩的领先指标、外部指标（如市场份额、供应商绩效和客户满意度）和内部指标（如更低的成本、事故率和培训项目）绩效视角之间的平衡关系……平衡计分卡评价指标的选择方式对平衡计分卡使用的成功与否至关重要，选择包括指标的筛选和归类。在卡普兰和诺顿的第一篇论文中很少提及指标的筛选工作应如何进行，只是从总体上说明了设计的理念"（刘莉，李明德，2010）。但对于一些采用平衡计分卡的企业，它没有带来真正的帮助，反而造成了一些困扰和令人不安。这导致了改良的第二代平衡计分卡的出现。

第三阶段：第二代平衡记分卡（1994—1996 年）——战略地图

卡普兰和诺顿（1996）也认识到了第一代平衡计分卡的不足和缺陷。在

1996年出版的《使用平衡记分卡作为战略管理系统》一文中，卡普兰和诺顿对第一代平衡记分卡进行了两个方面的改进：战略地图的概念和各指标之间的因果关系的澄清。他们建议分四个步骤来设计平衡记分卡：

（1）将愿景转化为业务目标，这有助于管理者就组织的使命和战略达成共识。

（2）将愿景进行充分沟通并将其与个人绩效联系起来，这使管理者能够在组织中上下引导战略，并将其与部门和个人的目标联系起来。

（3）业务规划和指标设置，使公司能够整合业务和财务目标。

（4）反馈、学习和调整战略，赋予公司战略学习能力。

通过上述四个步骤，企业应该能够清晰地规划企业的战略，以达到战略目标。

提出战略地图是为了帮助阐明什么是战略以及如何设定目标。通过战略地图，管理者可以了解应该注意什么，不用注意什么，什么是真正的战略重点，什么是相关的关键绩效指标。战略地图还被认为有助于大型企业建立分级分类指标体系，防止信息过载，是帮助企业清晰识别战略和沟通战略的有效工具。

第二代平衡计分卡与第一代相比取得了很大的进步，在企业的各级层都取得了战略相关的沟通。接下来需要解决的是战略实施和战略着陆的管理环境问题。

第四阶段：第三代平衡计分卡（1996年至今）—战略实施的目标陈述

第三代平衡记分卡被用作战略实施的工具，它提出了目标陈述。第三代平衡计分卡建立在对第二代设计改良的基础上，它具备了一些新的属性，旨在提供更好功能和更高的战略相关度。首先是"结果报告"的提出，它具有两个优点：一是在开发多层级平衡计分卡项目时，在组织无须强制推行"共同战略目标"的情况下，结果报告本身就能够促使战略协同的实现；二是利用结果报告作为在四个（或更多）类别中选择战略目标的动因，公共部门的管理者只需选择"活动"和"成果"两个目标，再以简单的因果关系相衔接。其次把建设战略中心型组织（SFO）提上了议程。创建战略中心型组织的原则有五条：

（1）建立执行领导团队来促进变革。

（2）将战略落实到实际运营中。

（3）围绕战略连接并整合组织。

（4）让战略成为每个人的工作。

（5）将战略变成一个"持续性流程"（刘莉，李明德，2010）。

至此，现代平衡计分卡的内涵已经是一个相当完整的概念，是 BSC+MAP+SFO 的综合体（岳政君，2006）。其中，BSC（Balanced ScoreCard）为传统四个角度概念的平衡计分卡；MAP（Strategy Map）是用来明确战略和沟通战略的战略图；SFO（Strategy-Focused Organization）是平衡计分卡实施原则和实施过程，以此来作为战略执行的工具。

在 20 世纪 90 年代，平衡记分卡已经成为世界十大管理框架之一，也是绩效管理的头号框架。平衡计分卡的设计方法不断发展，不断完善。到了 21 世纪初，平衡记分卡在全世界流行起来。

### 2.4.2　平衡计分卡的影响

平衡计分卡的普及引起了人们对平衡计分卡实际影响的研究兴趣。2GC（一家专门从事管理咨询的公司）从 2008 年开始一项多年的研究项目，以寻找有关平衡计分卡的问题的答案：

（1）哪些组织使用平衡计分卡？

（2）他们用它来做什么呢？

（3）他们在实践中发现它多有用？

2GC 于 2017 年的报告显示：

（1）平衡计分卡影响经理和个人的业务行动和行为。

（2）平衡计分卡确实支持战略的实施。

这与认为平衡计分卡是组织战略执行的关键因素是一致的。2017 年调研结果中值得注意的是以下三个方面：

（1）大量的数据确认该工具仅用于报告和计算激励奖金。

（2）对个人行为的影响减少。

（3）平衡计分卡对过程的联系和影响正在减少。

虽然平衡记分卡在全球很多组织和企业中被高管们使用作为报告战略及衡量战略实施的主要工具，越来越多的公司就平衡记分卡对相对复杂的企业（具有不同的功能和不同层次结构）的整体绩效管理的有效性提出了疑问和担忧，平衡记分卡的主要缺点如下。

（1）与本组织的愿景和战略脱节。要让每个组织的每个人都以一致的方式来理解公司的整体战略并不容易。企业内部有三种不同的方式来看待平衡记分卡：①财会部门把平衡记分卡基本上看作是一种诊断和财务控制的工具———一种比传统的财务控制系统更好的工具；②IT人员在平衡记分卡中看到了开发新的IT系统和应用程序的机会；③致力流程改进的人认为平衡记分卡是识别、沟通和跟踪对组织成功的最关键流程的工具。

（2）沟通和共识的障碍。根据文艺复兴公司（Renaissance's）与《首席财务官》杂志的合作调查，企业中不到十分之一的员工了解公司战略与自己工作之间的关系。很少有公司能有效地将战略转化为初级员工所理解和必须理解的东西，并使其成为员工的最高指导原则。

（3）平衡记分卡缺乏横向协调。

（4）由于缺乏共享数据/信息的组织和管理系统而导致的实施效率低下。

（5）平衡记分卡与管理流程脱节。平衡计分卡只是简单的分层分解，部门之间的信息共享障碍阻碍了信息/数据收集/共享的有效性，这对平衡计分卡的实施产生了负面影响，因此平衡计分卡的一些核心指标由于缺乏数据而无法得到正确的管理。习惯从财务视角来评估企业绩效的公司，难以正确实施基于平衡计分卡的奖励和激励。

我们倾向于相信使用平衡计分卡不会自动带来希望的结果，相反，领导人是组织成功的关键因素，他们需要清楚地理解平衡计分卡的优势和缺点，并知道如何有针对性地用其他管理行动弥补平衡计分卡的缺陷。领导者要关注以下几个方面。

（1）战/策略及其重点的本地化。

（2）战/策略及其重点的有效层层沟通，即把故事讲好。

（3）确定谁（哪个部门，哪些功能，哪个级别等）要使用平衡计分卡，谁要使用非基于平衡计分卡的其他衡量指标，清楚为什么和如何做。

（4）确定平衡计分卡框架内/外的正确关键绩效指标。

（5）尽管有来自外部分析师/公众和股东/投资者的压力，也必须能够平衡长期战略和短期利益之间的关系。

（6）强有力的领导，使团队实现共同目标。

（7）消除预算和战略之间的差距。

（8）严格执行平衡计分卡正确关键绩效指标，适当地监督和采取进一步的行动。

就人的管理来说，平衡计分卡看起来比其他管理/领导工具更好。韦伯纯粹基于技术优势的科层管理理论建议利用权力、权威和严格的政策来满足生产力最大化，忽略了影响最终产出的人类情感；法约尔（Fayol, 1949）谈到了个人利益和共同的组织目标，但没有把人作为企业/社会最重要的资产。当今社会中，人们需要频繁的跨部门合作：不同层级、不同部门、内部和外部的需要，同步多方面、面对面或是线上沟通……另一个现象是日常的人员管理在很大程度上被技术工具取代，监督需求逐渐被支持需求所代替，等级组织结构在当今社会面临着真正的挑战，员工需要被指明一个方向（战略），让他们知道该去向哪里，他们期待在需要时可以得到让他们快速前进的支持……韦伯和法约尔的领导理论都无法应对这种现实社会的需求。

此外，平衡记分卡确实开始触及针对于人的内容，例如，那些"软性"的方面，如文化、使命、价值观等，但是基于"关键绩效指标"的平衡计分卡体系无法具体地来反映或衡量这部分"软性"因素。没有强大的领导能够为员工提供"心理愉悦"的机会，使用简单的胡萝卜加大棒的奖惩手段，不能发挥所有员工的潜力，反而可能导致优秀员工的流失。在现代商业环境中，要让员工尤其是优秀员工充分发挥其能力，重点在于发挥人性深层的"软"元素，对员工需求、感受和动机有良好理解；与员工保持持续的对话；为他们提供帮助、指导和培训，使他们的能力得到充分发挥。这一切是领导者在平衡记分卡之上需要做的事情。

由于基于平衡计分卡的绩效管理系统无法真正重视"软"质量，所以平衡计分卡对母性领导者的评价就会有不当之处。如今正处于一个复杂的社会中，规范、规则、客户期望和员工行为都在快速地发展和变化，当领导者凭借良好的智商，能够清楚地识别平衡计分卡的"低效部分"，并在关键绩效指标设置中灵活地协调团队之间的互动时，平衡计分卡就会奏效。因此，领导者是这里的关键因素,因为领导者是领导他人和展示领导力的人,领导过程是指导团队成员实现共同目标的过程。

## 2.5 经典的魅力领导力理论和新魅力领导力理论

在上节对信息时代领导力的研究进行文献综述之后,接下来会对魅力领导力理论进行进一步的文献综述,因为魅力是领导者有效领导的关键因素之一。

"魅力"一词来源于希腊语,其基本意思是"天赋"。希腊语哈里斯玛(kharisma)和哈里斯(kharis)的意思是"恩典(grace)"或"恩惠(favor)"——上帝给予的恩惠、恩典或礼物。魅力权威是由德国社会学家马克斯·韦伯提出的一种领导力概念。它涉及一种组织类型或一种领导类型,其中的权威源自领袖的魅力。韦伯将"魅力"一词作为个人人格的一种品质,凭借它,与普通人区分开来,被视为超自然的、超越常人的,或者至少是特殊的能力或品质。这些能力或品质非常人可企及,因为它们有神圣的起源且是典范,具有这种特殊的能力或品质的个人被视为领导者。对韦伯来说,个人魅力是一种特殊的天赋,是一种特殊而独特的个性综合。有魅力的领导者依靠他们个人的"天赋"来影响人们,以塑造大家的未来。根据韦伯的说法,魅力发生在社会危机期间,那是一个领导者出现时带给大家一个激进的危机解决方案的情景,以此吸引了那些相信这个愿景的追随者。然而,韦伯并没有具体说明这种天赋的本质,或许是有魅力的领导者的性格特征,又或者是使他们与普通人不同的行为。韦伯认为,有魅力的领导者可以为重大的社会问题提供激进的解决方案。韦伯的魅力权威与其说是魅力领袖的性格特征,还不如说是领袖和他的追随者之间的关系。个人魅力的有效性是建立在领袖追随者的"认可"之上的。如果他被"抛弃",或者"他领导的政府没有给统治下的人们提供任何繁荣",他的魅力可能会消失(Weber, 1947)。

韦伯的经典魅力领导力理论受到很多的批评。韦伯在他对个人魅力的分析中没有明确指出的是,到底是非凡的人,还是非凡的情境显得不同凡响,是否当个人和情境一起出现时，魅力型的领导才会出现？"最重要的一点是，对韦伯来说，成功的魅力爆发总是革命性的、破坏性的和深刻的，它们改变了历史的进程。求助于魅力型统治，是一部分统治阶级所使用的一种寻求超越整个统治阶级的手段"（McCulloch，2014）。

在过去的30年里，一些社会科学家提出了魅力理论的新版本来描述组织中的魅力领导。新魅力领导力理论延续了韦伯的观点，即魅力是基于追随者对其领袖行为的感知和解释的一种归因。有一组领导行为可以用来区分魅力型和非魅力领导，这些都呈现在领导的阶段模型中。在其他方面，新魅力理论背离了韦伯最初关于魅力领导的概念。新魅力理论描述了魅力领袖的动机和行为，并解释这些领袖如何影响追随者的心理过程（Jacobson，House，2001）。

根据新魅力型领导理论，魅力型领导者符合支持、敏感、培养和体贴型领导者的刻板形象，而不是传统的咄咄逼人、苛刻、主导和批判型领导者的刻板印象。1977年，罗伯特·豪斯提出的魅力型领导理论认为，这类领导因其特别的个性而具有魅力，可以对追随领导的下属产生深远的情感影响，他们有更高的满意度和更好的表现。"这些领导者将追随者的需求、价值观、偏好、欲望和愿望从自身利益转变为集体利益。此外，他们使追随者变得高度忠诚和投入，可以为集体利益而牺牲个人利益，而且努力取得超期望的成绩。有魅力的领导能够唤起追随者的爱、尊重、敬畏、奉献、自愿服从，为了追求共同的理想，他们可以做出自我牺牲"（House，Howell，1992）。"有魅力的领导者的特点是精力充沛、自信、坚定信心、高智力、有很强的语言能力和强烈的自我意识"（Buss，1990）。与韦伯不同的是，新魅力领导理论家认为"有魅力的领导者不是天生的，他们是后天培育的"。

豪斯认为（1992），魅力并非独立存在于领导者本身或其个人性格中，而是通过领导者的个性和动机特征与他的追随者的特点、需求、信仰、价值观等在不同的环境下的互动的结果。魅力领导者的主要特征是：

（1）自信且信任下属。

（2）对下属设立较高的期望。

（3）对环境敏感。

（4）以身作则。

（5）授权追随者去实现自己的愿景。

（6）具有构建愿景的能力。

（7）有能力建立一个愿景。

（8）有坚定的信念，并且可以清楚地表达出来。

（9）不一定要循规蹈矩。

在以下五种情况下，若下属忠诚于领导且愿意奉献时，魅力型领导更有可能产生并取得良好的结果：对领导的狂热热爱；环境中蕴含着现实或可预见的危机；人们需要变革；现实情况或条件无法被继续接受；生动有效的象征人物的出现。

领导者的魅力是多种多样的，因为它的彰显取决于其周围的人的不同能力。对于一个（有魅力的）领导者的角色，他会鼓励下属变得充满活力和有创造力，他们被赋予智慧，他们可以以一个明确的目标来指导自己的行动，甚至有能力自我领导。Cabane（2018）指出，有魅力的领导者激励那些有自主权的人，不再被动地为了追随而追随一个恰好被任命为领导者的领导者。这些员工成为了企业的支柱，有了他们，即使领导者不在，企业也可以继续运作。

有魅力的领导者可以创造一个轻松、愉快的工作环境，让员工感到舒适、热情、充满活力。在这样的环境下，员工将更有效地工作，并取得更好的结果。邵真等（2017）通过偏最小二乘法分析表明，领袖魅力对心理安全环境有很强的影响，进而对个人的内在动机和隐性知识分享行为产生积极的影响。该研究结果揭示了魅力领导对隐性知识共享的影响机制，并为团队领导提供了指导方针，总结了该如何表现出魅力领导特质，以营造良好的团队心理安全环境，促进企业系统的有效知识共享。

关键词"心理安全"，越来越被认为是今天和未来领导的成功关键。本研究将进一步提出一个新的概念，即心理愉悦，一种对心理安全和舒适性的整合：现在和未来成功的核心领导风格。关于心理愉悦，还有待更详细的讨论。

## 2.6 领导者的技能、能力和领导原则

对领导力的研究不能与对领导者的研究分开。对于企业的生存和发展，领导者是核心因素。企业经营决策的质量和战略计划的执行直接影响着公司的生死，这通常掌握在领导者和领导团队的手中。一个伟大的领导者拥有多种领导技能，如决策、解决问题、竞争、挑战处理和团队参与等。因此，领导力是对领导者综合运用各种能力的体现。

长期以来，人们一直相信传统的领导模式，这些模式需要计划、组织、指导、协调和控制，在这些模式下，组织以军队管理的方式运作。在这样一个接受命令的系统中，首席执行官的角色就像军队中的将军一样，员工们则按领导的指挥在规定的时间，按规定的方式，做规定的事。

大多数老式的领导者希望人们能完全按照他们的要求去做，并且要忠诚和奉献。不幸的是，商业已经不再像军队那样运作了。在战场上，需要绝对遵守纪律和听从命令的士兵聚集在将军周围，等待他下达命令。在现代企业中，如果所有的员工都等待领导下达命令，只做他们被要求的事情，那么这个公司就无法在激烈竞争和快速变化的环境中持续发展。

尤克尔（2013）认为，一个大型组织的领导职能可以由组织的任何成员执行，但对于那些被选举出来、受到任命或虽然非正式但被认可来领导集体活动的领导者尤其相关。对尤克尔来说，有10个最重要的领导职能：①帮助解释事件的意义；②协调目标和战略；③建立承诺和乐观氛围；④促成相互信任和合作；⑤加强集体认同；⑥组织和协调活动；⑦鼓励和促进集体学习；⑧获得必要的资源和支持；⑨培养和授权于员工；⑩促进社会正义和道德。

极有影响力的当代美国领导行为科学专家斯蒂芬·柯维（Steven Covey，1989，2004，2009），通过他的各种书籍和演讲，提出了以下的主要领导原则，并产生了广泛的社会影响。

（1）有预见力且把计划付诸行动。作为一个领导者，你需要成为一个战略家，你可以预测事情的发展情况，你可以控制事情的发展方式，你可以实施计划，很容易形成解决方案，或接受正确的意见。困难/核心是将这些转化为实践的勇气。

（2）知己知彼。"知己知彼，百战不殆。"《孙子兵法》清楚地表明，你必须对自己的对手的强弱有一个很好的理解，最大限度地获得关于你的竞争对手的信息，根据对这些信息的科学分析形成准确的判断和行动。建立一个大型的信息网络，从所有来源收集信息可以帮助领导者形成战略和行动，从而导向最终的成功。

（3）把雄心变为行动。世界上不乏雄心勃勃的人，但不幸的是，他们中只有很少的人取得了伟大的成就。没有仔细和深思熟虑的准备和真正的行动，将会导致无疾而终。

（4）正确的目的。心怀不轨当然不会导致正确的行动，而对行动结果的歧义会导致意外的失望。人们可以找到理由来证明他/她的行为，但只有一个理由是真正重要的："从个人、企业和社会的角度来看，这个行为是正确的和有益的，所以我必须这样做。"做正确的事情的动机会消除担忧，甚至障碍，因为你会得到理解和支持。宽宏大量可以帮助人们平静地应对即将到来的未知灾难。让人们朝着你希望他们走的方向前进的最好方法，既不是靠你的权力，也不是靠你的命令，而是让他们知道他们的行动是出于正义，这将是他们克服困难和前进的力量的来源。

（5）压力处理。领导者肩负着更多的责任，他们往往必须承担起对危机的恐惧。如果你没有很好的能力来应对心理压力，或者没有勇气和智慧去努力扭转局面，你可能就不是一个合格的领导者。领导者需要以勇士的精神来面对危险，用骆驼的耐心来承受压力，从危险中寻求机会，并采取有效的行动来摆脱风险。永远不要让对危险的恐惧压倒自己，相反，采取主动和强有力的行动继续前进。

（6）及时评估成果。一个计划的价值是由其实际结果来衡量的。领导者应及时评估进展情况，以便更好地了解战略及所采取的行动的有效性，并对自己的领导力进行评估。将预先确定的目标与实际结果进行比较，以对决策更深入地理解，这是领导者一种强大的自我进步方法。每次领导者成功完成自己的计划，都会对未来更有成就感和信心。即使有偏差，也不一定是一件坏事，领导者也会发现自己的缺点并进行弥补。这是一个从经验甚至教训中学习的机会。

（7）自信。要有自信，坚持不懈地前进。

（8）相信无限的未来潜力。今天的成就为未来的发展提供了一个更高的起点，使领导者站得更高，看得更远。因此我们必须意识到：人总是可以不断地提高自己的能力，要认识到人的潜力超出自己的想象。这一意识将使领导者可以寄希望于未来，巨大的潜力是未来的资本。无论如何，这种潜力引领着团队的上升，而且有动力保持团队继续前进。

（9）坚定的前行决心。领导者的本质是那些在过去和现在取得过伟大成就的人，不仅有非凡的才能，更有坚强的意志。领导者必须利用信仰的好处，开辟一条光明的道路。最终的成功总是属于那些坚定决心、坚决前进的人，他们尽管知道未来是艰难的，也许还是遥远的，但是他们有征服的雄心，相信有一天一定会成功，所以他们前行的脚步非常坚定。

尤克尔（2013）定义了领导者影响群体或组织有效性的各种方式：

（1）选择要追求的目标和策略。

（2）鼓励成员们一起实现这些目标。

（3）建立成员之间的相互信任与合作。

（4）组织和协调日常工作和活动。

（5）依活动和目标来分配资源。

（6）提升成员的技能和信心。

（7）让成员学习和分享新的知识。

（8）争取外来的支持和合作。

（9）设计正式架构、程序和系统。

（10）形成成员们共同的信仰和价值观。

还有其他许多理论家和领导者提供了对领导核心能力的见解。主要归结如下。

做一个有远见的人：远见指的是看到、预测和把握未来的能力。它是"以不同的方式看待世界的能力，这使个人能够识别模式、趋势和机会"（Zetlin，

2015）。一些人认为这是"形成一幅他们想要的未来的图景并实现它的能力"（Duggan，2018）。预见性的形成主要取决于以下几种因素：①领导者和其团队的领导力哲学；②利益相关者的期望；③组织的核心能力；④本组织所属行业的发展规律；⑤组织所处的宏观环境的发展趋势。

规划能力/战略思维能力：是指个人或组织对未来的整体、长期和基本问题的思考，在此基础上制订全面、长期的发展计划。规划能力/战略思维能力意味着一个领导者可以计划一些事情，尤其是那些大的事情，以确保他们按照你想要的方式行事。迈克尔·波特（Michael Porter，1980）将战略定义为"……企业如何竞争的广义公式，目标应该是什么，需要哪些政策来实现这些目标，以及……公司努力实现的目标和寻求实现这些目标的手段（政策）的结合"。他继续说："制订竞争战略的本质是将一家公司与所处环境联系起来。"（Porter，1980）。战略领导者可以设定方向、集中精力、分配资源并提供指导，以应对不断变化的环境，他还能够影响他人自愿做出决策，提高组织长期成功的前景，同时保持短期财务稳定。

组织协调能力：组织能力包括任务的分配，将任务分配给各部门，同时给予和职责相适应的足够的权力，以及在整个组织内进行资源分配，以实现共同的目标。组织协调能力包括通过确定和列举实现企业目标及其各部分所需的活动，将这些活动分组，分配给管理人员，授权执行这些活动的权力，以及在企业中水平和垂直地建立权力和非正式关系。我们在这里将组织和协调定义为设计组织架构和分配组织资源的能力。有效地组织协调团队和资源可以使组织的利益最大化。领导者应具有较强的组织能力和良好的协调能力，确保良好的任务分配及优化资源配置，结果如期按质交付，从而最终实现正确的战略。良好的组织能力使领导者能够获得那些愿意聚集在自己周围，并有意识地朝着预期的方向前进的追随者。

决策能力：决策被认为是导致在几种替代可能性中选择一种信念或一种行动的认知过程。决策是根据决策者的价值观、偏好和信念来识别和选择的过程。每一个决策过程都产生最终选择，可能会导致采取行动或不采取行动。

诺贝尔奖得主赫伯特·西蒙（Herbert Simon）说，决策不是找到最好的解决方案，而是找到最合适的解决方案。他指的是人们用来评估哪个是合适的和最低限度的替代解决方案的标准。做出合适的决策有两个条件：相关的最低满意标准；所做的决策优于最低满意标准。

在2019年的演讲《一个产品经理的奥德赛之旅》中，中国最大的旅游网站绿人中国网首席执行官梁宁说："信息时代已经扩展了人类的视野和听力。我们可以在数千英里外看到人们和听到声音，这在农业和工业时代是不可能的。在这个人工智能时代，我们需要解决的是与我们的心理扩展相关的问题，那就是升级我们的决策模型，因为有效和持续的增长需要每个人都做出正确的决定。"

决策权是一种判断和处理问题的能力。它可能是一种经过仔细思考后的理性行为，也可能是一种非理性行为，如条件反射反应、习惯反应或本能反应。

在实施战略中面临各种问题和紧急情况时，快速有效决策的能力主要体现在以下几点：①掌握并善于使用各种决策理论、决策方法和决策工具；②可以快速、准确地评估决策的好处；③具有预见、评估、预防和减轻风险的意识和能力；④拥有必要的资源来实现这个目标；⑤掌握并利用最佳的决策及其实施机会。

魅力人格：韦伯定义的魅力领袖是那些与普通人不同的人，他们所具有的特定品质和个性是天生的，普通人无法获得的，他们是"超自然的，非同凡响的超人"（Weber，1947）。

新魅力型领导则相信，魅力不是天生的，而是后天炼成的。来自田纳西大学诺克斯维尔分校的肯尼斯·莱文（Kenneth Levine）对大学生进行了调查，要求他们对个人魅力进行定义，并准确地指出他们认为有魅力的人的魅力行为。"每个人在某件事上都有领导能力，"莱文说，"但我们发现，如果你想让人们认为你有魅力，你需要表现出下面的特质：有同理心、良好的倾听技巧、进行眼神交流、热情、自信和良好的说话技巧等。"莱文得出的最令人惊讶的结果是，学生们觉得个人魅力不仅仅是与生俱来的东西，还是可以学到的东西。"能力被认为是后天获得的属性，而不是先天带来的特征，所以很多人认为个人魅力是可以学会的"（Levine&al.，2010）。

多伦多大学的罗伯特·豪斯（1977）将魅力描述为社会学和政治学文献中常用的术语，用来描述那些凭借个人能力对追随者产生深远而非凡影响的领导者。这些影响包括收获追随者对领导者的忠诚和奉献,以及激励追随者毫不犹豫地接受和执行领导者的意志,不会质疑或考虑自己的自身利益。对豪斯来说,领导者具有四种互相关联的个人特征的组合:支配和主导、自信、对影响力的意愿和强烈的信念。他说:"魅力领导者被假设为通过以下特定行为来使用这些特征:目标的清晰表达、以身作则、个人形象塑造、对追随者的信任和高期望,以及激励追随者有所作为"(House,1977)。他相信目标的清晰表达及个人形象塑造可以引导追随者对领导者产生良好看法。因此,良好的感知增强了追随者对领导者的信任、忠诚和服从,并缓和了队友和领导者行为之间的关系。"如果追随者的作为也恰巧适合他们自己的要求,他们的反应就会带来有效的业绩表现"(House,1977)。

其他理论家将有魅力的领导者定义为敏感和体贴的、支持和培养人才的人。我们总结了以下魅力型领导者通常包括的人格特征:

(1)强烈的自信:这是成功领导者的形象,它使下属觉得领导者很有能力。

(2)对权力的强烈渴望:有魅力的领导者对权力的渴望强烈,积极建立强大的形象。他们努力影响下属,并获得下属的认可和追随。

(3)发展愿景的能力:有魅力的领导者可以链接组织目标与下属的共同价值观和理想,开发一个引人注目的愿景,使得大家工作具有意义,并鼓励他们的下属热情和充满活力地对待工作和生活,同时鼓励他们致力于组织的任务和目标。

(4)亲和力:有魅力的领导者表现出亲和力,总是关心下属,让下属乐于为其服务。有魅力的领导者也表达对下属的信任,这种行为会增强下属的自尊和成功的信念。

(5)良好的激励技能:有魅力的领导者使用不同的方法来激励下属达到甚至超过预期的结果,哪怕有潜在的挑战和风险。

(6)以身作则:有魅力的领导者会不断克制自己,建立良好的行为,成为下属追随的榜样。当下属认同领导者的价值观和特征时,他们便会模仿领导者的言行,这种模仿不仅是外在的,还包括内在信念和价值观。通过这个过程,有魅力的领导者可以对下属的满意度和行动力产生惊人的影响。

影响：影响力可以导向一种完全自愿来完成工作的结果。通过积极的肯定和鼓励，影响会使团队觉得他们在需要完成的工作以及他们需要采取的方法上都有自己的选择。领导者不是通过威胁，而是通过说服和谈判，让员工对他们正在做的工作有更多的控制权。

罗伯特·B.西奥迪尼（2006）发现，影响基于六个关键原则：互惠；承诺和一致性；公认性；喜欢；权威；稀缺。

（1）互惠：人们通常觉得有义务回报自己曾经得到的帮助。讲规则的专业人士经常利用这一特点，通过提供一个小礼物来换取接受者的回报。

（2）承诺和一致性：人们通常希望表现出自己前后一致，也希望看到别人如此。讲规则的专业人士可以利用这种愿望，让别人做出一个最初的，通常是很小的承诺，然后就可以提出与这个最初的承诺相一致的请求。

（3）公认性：人们在做决定时通常会参照像自己一样的人。这在不确定或不明确的情况下尤其明显。这一特性导致讲规则的专业人士有时会提供关于其他人在做什么的虚假信息。

（4）喜欢：人们更有可能同意他们喜欢的人的提议。有几个因素会影响人们更喜欢一些人：①外表吸引力；②人们往往会喜欢那些与他们自己最相似的人；③人们往往喜欢那些赞美他们的人；④人们倾向于与那些被迫合作以实现共同目标的人建立信任；⑤人们往往会喜欢那些能让他们大笑的人。

（5）权威：人们经常对来自权威的命令，甚至对权威的象征（如学位、制服、昂贵的汽车等）作出反应，即使他们的本能暗示着不应该遵守这些命令。

（6）稀缺：随着东西变得越来越少，人们往往想要得到这些东西。这导致广告商将商品冠以"有限的供应量"或"只在短时间有"等宣传口号来推广商品。

研究还表明，当信息受到限制时（比如需要通过审查），人们更想要这些信息，并会更高度地重视这些信息。

当物品曾经供应充足，但现在却变得稀缺时，它们也会得到更高的价值。

上述任何一种方法单独存在是不可能真正影响他人的，但结合起来使用，它们的效果可以被放大。

2016年，西奥迪尼（Cialdini）提出了第七项原则，他称之为统一原则。人们越认同他人,就越会受到这些他人的影响。这时就需要人们拥有控制能力。

控制能力:控制是指根据组织的计划目标来衡量和指导实际绩效的一个过程。

1916年,亨利·法约尔(Henry Fayol,1949)提出的第一个"控制"的定义属于管理范畴:"对于进行中的事情的控制在于看到一切正在按照计划,有序且有原则地进行。它的目的是发现和指出错误,以便可以纠正和防止错误再次发生。"

罗伯特·J.默克勒(1970)对管理控制提出了一个更全面的定义:"管理控制可以被定义为一个系统管理,它在于把业绩和预定的标准,计划和目标进行比较,以确定结果是否符合这些标准,从而采取补救措施使得人力和其他企业资源得到最有效的使用,以达成和实现企业目标。"他提出的管理控制流程如下。

步骤1:标准的建立:衡量实际绩效的标准(定量和定性)。

步骤2:实际绩效的衡量:以客观和可靠的方式衡量绩效。

步骤3:比较实际结果与预设标准,以找出偏差。

步骤4:分析造成偏差的原因。这一步还包括确定是否需要进行更多的控制,或者是否应该改变标准。

步骤5:采取纠偏措施。应对问题的流程或行为提出解决方案和更改,以满足标准。

现有的文献似乎没有回应我们真正想要表达为控制的概念,因此我们在这里将管理控制能力定义为通过以下手段有效地控制一个组织的发展方向、实施战略的过程和一个组织的有效性的能力。

(1)建立起组织的价值观,并使其被组织的所有成员所接受。

(2)制定规章制度,确保组织成员依法遵守。

(3)任命管理人员并合理地使用其能力来执行领导层的意图,以实现对组织的控制。

(4)建立强大的信息能力,以理解和控制局面。

(5)控制并有效地解决各种实际和潜在的冲突,以确保战略的正确实施。

动机激励能力:维基百科将动机定义为促使个体朝着预期目标采取行动的

心理特征。动机也可以是促使个人行为的原因，也可以是赋予个人行为的目的和方向。换句话说，动机可以激励人们按照目标导向而行动。弗雷德里克·温斯洛·泰勒（Fredrick Winslow Taylor）的科学管理理论没有把员工作为个体的人，而是作为大的劳动力中的一份子。他的理论强调给员工个人任务，为他们提供最好的工具和支付基于他们的生产力的报酬是激励他们的最佳方式。组织理论家乔治·埃尔顿·梅奥（George Elton Mayo，2007）发现，当员工被允许对自己的工作条件提供意见时，他们会更有动力。

一些理论家将动机激励领导原则解释为建立强大的伦理学、清晰的愿景、可定义的价值观、真实的沟通，并真正被激励去促进合作和积极的工作。笔者认为，领导者的激励技能是通过激励员工为某些目标而努力，而不是简单地按照命令行动。善于激励的领导者会努力创造一个安全和信任的环境，并确保组织在其领域的成功定位，他可以让追随者的心理过程始终保持在一种兴奋的状态，朝着期望的方向前进，甚至超越预期。

授权：授权是"有效地利用管理者的权威，因此，它是一种有效地提高全面工作效率的方式"（Stewart，1994）。

赋予员工权力需要组织中存在着信任文化和一个适当的信息和沟通系统。在《授权需要一分钟以上的时间》一书中，肯·布兰查德和约翰·卡洛斯（Ken Blanchard and John Carlos，2001）阐述了管理者必须使用的授权员工的三个关键要素。

（1）与每个人分享信息。

（2）设定边界，给予边界的自主权。

（3）用自我指导的工作团队取代旧的层级体系。

关系管理：这是指与团队成员的互动管理。"领导者—成员互动（LMX）理论是一种基于关系的领导力，主要关注领导者和追随者之间的双向（二元）关系"（Graen，Uhl-Bien，1995）。根据领导成员互动（LMX）理论，与工作相关的下属的态度和行为取决于领导如何对待他们。LMX与工作满意度和组织承诺相关。虽然领导者在建立LMX关系中起着主导作用，但追随者在建立LMX关系中也起着重要作用。可能影响这种关系的人际关系变量是感知到的相似性、影响/喜欢、整合、自我提升、自信和领导者信任。这种多样性的特征为 LMX 创造了基础，现状会决定它的成功与失败。

领导创新和变革：创新领导是一种哲学和技术，其结合了不同的领导风格，以影响员工的创意、产品的开发和服务质量。创新领导在实践中的关键作用是领导创新。这种新的创新呼吁代表了从 20 世纪对组织实践的传统观点的转变，后者不鼓励员工的创新行为。21 世纪的领导者的创新思维是"对组织业绩有潜在的强大影响"（Mumford, et al, 2002）。除了领先创新，我们认为领先变革同样重要。随着新技术和新流程的快速变化、激烈的竞争和消费者的更高期望，组织必须创新地思考和行动，在变革中保持果断，以确保持续的成功和保持竞争力。没有这些，组织会落后于时代，最终失去市场和客户。创新性和变革的想法和行动对组织绩效有潜在的强大影响。创新型领导者可以带领团队完成企业的使命和愿景。

随着女性领导者的不断涌现，以及她们相当有效的领导方法，让我们注意到两个领导力因素在当今世界正变得越来越重要，即：①亲和力；②平衡职业和家庭责任的能力。遗憾的是这两者却似乎在现有的领导理论中缺席。

亲和力：指"精神的亲缘关系"、兴趣和其他人际共性。亲和力的特点是高度的亲密和分享。前面在对魅力领导者的研究中，已稍许提到过亲和力，它的具体表现为体贴和关心下属。有关亲和力领导或领导亲和力相关文献不多。在搜索"亲和力和领导力"这个词时，我们可以找到其他有关"亲和力"的领域，大多是一些组织的名字，如"亲和力领导小组"，指专注于指导和咨询实践的发展。本研究将领导的亲和力定义为一个人或组织可以对其群体施加的影响。在这里，亲和力不是人与人之间的物理距离，而是心灵之间的联系和欣赏，它是一种互利传播的基础，一种真正的亲和力来自于特殊的特质和内在的品质所产生的美好的感觉。

平衡职业和家庭责任的能力：许多女性领导者因其平衡众多责任的能力而受到赞扬，她们可以在作为母亲、妻子以及作为一家公司的领导者等各个职责之间游刃有余。人们相信，只有那些能够很好地平衡所有这些责任的女性，才能胜任公司的高层职责。与此同时，问题也来了：男性是否也应该分担家庭责任？家庭—职业平衡能力是否应该成为领导者的标准？我们可以找到相当多的文献，专注于分析和提供建议，以帮助母亲平衡她们的工作和生活，而几乎没有任何文献建议父亲如何平衡工作和生活。很少或几乎没有人提议将家庭—职业平衡作为评估效果的标准，很少有人或几乎没有人提议将家庭—职业平衡作为评估男性和女性领导能力有效性的标准之一。

本节对领导者和领导力已作了足够的阐述，接下来本研究的重点将放在母亲型领导上。尽管母亲领导者正在成为不可忽视的力量，但是她们一直被统一在女性领导者类别下而未能区别分析。考虑到关注母亲领导的研究非常有限，下一章将重点对女性刻板印象和女权运动做文献综述，以了解为什么女性（包括母亲）地位低下，社会已经为改善女性地位做了什么，我们还可以期望再做些什么。

## 2.7　从生物学和大脑结构的角度看女性刻板印象

当今地球上没有一个社会中的女性与男性完全平等，在世界上几乎每个国家，男性的地位都高于女性，只是不平等的程度（女性处于不利地位）可能有所不同。南希·乔多罗（Nancy Chodorow，1978）说："这就是父权制的普遍性——在每个社会中，女性在某种程度上在政治上处于被主导地位……每个男性对女性都有一定的权威，他们有文化上合法化的女性服从性。"她认为女性低下的原因是"社会确实以这样或那样的方式制度化性别"，她相信母性让女性照顾家庭领域的地位低于男性占据的公共领域。米歇尔·马菲索利（Michel Maffesoli，2007）试图用"角色理论"来解释这一现象。他将角色定义为对个体在每种情况下应该如何行为，或个人在每种社会地位上如何行为的基本期望。男女都可以灵活地适应自身社会的角色分工和劳动分工。从历史上看，为了应对经济约束，妇女分娩和哺乳的任务使她们成为养育的"采集者"，而被指定为负责养家糊口的男性，就是激进的"猎人"。长期以来，男性因其强大和成功而不断受到鼓励和赞扬，而好斗和雄心勃勃的女性则不符合不成文的规则，也非社会可接受的行为，女性往往因表现出这些特质而受到惩罚。如果母亲有抱负去努力占据在社会上有更高等级的一席之地，她会面临更大的社会压力。如果孩子可能需要她们在周围但母亲却为了追求自己的职业而不在孩子身边时，母亲们一定会受到指责，有时甚至会受到公开的敌意。母亲领导们被一些声音包围，警告她们必须在家庭和事业之间做出选择，如果她们"牺牲"自己，或者隐藏自己的"光芒"，留在成功甚至不成功的丈夫后面，母亲就会受到赞扬。当母亲们花时间在工作上，而减少了在家陪孩子的时间，她们会感到内疚。但这种内疚是单身女性及男性（无论是单身还是已为人父）所无法体会的。

关于人类社会的形成主要是人类生理、组织和机制的进化的生物学过程，还是主要是基于劳动的人类共同活动和互动等社会关系的形成过程，一直存在争论。无论关键原因是什么，很明显人类社会的组织结构和社会地位发生了巨大的演变。要了解女性刻板印象的关键原因，就有必要充分了解人类结构的发展历史。

### 2.7.1　史前的母系社会

从古典人类学的角度来看，旧石器时代的史前人类是一小群猎人和采集者的简单集合，他们过着和平但不是很有保障的生活。通常情况下，男人猎杀动物，女人收集坚果、水果和其他类似的食物，男人和女人有各自的生产活动，他们在地位上没有太大的差异。地位的高下在一定程度上取决于文化如何评估人群对群体福利的贡献：这个时期男性的贡献大致等于女性。当时，根据性别和年龄来进行简单而不稳定的劳动分工。年轻和中年的男性去打猎和捕鱼，有时打猎会带来很大的收获，就是大丰收；但其他时候，男人可能什么也没带回家。妇女们采集果实、打理家务、加工食物、缝纫衣服和养护老人和小孩。那时社会生产力低下，使得男性的打猎捕鱼难以满足稳定的最低物质需求，而妇女的采集活动则相对稳定，更不用说是妇女们发明了原始农业和畜牧业，这是氏族成员的重要生计来源，妇女活动是维持氏族生活的基本保障。妇女在生育方面的特殊作用可以保证族裔群体和部落的连续性和生存，妇女的这些明显优势使她们享有较高的特权，于是氏族成员的血统便依母亲而立。

收集食物使妇女们能够在家庭营地附近活动，同时照顾孩子们。男性则在四野打猎捕鱼。生存和繁殖是人生成功的关键。早期的母系家族都有自己的语言和名字。同一个氏族有一个共同的血统，并崇拜一个共同的祖先。氏族成员在死前住在一起，死后被葬在一个共同的氏族墓地。他们没有私有财产的概念，共同工作和平等分配是氏族的目的和生活原则。

人类历史上母系社会历史悠久，世界上几乎所有民族都有女性祖先的神话和传说，即"人类第一位女性"。中国古代关于女娲补天的传说是中国祖先在母系社会中受人尊敬的女性领袖领导下艰苦斗争的一个很好的例子。

尽管血统是由妇女和属于母亲的后代继承的，但同一家族的人负有相互帮助、保护和共同复仇的责任，氏族的首领由选举产生。旧石器时代相对平等的社会关系并不仅指社会等级，它也指平等的性别关系。

### 2.7.2 向父权社会的过渡

游牧民族和狩猎采集者不拥有土地，除了他们的牲畜和一些可携带的财产外也不拥有其他任何东西。当人们开始种植作物时，关键的一步就来了：游牧的生活方式，即在不同的地方安家和露营，被全年住在同一个地方所取代。随着农业的出现，人们工作得更加努力，食物供应急剧增加，所以人口也开始增加，文化也以各种方式发展，如土地所有权。这时，男性和女性之间的地位差异开始出现且加剧。男性成为财产的所有者和农场的老板。妇女仍然做着重要的贡献，而且在许多文化中，一个没有妇女的成功农场几乎是不可想象的，男性和女性在不同的领域执行着不同的任务，这两项任务都很重要。但是"男人的任务和角色被认为是地位高于女人，在农业社会中的女人地位明显服从于男人"（Baumeister，2010）。

从母系社会到父权社会的转变过程是自发的，经历了从低水平到高水平、定量到定性的演变。男性日益增高的经济地位为血统的转变提供了物质基础。根据鲍迈斯特（Baumeister，2010）的说法，这种转变主要是由以下因素引起的。

（1）医学的发展使人类能够发现性关系和生育之间不可避免的联系。男性和女性都有主要的配偶，孩子现在可以确认母亲，基本也可以确认父亲。父亲们也可以确认他们自己孩子的身份。因此，婚姻的相对稳定性和两性婚姻的进一步发展，使子女具有可识别的生父。

（2）原始民族的领导人负责带领人们与自然和其他部落作战，保卫他们的领土，保护他们的生活资源。只有坚强的人才能胜任这些任务。

（3）从原始社会向父权社会的转变也受到关键生活活动的变化和生产力的推动，例如：

● 动物驯化让位于畜牧业。在畜牧业社会，男性的地位有所提高，他们逐渐成为生活手段的主要提供者和社会生产的主力。

● 锄头耕作让位于犁地耕作。

大规模的耕作农业使男性成为饲养牲畜和耕作农田的人，妇女在很大程度上被排除在农业生产之外。男性负责畜牧、农耕，妇女主要从事家庭有关的事务。男性的劳动变得越来越重要，而妇女的劳动是次要的附加。男女经济地位的变化导致了其社会地位的变化，男性变得越来越重要，甚至一跃处于独断地位。因此，原本以母系为中心的母系氏族被转化到以父系为中心的父权氏族。妇女的地位现在明显从属于男性，男性的任务和角色开始被认为比妇女的地位更高。

随着生产力的发展，私有制的出现，男性的经济力量的增强，拥有牲畜，甚至奴隶和其他财产的男性自然希望将来把财产传给自己的孩子们（因为他的孩子是他自己的亲骨肉）。但这一观念在母系氏族社会中无法实现，因为财产必须留在氏族中，已出嫁的女儿不能继承她父亲的财产。如何解决这个私有制与传统继承制度矛盾？只有通过父权制。男人们要求改变继承权。人们最终规定孩子应该跟随父亲而不是母亲，妻子应该跟随丈夫。随着财产由子女继承，而血统是按父权连接，人类便进入了父系公社。

在中国，从父系氏族代替母系氏族，伏羲时代取代女娲时代开始，女性劳动力、身体素质上的先天不足逐渐导致了"男愈尊女愈卑的后天畸形心态"（杨昕卓，2019）。以女娲为代表的母系氏族，完成了从自然到文明的转变，而以伏羲为代表的父系氏族完成了从母权到父权的转变。虽然生殖崇拜仍然存在，但母系氏族崇拜女性，而父族则转向崇拜男性。对于父系氏族这个仍然相对简单的原始社会中的男性来说，他们的第一步便是抹去女性的成就，或者使女性的崇拜完全与男性的性崇拜同化。杨昕卓（2019）认为，当涉及社会地位和权力时，"女性于男性弱化了伴侣的身份，强化了天敌的印象"。女性在社会和家庭中的地位经历了大幅下降。"父系时代的古墓中，男人无拘束仰面朝天，女人弯腿侧身靠在其身旁。男尊女卑，死不平等的样子，由此略窥见一斑"（杨昕卓，2019）。

随着母系社会被父权社会所取代，生产方式的转变、生产力和社会的发展，妇女开始且长久处于"男尊女卑"的传统社会时期。中国最著名的信条是"三从四德"。"三从"指女子未嫁从父、出嫁从夫、夫死从子；"四德"是指妇德、妇言、妇容、妇功。"三从四德"是古代对女子的道德规范。

克劳德·利维－施特劳斯（Claude Levi-Strauss，1971）发展了替代理论（一个历史变化的随机模型）。他声称，种族特征与文化现象相结合，不是原因，而是结果。对他来说，历史符合一种格子——"一个由线条交叉组成的图形"而不是一种线性的或树状的发展。利维－施特劳斯指出，历史上并没有这样的母系社会，而母系和父系都在努力构建所谓的"认知"社会（Claude Levi-Strauss，1971）。利维－施特劳斯本人也因对女性的低估而经常受到批评。例如，关于母系男性的社会功能，他认为母系社会的叔叔/舅舅们是"给予者"。很明显，他用女性的社会功能和经济效用来衡量她们。利维－施特劳斯的理论强调，在大多数社会，母系线是围绕着父系来增加自己的功能，这相当于说两种类型的血统，主要是父系线主导男性和女性之间的关系。他的这个理论也受到了批判。

### 2.7.3 血缘关系作为封建制度下的社会地位的标准

亚当·史密斯（Adam Smith，1776）将"封建制度"描述为一种由继承的社会等级而确定的社会和经济制度，每一种社会等级都具有固有的社会和经济特权和义务。在这样一种制度中，来自农业的财富不是根据市场力量，而是根据农奴欠拥有土地的贵族的劳动服务来安排的。在封建制度下，社会是以出身和社会联系（主要是血缘关系、婚姻关系、裙带关系、性别等）为基础来组织的。这种社会组织结构在当时主要是由上层贵族控制的。在许多古代国家，贵族生来就有世袭的等级和头衔。如在古代的希腊、罗马和印度，贵族的地位来自对一个军事城堡的归属，而在古代非洲，贵族属于祭司王朝。贵族地位通常涉及封建特权或法律特权。从古代氏族选举制度发展起来的特殊选举制度在此时受到了影响和挑战。

中国从史前时代就开始经历君主制，直到1912年辛亥革命推翻了清朝，才成立了中华民国。皇帝是中国历史上君主的头衔。在中国传统的政治理论中，皇帝被认为是天子。属于同一家族的中国皇帝被划分为同一历史时期，称为朝代。皇帝的头衔是世袭的，传统上每个王朝都从父亲传给儿子。按照大多数朝代的惯例，皇后生的长子会继承王位，也有一些例外，如果已故的皇帝没有男性后代，王位会由一个弟弟继承。西周王朝（前1046—前771年）开始了世袭的等级社会，血缘关系是建立政治和社会制度的纽带。进入汉朝（前202—8年），世袭等级社会向官僚主义转变。

在贵族统治的社会中，男性占主导地位，女性社会地位低下，她们的任务就是生产子嗣，她们的价值是建立在她们的生育继承人的能力上的。来自正常家庭的女儿们希望长大后可以嫁一个好丈夫，成为一个母亲和家庭主妇，照顾孩子和服务丈夫；富有家庭长大的女孩，则努力使自己琴棋书画样样精通，以至于将来可以在上流社会找到一个好丈夫。事实上，她的命运也并没有不同于贫困家庭的女儿，无非都是照顾孩子和公婆，满足丈夫心理和生理的需求。她们会因为寻求独立、追求自己的"梦想"被谴责，甚至为此付出高昂的代价。女性绝不应该考虑拥有自己的社会地位。唯一的例外是武则天（624—705年），中国唯一的女性皇帝。为了更好地了解中国女性的社会地位，笔者访问了一个专注于研究中国古典书籍和记录的网站——国学大师网（已于2021年3月25日关闭）进行了文献查阅。通过输入关键词"女子"，笔者只能找到一部在明代中期（1368—1644年）出版的文献，是吴震元的《奇女子传》，其他所有的文献都是在明代之后出版的。但这难道就证明了传统中国女性的"没有发言权"吗？当我们用"妇"作为关键词时，有很多文献，关键描述是"妻子"，被认为是家庭责任的劳动者。

清华大学著名法学、政治学教授赵凤喈于1977年出版了他的著作《中国妇女的法律地位》。他从女性承担的不同角色出发描述女性地位：作为一个女儿、一个已婚妇女、母亲，女性个体经历中所体现的妇女和公共权力、女人的犯罪和惩罚等情况可以让人清楚地看到不平等待遇，以及古代中国女性地位的低下，她们只被视作男性的附属物。

从几个世纪以来农业的衰落开始，男性和女性走着不同的生活道路，女性的领域被男性和女性本身均视为次要的领域。"性别不平等是社会组织的一个基本事实：男性的地位高于女性"（Baumeister，2010）。

如今，尽管封建制度在我国早已被废除，我们仍然可以看到部分落后思想的遗留：在一些家族企业中，家族关系或血缘联系仍然是任命的关键选择标准，这在这些公司的起步阶段更为明显。女性仍然因"站在男人背后"支持丈夫而受到赞扬。2017年，中国妇女联合会对2400名女大学生的调查显示，66.7%的人认为"嫁得好比做得好"更重要。我们可以想象，在受教育程度较低的女性中，这一比例应该更高。

### 2.7.4　在精英制度下的现代社会结构

由于贵族权力的减弱，随着在军事领域扮演关键角色的战士这一职业的崛起，以及黑死病带来的人口减少，西欧封建体制于16世纪走向终结。新社会是根据"功绩/优势"，而不是根据出身、血缘或世袭关系来组织的。男性看到了主要基于教育的机会和平等。随着民主取代了封建主义，社会地位的获取也由"精英政治"取代了血缘关系。"精英政治"是指一种由"功绩/优势"来决定晋升的制度，如教育、绩效、智力、资格证书等。"功绩/优势"往往是通过评估或考试来确定的"（Young，1958）。"最早的行政精英制度可以追溯到中国古代"（Tan and Geng，2005），随着最古老的基于公务员考试的精英制度的创建，"政府的任命是基于儒家经典的价值观进行的考试"（Tucker，2009）。"公元前6世纪，中国哲学家孔子（前551—前479年）提出了一种观念，即管理者应该从他的功绩中获得权力，而不是因为世袭。科举考试由此产生，官员的职位只授予通过考试的人"（Rhomas，2003年）。

19世纪，英国建立了精英公务员制度，随后是美国，1883年的《彭德尔顿公务员制度改革法案》（*Pendleton Civil Service ReformAct*）对美国联邦官僚机构的任命制度进行了改革。该法案规定，政府职位应根据成绩授予，通过竞争性考试，而不是因为与政客或政治派别的关系而获得。出于政治原因解雇或降级政府雇员被批评为是非法的。

19世纪50年代，澳大利亚开始建立公立大学，以提供先进的培训和资格证书来促进精英管理。教育体系延伸到不同社会和宗教出身的中产阶级的城市男性，然后延伸到公立学校体系的所有毕业生、农村地区背景的毕业生，最后延伸到妇女和少数民族。政治平等在中产阶级和工人阶级中得到了大力提倡。

20世纪至今，新加坡正将精英统治发挥到极致，这是新加坡国内公共政策制定的官方指导原则。学历证书被当作功绩的客观衡量标准。新加坡社会越来越分层，精英阶层的人口比例越来越狭窄。

精英组织主要提倡为那些通过教育被证明有能力的人提供机会。人们对精英统治的关注和批评主要体现在以下几个方面：①"功绩/优势"的定义和标准不明确（Bowels，Durlauf，2000）；②评估机构和评审人的权威和制度的可靠性值得商榷（Ayers，1993）；③获得良好教育（优势的关键标准）可能是昂贵的，最终只有富人才能达到设定的功绩/优势标准。

虽然精英政治提供了更公平的机会去争取好的社会地位，但其更多的是从技术角度来测试能力，没有考虑其他非教育相关的能力，如人际交往技能、抓住机会的能力、识别和解决问题的敏感性等。精英统治的另一个缺点是，它只存在于男性的世界里，没有给女性提供真正的机会。这就是为什么妇女运动对提高妇女地位和争取社会平等至关重要。

## 2.7.5 女性刻板印象的生物学解释——"冒险行事"的男性和"安全行事"的女性

罗伊·鲍迈斯特（Roy Baumeister，2010）指出，每个男性都是大男子的后代，在人类历史的早期阶段，大多数女性成为母亲，但大多数男性并没有成为父亲。进化论以繁殖婴儿为核心。我们是成功传递自己基因的女性和男性的后代。我们的女祖先们极力让自己更受欢迎，这样她就可以选择一个高质量的伴侣，她关心的是她的孩子会是什么样子，他们会得到怎样的照顾。这根本与她是否会有孩子无关。小心行事，像其他女性一样，这样她就会有足够的机会怀孕。她关心的是选择一个好的嫁人的机会，比如，一个能够并且愿意为她和孩子们提供良好生活的男人。大多数女性都会有孩子，所以女性没有也不需要特殊的动力。相比之下，一般普通的男性注定要被生育遗忘——如果像其他人一样行事是愚蠢的。大多数男性无法繁殖，如果你不能超越他们，你也会失败。这就是为什么我们是"安全行事"的女性和"冒险行事"的男性的后代。

对男性来说，待在家里保持安全行事是不安全的，因为普通男性注定没机会繁殖。的确，有些人出海去探索未知的海洋，最终被淹死，或被食人族吃掉，或死于疾病，他们输掉了他们的赌博。但这种赌博也许仍然是最好的策略，因为他们待在家里也意味着失败。有些男性从外出探险回来后变得足够富有，这提高了他们找到妻子或更多妻子的机会，且有经济能力养很多的孩子。对女性来说，冒险意味着为了一个不确定的机会而放弃一个相对确定的东西，而对男性来说，冒险则意味着放弃一个肯定的损失，用不确定的失败交换一个确定的失败。进化论有一个合理的答案：一个女人没有理由承担这样的风险和牺牲，即使她征服了已知的世界，一生仍然最多只能有几个有限的孩子。如果她像成吉思汗那样骑在马背上打仗，那么就很难有机会多次怀孕了。尝试获得更多的东西是没有回报的。一个女人不可能生100个孩子，而男人则有可能，有些男人已经这样做了。大自然促使男性为了大赌注而玩大游戏；女性为了得到更好和远离不理想的伴侣而竞争。女性为了做到这一点，并不是通过在体力上打败其他女性，而是通过比别人更美丽、更甜美和更可爱而达到目的。女性寻求交朋友，让别人感觉良好，并与他人和睦相处。男性则是那些确实比其他男性更好的人的后裔。那些通过残酷竞争成功地到达了等级制度的顶端的男性，可以获得女性们的青睐，并生下众多的儿女。下一代继承了导致繁殖成功的特征。对于女性来说，有吸引力，健康，有爱，有爱心就是需要的特质，并且被遗传到下一代。对于男性来说，要在出生许多世纪后对广大人口产生如此大的生物学影响，他便需要雄心勃勃、有才华和成功。要想有机会这样做，他必须在社会、政治和经济方面取得巨大的成功。这种成功反过来又需要出色的才能和强大的动机。即使在他获得了足够的财富和地位来舒适地生活之后，他仍会继续追求征服。他率领他的军队继续前进。自然选择给人类男性注入了一种远强于女性的"追求伟大"的动机。

鲍迈斯特的纯粹生物进化理论是否能合理地解释为什么冒险、具有攻击性和雄心勃勃是男性的典型刻板印象，而温柔、可爱、安全行事是女性的典型刻板印象，这是有争议的。但是人们普遍认为，男性的野心可能比女性更明显。女性不需要野心，对于一个女性来说，人生的关键是寻找最好的伴侣，一个基因质量良好的男人，而这个男人会留在身边支持她和孩子。

与生物进化理论不同的是，其他研究人员认为，关于女性/男性刻板印象用大脑差异来解释更容易。

### 2.7.6 大脑差异

巴伦-科恩（Baron-Cohen，2004）声称，"女性的大脑主要是天生的同理心，男性的大脑主要是理解和构建系统的核心大脑"。他认为，男性的大脑依靠系统的思维来弄清楚事情是如何运作的，"为什么这个系统会这样运作呢？"男性倾向于找出潜在的规则。他们的目标是了解这个系统，这样他们就可以预测接下来会发生什么。女性大脑的一个显著特征是移情的倾向，这促使女性希望弄清楚另一个人在想什么和感受什么从而做出适当的反应。在这种情况下，女性的目标是了解对方，以预测他们的行为，并形成适当的情感联系。

丹尼尔·基·阿门（Daniel G. Amen，2018）在他的畅销著作《释放女性大脑的力量》中指出，女性的大脑有五种特殊的优势：同理心、直觉、自我控制、合作和适度的担忧。同理心使一个女性充满爱和关心。直觉让女性能够快速掌握不那么明显、逻辑上不可能容易证明的信息；自我控制给了她们更好的能力来控制冲动；合作的天赋帮助她们与他人合作；适度的担忧倾向使女性专注于可能出现的问题以及可能的变化从而找出解决方案。这些特征也有缺点：同理心会让女性觉得自己必须对全世界负责，这有时候会让她们疲于应付，因为她们感觉需要照顾所有人，却经常忽视自己；直觉引发恐惧和焦虑，女性意识到有问题，但无法检查或获得更多的信息来确证；自我控制可以改变为试图控制别人，女性也很容易觉得她必须得到所有人的认可，比如，她的同事、家人和配偶，否则什么都不被允许；适度的担忧是好的，但担心太多会让女性感到不安。

劳安·布里森丁（Louann Brizendine）在 2006 年出版了她的书《女性的大脑》。这本书的主要思想是，女性的行为与男性的行为不同，这在很大程度上是由于荷尔蒙的差异。布里森丁说，人类女性的大脑受到以下激素的影响：雌激素、孕酮、睾酮、催产素、神经递质（多巴胺、血清素），调节这些激素和神经递质的大脑结构（前额叶皮层、下丘脑、杏仁核）存在差异。劳安·布里森丁的理论受到了严峻的挑战和批评。她的理论被认为充满了科学错误，对大脑发育过程、神经内分泌系统和性别差异的本质存在误导，甚至无法达到科学的准确性和平衡的最基本的标准。在她的书中，"人类的性别差异几乎被提升到创造不同物种的程度，但事实上，几乎所有大脑结构的差异和大多数行为的差异，都仅有微小的平均差异和个体水平上大量的男女重叠"（Yang, Balaban, 2006）。艾米丽·巴泽隆（Emily Bazelon, 2010）指出，劳安·布里森丁描述了在荷尔蒙的推动下，大脑是如何使男性和女性的行为完全不同，这种描述视自己的专业素养于不顾，很不谨慎。布里森丁最后承认，男性和女性的大脑大多是相似的，而她强调的完全是"深刻的差异"。

麦考比和杰克林（Maccoby and Jacklin, 1974）发现，男性和女性在很多方面是不同的，但这些差异大多是非常小的规模，性别只代表3%到5%的行为变化，如此小的差异可以忽略，而无须被认真关注，因为同一性别之间的行为差异可能更大。

传统的左脑/右脑的二元性理论还经常被提出来。有些人是左脑性的（逻辑的、线性的、分析的、男性的），而有些人是右脑性的（整体的、直觉的、创造性的、女性的），这在很大程度上是一个有点荒诞的说法。虽然大脑的两个半球在功能上确实有所不同，但它们有着错综复杂的联系，并广泛地共享信息。创造力不仅仅是大脑右半球的功能，逻辑分析也不是完全取决于左半球的。当然，"这些说法有一点道理：就像男孩和女孩的大脑不一样，大脑的两个半球并不相同，但也没有显著的不同；大脑内部的差异比半脑之间的差异更多"（Radford, 2010）。

关于性别地位有两种理论：直到20世纪一直被认为是正确的一种理论认为男性天生比女性优越，男性被认为天生有天赋，所以男性高人一等，女性是助手和仆从；第二个理论则去了另一个极端：女性在任何方面都不逊色，她们甚至可能是更优秀的，所以强大的男性和弱势女性的情况只能解释为男性对女性的压迫，男性为了保护自己的地位，通过他们发明的专制统治来压制女性，使女性无法获得机会或来证明自己。这两种理论似乎都缺乏客观性，没有证据证明男性更有才华，或者女性更聪明。女性降级到次要地位部分是由刻板印象带来的。尽管说不同性别之间的差异似乎是存在的，但是"随着时间的推移，研究表明，关于女性天生无能的刻板印象通常是错误的"（鲍迈斯特, 2010）。

不同的性别之间是否有真正的差异，差异是大是小都不重要，因为我们认为差异不应该作为衡量能力，社会地位的标准。鲍迈斯特（2010）说："如果男性和女性做不同的事情，这更多的反映了他们喜欢什么和想做什么，而非出于他们的能力的不同。"人们怀疑，性别上的差异可能是由于大多数女性不喜欢做有些类型的事情而造成的。相较于女性，很少有男性沉迷于做家务，这就像很多女性不太关注事物是如何运转的，因而不醉心于从事工程、物理、化学和其他领域，相反，许多女性对于了解人更感兴趣，这可以解释为什么更多的女性在从事人力资源相关的工作。所以，这有关于一些基本的好恶……鲍迈斯特（Baumeister）的"不同但平等"理论似乎可以解释为什么女性在某些领域较少，但他的理论不能解释为什么女性一旦进入她喜欢的领域仍然还是不能升到最高级领导层。

### 2.7.7 女性刻板印象及其在日常生活中的反映

我们前面已经提到，女性劳动力和女性在最高领导地位占比之间存在着巨大的差距。这主要是由于女性的刻板印象带来的，所以我们有必要对女性的刻板印象做更详细的分析。

男性认为他们承担了经济上支持家庭的主要责任，而女性则认为她们承担了照顾孩子的主要责任。对于女性来说，一方面传统使她们是具体的（衣着、化妆、美丽、体型等）、从属和依赖的、被动的……所有这些都来自男人眼中的女人；另一方面，男人则是抽象的、独立的、积极主动的。我们从小就看着我们的母亲做家务照顾孩子，而我们的父亲挣工资。幸福夫妇的形象仍然以一个在职业上比妻子更成功的丈夫为基础，"尽管30%的美国职业妻子和18%的英国职业妻子现在比丈夫收入更多"。我们可以看到女性的期望特征与她追求独立和成功的渴望之间的矛盾，这导致了女性的人格分离。那些追求事业的女性经常受到质疑："你可能不会选择完成工作。""难道有一天你不想要孩子吗？"而针对男人的声音却完全不同："是的，加油，你可以的，你会成功的"（Sandberg，2015）。

南希·乔多罗（Nancy Chodorow，1978）在她的书《母亲的繁殖》中写道："在我们的社会中，就像在大多数社会中一样，妇女不仅要生孩子，还主要负责照顾孩子，比男性花更多的时间来陪伴孩子，并与他们保持主要的情感联系。当生母无法照顾孩子时，其他女性，而不是男性，几乎总是会取代她们的位置。尽管父亲和婴幼儿也会在一起，但父亲很少是孩子的主要家长。"她又指出："随着资本主义的发展和工业化，家庭之外的生产大大扩展，而家庭内部的生产却不断下降。布、食品和其他家庭必需品，从前由妇女在家庭生产，现在则成为商品在工厂大量生产。这种变化在家庭和妇女的生活中产生了一个复杂而深远的影响。资产阶级妇女开始专注于努力培养模范孩子，支持和指导丈夫从不道德的外面世界回归道德。所有阶层的妇女现在都要支持丈夫，关照他的膳食起居，喜怒哀乐。乔多罗在她的书中指出，性别差异因恋母情结的形成而在女性方面得到妥协。母亲和婴儿之间的紧密联系，不仅塑造了她的身份，而且让孩子承认父亲是一个独立的存在。当然，如果父亲扮演与母亲类似的主要家长的角色的话，情形可能会不同。

中国的"男主外，女主内"的传统原则根深蒂固"善解人意的妻子和慈爱的母亲"是一个母亲的标准。即使在这个现代社会，尽管妇女现在同样承担着养家糊口的责任，这种意识形态仍然存在。

如果照顾孩子是分配给女性的任务，那么她们就被期望有适当的特征，比如，愿意照顾他人和帮助他人。如果战争在一个社会中很常见，而男性们就被期望成为勇士，那么他们就得具有适当的特征，如进攻性和冒险的意愿。社会确保男性和女性都发展出称职的成人功能通常需要的心理特征，因为它是由文化所定义的，并得到历史证明和生物学解释的支持。社会是通过社会化过程依儿童的性别来运作；它让儿童们按成年人角色的组成得到直接的经验。女性和男性的世界有一些不同的个性、态度和自我概念，于是男性，女性们便接受并将他们的文化所培养的对各自的性别的期望内化到他们的个性中。研究表明，女性比男性更认为自己是一个关心和养育他人的人；研究也表明，在对待穷人、少数族裔等方面，女性比男性更有同情心[1]。

有偏见认为，母亲更致力于家庭而不是工作，所以她们不如男性有进取性和高效率，她们不那么雄心勃勃，缺乏冒险欲望，没有远见，眼光不够具有战略性，而这些又是领导者成功所需要的特征。这样的观点不仅是男性持有，也

---

[1] Gender and Leadership, 1998.

被女性认同，尽管研究表明，这种"特征"不是生而带来，而是后天造成的，甚至是由女性的母亲在她很小的时候就一直向她灌输的。企业的领导向具有进取心，雄心壮志、奉献精神的男性敞开大门。领导角色并不适合那些被认为没有所有这些特征的女性。因此，妇女往往拿着很低的工资，被限制在通常需要较低的教育水平的组织的底层。中国女性的地位低下或许还可以从退休年龄反映出来：尽管统计数据显示，女性的平均寿命比男性更长（5~6岁），但中国女性的退休年龄却早于男性（女性50~55岁，男性60岁）。

那些成功成为中层管理人员的女性被困在"中层"。"严格的中层管理人员选拔过程导致只有极少数特别优秀/最有能力的女性才被考虑担任高层管理职位"（Schnarrissues，2012），更不用说选拔委员会/评估人员主要由男性领导组成。

我们必须相信，玻璃天花板是一个障碍，这在很大程度上是因为人们对高层妇女的偏见。对于女性来说，当她们的成就得到认可时，她们往往会受到负面评价。

妇女运动标志着妇女的觉醒，旨在并确实以相当显著的方式改善了妇女的社会地位。

## 2.8 妇女运动和女权主义者

对人类组织历史进行研究不难发现生儿育女一直是妇女生活的核心。世界上大多数妇女都做无偿工作，在照顾孩子的同时，为家庭安排衣食住行。现代形式的性别不平等不是一个互补的责任交换，而是一个复杂的系统，正如1980年联合国的一份报告估计，"女性做世界三分之二的工作，获得世界收入的10%，并拥有世界1%的财产"（Lorber，2010）。

男性获得更高的地位，因为财富、知识和游戏规则是在男性的世界里被创造的。男性领域的大团体组织逐渐（往往是痛苦的）在各种方面产生了进步。"男人们创造了艺术和文学、宗教、哲学、科学、军事组织、贸易和经济关系、技术、政治结构和政府，以及其他"（鲍迈斯特，2010）。

美国宪法保证每个男人"生来就有平等的最高职位选举权利……每个女人生来就有成为最杰出男人的妻子的平等权利"。本应自由的妇女的法律地位与儿童并无二致：经济上依赖父亲或丈夫，社会地位也从属于父亲或丈夫"（Lorber，2010）。

### 2.8.1 妇女运动和女权主义者

在启蒙时期（大约在18世纪美国革命发生之时）之后，女性慢慢地开始要求减少性别之间的不平等。当时，社会是由庞大而复杂的社会机构组成：大学、工厂、银行、教堂等。这些机构很少有能像对待男性一样对待女性的，许多关键职位只属于男性。

在20世纪，妇女们继续为寻求更好的待遇而斗争。许多女性终极目标希望结束男女领域的分离。她们要求成为男人领域各机构中的平等伙伴，她们还希望男性进入女性的领域，平等地分担家务和照顾孩子。

据库尔曼（Kuhlman，2015）报道，早在1791年，法国作家奥兰普·德古热（Olype de Gouges）发表了题为《妇女和女性公民权利宣言》的文章，宣称"妇女天生自由，她的权利与男人平等"。尽管她未能在18世纪的法国女性中激发一场有凝聚力的革命，但她对女性和男性的天生自由，拥有同样权利的言论，为20世纪60年代的女权运动奠定了基础。

在这个时代，一个重要的直言不讳的捍卫妇女权利的人是西蒙娜·德·波伏娃（Simone de Beauvoir），在她的书《第二性》（1949）中，她解释了有才华的女性成功的障碍，主要包括：①女性无法赚到和从事类似职业的男性一样多的钱；②女性的家庭责任；③社会对有才华的女性缺乏支持；④职业女性担心成功会导致丈夫不开心或甚至阻止她们找到一个丈夫。西蒙娜·德·波伏娃（1949）认为，女性被养育成缺乏野心的个体，女孩被告知遵循母亲的职责，而男孩被告知超越父亲的成就。西蒙娜·德·波伏娃的言行帮助了女权运动在20世纪60年代末和70年代初爆发。随着妇女运动和其他社会变革，人们对女性的关注开始升温。对长期男性主导社会的反抗导致了女权主义的潮流。随着女权主义运动的兴起，人们逐渐承认女性同样优秀，并认为男女之间没有内在的差异，只是存在由不同的教养造成的刻板印象和表面上的差异。通过这场运动，妇女获得了一些平等的权利，如受教育权、工作权和投票权。

性别差异成为专家们之间有趣的话题。一方面，有很大的声音说，男人和女人是非常不同的，但另一方面，蓬勃发展的女权运动使人们相信男人和女人基本上没有区别，偏见和社会化是造成差异的关键原因，男性和女性在成长的过程中被教育成不同的样子，文化刻板印象和偏见导致了男性和女性之间的差异。

女权主义运动确实带来了男女更加平等的转变，尽管有争论认为，这些转变更多的是来自政治方面，而不是科学方面。"1949年中国共产党获得革命胜利后，中国妇女获得了平等的合法权利，但父权家庭，尤其是在农村地区，仍然限制了妇女们的实际自由"（Lorber，2010）。

性别与权力体系（种族、民族、社会阶层和性取向等）一起使某些群体享有特权，而使其他群体处在不利地位。"性别……同时给予个人地位和身份，并塑造他们的日常行为，也是面对面关系和组织实践中的一个重要因素"（Lorber，2010）。

虽然人们认识到，有关性别意识的声音已经被听到，但"性别问题还没有完全解决，性别关系也还改变得不够"（弗兰克，1999）。没有新的标准来取代对性别的刻板印象，女性继续被认为是低等的，能力较差的。"女性聚集在低收入、低地位的工作中，而男性聚集在高薪、高地位的工作中"（Anker，1997）。总部位于日内瓦的国际劳工组织于2019年年底发布的2018/2019年全球工资报告显示，全球女性的平均月工资比男性低20%。根据美国最大的就业网站之一"玻璃门"的研究，2019年美国女性的平均收入是男性的78.6%，而英国女性工资比男性低17%。《2019年中国工作场所性别差距报告》显示，2018年中国女性的平均工资为男性的78.3%。男性在经济和社会中仍然占据着最强大的地位，许多有才华的女性仍然面临着职业生涯中的玻璃天花板，仅有很少比例的女性可以升到高级领导层。

在20世纪，妇女继续为寻求更好的待遇而斗争。相关的法律被通过以确保妇女得到与男子平等的权利，甚至包含了一些优惠待遇。进入21世纪，我们已经看到了沿着这些方向进行的大规模运动和更多的改进。"女性在主要的社会机构（以前是男性的领域）中前所未有的活跃"（Baumeister，2010年）。

洛柏（2010）将女权主义者分为三类：

第一类是性别改革女权主义（自由主义、马克思主义、社会主义、后殖民主义和亚洲主义，第二波女权运动）。她们是在20世纪70年代占主导地位的理论家和活动家。性别改革女权主义希望清除歧视妇女的行为的性别社会秩序。这些女权主义者接受现有的性别结构（两个阶层），她们努力消除女性和男性之间的不平等，呼吁通过政策促进妇女在工作场所、教育和其他重要领域的机会，并尽量减少两性之间的不平等。她们的目标是改革社会秩序，使其虽然有性别划分，但却更加平等。

第二类是出现于20世纪80年代的性别抵抗女权主义（激进的，精神分析的，立场性的）。性别抵抗女权主义认为，性别不平等之所以合理化的主要原因如下：宗教相信男性的优势反映了上帝的意志，崇拜男性的至高无上；科学声称这种优势是基因或荷尔蒙差异的结果；法律制度否认女性的完全公民身份。这些女权主义者主张颠覆现有的性别结构。他们认为女性和女性的特质优于男性和男子气概，并致力于把妇女放在第一位，其目标是一种重视妇女和妇女对社会生活的贡献的社会秩序。性别抵抗女权主义强调了通过稳定女性的慈爱、情感支持和为母的能力，鼓励女性为自己的身体感到骄傲，以及用教女性如何保护自己免受性暴力等方式来对抗对女性的负面评价。这类女权主义者关注的是立场——对女性在身体、精神、情感和社会上所处的世界的观点，是一个重要的理论贡献和行动的出发点。

第三类是性别反抗女权主义（多种族、多民族、男性女权主义研究、社会建构、后现代、第三波女权运动），出现在20世纪90年代的女权主义和21世纪的部分女权主义。这些女权主义者关注于不平等的多种来源——种族、民族等。性别反抗的女权主义的目标是废除性别类别。这将推翻性别化的社会秩序，并最终创造出一个无性别化的社会秩序。女权主义者对男性的研究为女权主义带来了批判的男性视角。这些研究遵循了作为社会研究和政治工作的基本规律，并将其政治舞台扩大到包括男性在内的更广泛领域。男性女权主义者的反抗包括放弃他们的父权特权，分担家务和照顾孩子，以及加入女性女权主义者的争取同工同酬和权威地位的斗争中。第三波女权主义更关心性别包容的事业，如和平、环境、性少数群体的权利，而不仅局限于提高女性的地位。

## 2.8.2 女性主义定性研究的演变

21世纪女权主义者定性研究员丹津和林肯（Denzin, Lincoln, 2018）指出，女权主义和定性研究实践仍然是高度多样化的、动态的和有争议的。在全球范围内，女权主义并不是同质的，每个国家都有自己的女权主义议程，女权主义者从反映不同国家背景的不同理论和实践倾向中吸收精髓。

女性主义研究经历的演变可以从三个方面来解释：①研究方法（后殖民主义、全球和跨国主义）；②理论和概念的转变（立场理论、后建构主义思想）；③对特定女性群体（残疾人、有色女性等）的研究。

后殖民女权主义认为，西方女权主义模式不适合研究后殖民女性。后殖民时期的女权主义者尖锐地指出："下属是有权发言，还是永远被精英思想中所体现的道德观念所压制？是否所有的妇女都被认为是妇女类别下的同一类别？"他们指出，主体性和身份在任何历史时期都以多种方式构建。后殖民时期的女权主义促进非殖民化和消除"其他因素"。

在全球化和多国化的女权主义研究中，一些研究人员关注经济权力与女性潜在阻力之间的紧张关系；其他研究人员研究不同国际背景下妇女的生活和工作条件。这些研究重新审视了后现代思想的有效性，并提醒了复制欧洲女权主义的风险；妇女组织因缺乏足够的文化研究来理解全球化背景下物质环境下的压迫现象而受到质疑。这些研究探讨了女权主义的运动基础，如阶级、种族、民族、宗教、地区斗争等，不仅没有回避西方女权主义的观点，反而提出了许多关键问题。

立场研究在21世纪早期蓬勃发展，"场景中的女性"取代了精炼和概括了的女性概念。情境化的妇女所拥有的知识和经验与其在种族分层和物质分工体系中的具体地位有关。

后结构性/后现代主义思想认为，后现代结构性女性主义的研究对象是表达和书面文本，因为女性的压迫生活不能被充分描绘。这部分研究者把世界看作是一系列的故事或文本，是社会批评的基本模式，是深刻分析的核心元素，所以研究的主要对象是文化对象（如电影）和相关的意义。还有对性别科学复杂的女权主义研究：女性在哪里以及如何受到控制？后结构性思想认为，传统的实证研究植根于权力体系，只是复制了压迫的结构，对不完善策略下的研究进行了全面、完整的描述。这种研究不是在寻找方法，而是试图寻找缺陷。关于后结构性女权主义的研究也试图解决社会正义问题，如对有色人种妇女、残疾妇女及其他特定女性群体的研究。

丹津和林肯（2018）继续探索人际关系的话题，包括家庭暴力、人体和健康、疾病和社会运动。政策研究也受到越来越多的关注，尽管它越来越具有挑战性。主导女性主义定性研究的问题是知识的问题：谁的知识，如何获得知识，谁获得知识，从谁那里获得知识，知识的目的等。进化后的女权主义研究不再只关注被边缘化的女性，她们通常是有色人种、残疾人或其他特定女性群体，增强型女权主义研究认识到女性和同一组女性之间的差异。这不仅为我们探索母亲领袖与非母亲领袖之间的差异，而且为我们发展新的领导理论提供了良好的基础。

女权运动的主要目的是提高女性整体的社会、经济和政治地位，为女性追求职业平等提供机会。越来越多的女性担任领导角色，表现出相当独特的领导风格，这一点不可忽视，这导致了学术界对女性领导力的学术研究的兴趣。

## 2.9　女性领导

我们之前所阐述的女性主义理论，是从整个意识形态趋势的角度出发的，我们更有必要关注的是女性与领导力的结合。这并不完全是一个女权主义理论，也不能完全用现有的从男性角度进行的领导力研究来解释。这就是为什么基于女性视角的领导力研究是有意义的。

对领导力的系统研究始于20世纪初，管理或领导力理论主要以男性为中心，倡导男性主导。女性研究最早始于美国20世纪60年代，是新女性权利运动的直接结果。对女性的研究随后扩展到西欧、北欧一些国家，以及加拿大、日本、澳大利亚，后又拓展到亚洲、非洲和世界各地。自20世纪70年代以来，领导力的性别主题得到了越来越多的关注。坎特（1977）首先在结构/组织研究中提出了盲区的存在，这引导了关于性别因素将如何影响一个组织中的领导和权力的讨论。性别中立的普遍传统受到了质疑，组织可以假设和复制性别属性的想法开始扎根。在女权主义研究文献中，女性在高层职位上的代表性不足被提了出来，如阿克（Acker, J）的"性别化组织理论"，奥斯特（Auster E.R）的《揭开玻璃天花板的神秘面纱：性别偏见的组织和人际动态》，"通过各个角度对组织中性别关系的研究，一种普遍的观点是领导力以及组织的文化和沟通风格是在男性化的语境下建立起来的，占据主导地位的领导观点很难加入女性文化"（蒋莱，2010）。

随着经济社会的发展，领导风格同时确实需要不断的变化。灵活的管理和领导逐渐成为主流，女性的一些自然特征可以很好地应用到灵活管理的实践中。因此，关于女性领导特征对企业影响的研究，不仅丰富了对领导力的研究，也为灵活管理理论的应用和实践提供了有力的论证。对女性领导的研究得到越来越多的关注和加强，女性领导在领导过程中表现出的优势也是研究的重点，女性领导特征被认为可以为组织形成积极的氛围。

赫尔格森（Helgesen，1990）被认为是第一个开始基于女性的管理学研究者。她认为，女性管理领导风格比男性领导风格更有效和人性化。这一声明得到了后来的学者的支持，并导致学术界的持续研究和讨论。

诺思豪斯（Northhouse，2014）根据对过去20年女性领导者和管理者研究的文献综述总结了三个关键的基本问题，这也是我们女性领导力文献综述的主线，这三个基本问题是：①女性能成为领导者吗？如果是，那么……②男性和女性领导者在行为和效率上有什么差异吗？不同的研究人员对这一主题的关注程度各不相同，有些人热衷于两种性别之间的差异，有些人热衷于相似性。③为什么在高层的女性人数这么少？

## 2.9.1　为什么要女性领导者，女性可以成为领导者吗

诺思豪斯（Northhouse，2014）认为，一些女性之所以可以成为领导者的关键原因是生产力提升、竞争优势和财务业绩的提高。这三大原因为有雄心的女性提供了成为领导角色的机会和可能性。

考平讷（Kauppinen，2002）发现，在女性主导的行业中，女性领导者有更多的机会晋升高层，如人力资源管理、公共服务、餐饮等。在建筑业等以男性主导的行业中，资深女性领导者所占的比例非常低，不到10%。在一家大

多数员工都是男性的公司中，很少看到女性领导者。

在女性领导的研究中，蒋莱（2010）表示："女性领导力的重要价值对人类社会有不可替代的作用，研究显示女性领导不仅在许多关键的领导力维度上与男性领导不分高下，甚至在某些方面有超越男性领导力的独到之处。"

琼斯（Johns，2013）得出结论认为，将女性纳入公司高级领导层对公司的盈利能力和风险管理有直接和积极的影响。阿德莱（Adler，2012）进行了第一个实证研究，表明公司晋升女性的可靠记录与高盈利能力之间有很强的相关性。1980年至1998年对215家《财富》500强公司的研究显示，女性高管的数量与业绩之间存在真实的相关性。女性高管人数较多的公司在所有盈利能力指标上的表现都优于行业中位数。Catalyst在2004年对353家公司的研究也显示了类似的发现。

"创建女性领导力研究的系统理论，一方面是充实领导力研究的理论基础，拓宽领导力研究的理论视野，提升领导力研究的学术品位，丰富领导力研究的内涵与价值；另一方面，是对女性研究的重要拓展和深化……只有在彰显两性差别的基础上，实现两性领导力的协调发展，才能真正提升妇女地位，最终达到两性平等"（蒋莱，2010）。

虽然笔者分享了关于女性领导力的文献，但了解研究人员如何看待女性和男性领导和领导力之间的差异是很重要的。

### 2.9.2　男女之间领导和领导力的差异

关于男女领导风格和行为差异的研究历史并不久。具有代表性的学者是赫尔格森和朱迪·比·罗森尔（Helgesen，Judy B Rosener）。1990年，赫尔格森首次提出了女性领导风格的概念。她发现女性注重沟通、协调，善于保持顺畅的人际关系和团队合作的成功。罗森尔（1990）也支持这一观点。罗森尔认为，男性倾向于利用组织提供的职位相关的权力，采用事务性领导风格（transactional leadership），而女性领导则着力于建立一个包容的环境和目标，并采用变革性的领导风格，让追随者实现他们的个人目标，同时促进组织的成功。

经过大规模的定量研究，伊格利（Eagly，1992）等人得出如下结论：领导风格是有性别特征的。女性的领导风格更注重人际交往，更加民主。男性的领导风格则更多以任务为导向和有独裁倾向。92%的比较分析显示，妇女倾向于采用民主或参与式的领导风格。他们的多变量分析显示，女性领导者比男性领导者更具变革性，女性领导者通过激励来鼓励下属取得成就，而男性则更关注下属的失败。

从领导的有效性的角度来看，研究人员分析了不同领导风格在女性领导者人身上的反映，研究得出结论，女性领导者的相对民主和鼓励他人参与的领导风格的有效性无法确证，因为这种风格的有效性会受团队特质和所处的组织环境影响。然而，变革性的领导风格与领导力有效性明显呈正相关，从而反映出女性领导风格更有效（麦考利，2008）。

弹性领导力研究自1978年以来就受到关注，纽约大学的加里·尤克尔（Gary Yukl）是第一个引入弹性领导概念的人。弹性领导指的是领导者的适应性、可变性和有效性，与硬性领导相反。弹性的领导是对内部和外部环境不断变化的压力反应，领导者需要平衡竞争环境。其他一些学者将组织结构、价值观、人际关系、能量、行为和姿态纳入弹性领导的特征中。

中国学者杜玉先（2002）认为灵活（柔性）领导就是指在研究人们心理和行为的基础上，依靠领导者的非权力影响力，采取非强制命令的方式，在人们心目中产生一种潜在的说服力，使其自觉服从和认同，从而把组织意志变为人们自觉的行动的领导行为。女性独特的信任度和亲和力是灵活（柔性）领导的基本特征，因此这种灵活（柔性）的基因是女性领导的特征。柔性领导力的意义在于为组织的持续发展注入活力，是组织的活性源泉。而女性领导者善于引导与启发的能力也会产生长远的领导效果，近期看是实现组织目标，长远来看是在培养被领导者的认同感与信任感，在自主发挥能动性与创造力的同时，为组织的发展做出努力并实现人生价值。张敬（2018）认为，"女性独特的对人的信任，善于建立亲密关系的能力是柔性领导风格的至关重要的特点，这种柔性基因是女性领导力的特质。柔性领导的重要性体现在为组织的可持续发展注入活力，是组织的主动源泉。女性领导者有天生的指导和激励能力，也可以产生长期领导效果，从短期角度看有助于实现组织目标，长远角度看可以培养追随者信任和信心，追随者将被激励和富有创造力，并为组织的成功和个人价值而奋斗。女性领导者独特的领导风格和领导行为的领导效果是男性领导者无法实现的，因此组织应该逐渐放弃领导性别偏见，认识到女性领导在组织中的重要作用，为女性领导者的职业发展提供更多的机会。"女性领导者含有的柔性特征从以下3个方面表现出来：首先，她们做出的决策和实施的管理方式更具有民主性，很少的情形下女性才会采取独断的做事方式；其次，女性领导者具备更加敏锐的直觉与观察力，能够发现很多潜在的细节问题，亲历亲为于细节之处，并能身体力行；最后，女性领导者在处理政府和民众之间的冲突关系方面具有较大的优势（张敬，2018）。蒋莱（2010）认为，女性在领导地位上具有优势，从以下4个角度得到反映：①女性在语言能力和感知速度方面明显优于男性；②女性更细致和敏感，她们更关心他人；③她们对人性有更敏锐的了解；④母性使得女性学习和积累了妥协、倾听和尊重他人意见的经验，这有助于她发现人才，把正确的人放在正确的位置上。有学者认为，女性领导在授权、规划、上下沟通及部门间联系等4个方面表现出较强的领导力；她们的职业适应能力和自我实现能力则表现正常；女性领导人在角色识别、危机监测和管理方面表现薄弱。男性领导者在绩效成就、获得上级支持、创新影响力和目标设定方面比女性领导者具有优势。

"在新产业里，譬如，高科技界，其严格的资格要求使你能走到你想去的位置。这就是为什么你更容易在这里见到女性和少数民族高管……像eBay的Meg Whitman，施乐（Xerox）的Anne Mulcahy，阿尔卡特朗讯（Alcatel-Lucent）的Patricia Russ，前惠普公司的卡莉·菲奥莉娜这些如今美国最强大的女CEO大都来自高科技公司恐怕不是偶然的"（蒋莱，2010）。

虽然关于母亲领袖或关于母亲和非母亲女性的差异的文献非常稀少，但我们仍然尽力地挖出一些与此相关的文献。

有研究发现，"与没有孩子的女性相比，职业母亲面临着额外的工资差距。考虑到工作经验、教育程度、工作性质和其他一些变量，每一个孩子对母亲的工资比没有孩子的职业女性产生了7%的负面影响。与每个孩子带来的收入增加了2.1%的父亲相比，母亲则因每个孩子而造成了2.5%的收入减少"（Johns，2013）。

在安·泰勒·艾伦（Ann Taylor Allen）关于《女权主义和母性》的研究（2005）中，她指出，西欧和其他地方妇女平等的主要障碍是难以将母亲和家庭责任与个人愿望相协调。"做母亲与女性的其他愿望相冲突，无论是教育、事业、经济或个人独立，还是其他目标。"根据她的说法，"越来越多的女权主义者认为母亲是一种角色———一种不是天生的身份，而是假设的身份，是可以、可能被拒绝或与其他角色结合的。"一些专家认为虽然只有母亲才能生育，但抚养孩子可以——委托给其他成年人，甚至是男人。"解决母亲的困境包括对母亲的新的社会支持形式、集体照顾孩子的方式、新的家庭的形态、加强父亲在养育孩子方面的作用、生育和职业的顺序安排，以及许多其他方面的我们自己的时代解决方法"（Ann Taylor Allen，2005）。

### 2.9.3 玻璃天花板和女性领导困境——为什么高层女性这么少

玻璃天花板是一个隐喻，指的是一个无形的障碍，它阻止妇女和少数民族在一个组织内被提升到管理和行政级别的职位。玛丽莲·洛登（Marilyn Loden）在1978年的一次女性博览会上提出了这个概念。这是为了描述女性试图在男性主导的等级制度中担任更高角色时所面临的困难。当女性领导发展的障碍有了发展和变化，女性则不再被排除在所有的领导岗位之外，而是仅仅在高级权力职位上受到排除时，"玻璃天花板"的概念就出现了。卡罗尔·海莫维茨和蒂莫西·谢尔哈特（Carol Hymowitz，Timothy Schelhardt）于1986年发表在《华尔街日报》上的文章中使用了"玻璃天花板"这个词，"尽管那些女人在队列中平稳地上升，但最终会撞上一种看不见的壁垒，行政套房看似近在眼前，不过她们不可能冲破'玻璃天花板'"（蒋莱，2010）。

美国劳工部在1991年成立了玻璃天花板委员会，以解决玻璃天花板的问题。女性和高级行政部门之间难以穿透的障碍随后在1995年玻璃天花板委员会发布的事实调查报告中得到了重申。该委员会指出，在《财富》500强的美国公司中，只有3%~5%的高级管理职位由女性担任。该委员会还发现，如果女性担任高级职位，她们的薪酬要低于男性同行。此外，该委员会的调查结果显示，对于担任参议员职位的妇女来说，她们所担任的职位类型是在人力资源或研究等领域，而这些领域或职位往往并不是通向真正权力的通常渠道或途径。委员会指出了妇女和少数民族成功进入高层管理的一些障碍，包括社会、政府、企业内部和商业结构性方面的障碍。社会障碍包括机会和造诣、偏见、偏差和文化、基于性别和肤色的差异。该委员会建议在公司内部强制执行基于绩效的做法和行为。"来自招聘和外招的障碍是妇女和少数民族达到高级管理层的重大障碍。大多数公司都推行人员内部晋升。因此，那些没有积极招聘和从外部增加更多女性加入其队伍的企业给女性获得晋升到高级管理级别的机会更少。一旦女性克服了招聘障碍而进入企业，她们往往会受到该委员会所说的企业气候障碍的阻碍，比如，不同的性别沟通方式、行为和社交方式。大量的职业障碍阻碍了女性晋升到高层，"其中包括缺乏指导，被安排在没有出路的工作岗位，男女的绩效评估不同，以及很少或无法进入企业内非正式的沟通网络"（Johns，2013）。"美国玻璃天花板委员会1995年的报告称，这样一种形式的歧视来源于限制女性获得高层领导机会的意识，该意识的中心思想是投资女性有很大的风险，因为她们随时可能终止工作，回归家庭"（蒋莱，2010）。

有一种新的理论认为，玻璃天花板并不能正确地解释女性领导者职业发展的真正问题。玻璃天花板的比喻指的是一个坚硬的无法穿透的障碍，而现代女性的发展障碍则更深奥。"迷宫"是对当前女性领导力发展障碍的一个新的隐喻，用来表达女性在走向领导力的过程中所面临的各种挑战。有时通过间接的路径，有时通过外围进入。因此，研究人员认为"水泥墙—玻璃天花板—迷宫"是女性领导力发展的障碍。"水泥墙在今天几乎已经不存在，玻璃天花板也被大大'侵蚀'了，取而代之的是更通达同时充满挑战性的领导力路线——迷宫……"2004年的《华尔街日报》，以"穿过玻璃天花板"为主题刊发一个特别的版面，"曾经在1986年提出'玻璃天花板'比喻的领衔记者海莫维茨在这次的报告中描述女性正以非常快的速度上升或者已经达到顶层，新兴的妇女领导正在企业的前线留下她们自己的标志。这家率先提出'玻璃天花板'比喻的媒体传达出强烈的信号表明这种形式的障碍已成为过去，'玻璃天花板'被打破了……通往顶层的道路已经存在，有些女性已经找到，然而成功的路线图可能很难被发现，于是这条迂回的道路被定义为迷宫"（蒋莱，2010）。

随着时间的推移，无论在政治、经济、学术还是企业领域，我们都见证了进步，然而女性领导力发展的共同问题仍然存在：尽管存在巨大的历史机遇，但明显的障碍依然存在，不管我们定义这些障碍是"玻璃天花板"还是迷宫。

女性人口与其领导地位的占比存在着明显的差距,地位越高,女性人数越少,许多障碍混在一起便形成了"玻璃天花板"或者迷宫。

不少研究者从社会学、管理学、政治学等角度分析了玻璃天花板的根本原因,认为家庭、社会、组织/企业,甚至女性本身都是女性职业发展提高缓慢的原因。

"从社会认知视角看,有三种心理现象阻碍着女性领导力的发展:在个体心理层面,女性难以将自我分类为领导者;在社会心理层面,人们对领导者印象与对女性的印象难以匹配;在文化心理层面,文化尚未将女性作为领导者分类。改变女性领导职业提升的困境,关键在于促进女性领导角色的自我认同、社会认同和文化认同"(张珊明,等,2017)。

麦考利(2008)谈到了男女晋升道路的差异,女性晋升的障碍主要是:偏见、差异化的机会、孤立、与同事舒适的相处,以及将职业与家庭责任相结合的方面的挑战。

诺思豪斯(2014)将女性职业发展的主要障碍分为组织障碍、人际障碍和个人障碍三个方面,这与麦考利的观点非常相似。

伊格尔(1992)认为领导层中女性稀少的原因是:①心理层面的解释:男性天生占主导地位,因此更适合领导职位;②"玻璃天花板"是对女性最具偏见的态度和歧视行为;③对女性领导者的负面看法,人们往往根据性别对领导者做出不同的评价。男性倾向于抵制女性的影响。

蒋莱(2010)指出,"通过对女性领导的历史考察和现状分析可以看出,女性的领导力不仅在历史上从未缺席,且经过"自在""自为"和"自由"几个阶段的演进"。她的研究是通过多维度进行的:女性的精神分析、人格心理、领导风格、伦理取向和社会性别特征。她认为,"这证明了女性领导力的重要价值及对人类社会中不可替代的作用"(蒋莱,2010)。

"女性领导力,不仅在许多关键的领导力维度上与男性领导力不分高下,甚至在某些方面有超越男性领导力的独到之处……女性在社会中的地位和作用不但推动着经济和社会的发展,而且女性影响力也是社会发展水平的重要标志……"蒋莱(2010)。蒋莱注意到,对女性领导能力和社会生活意识水平的研究及其真实地位,无论是在政治领域、经济领域,还是在学术领域,都不匹配。她发现,"女性领导能力的开发基本上还属于盲区……领导力在学界的研究现状不论是界定女性的领导风格,还是辨析女性领导的发展障碍,都是建立在以男性领导为主体的研究。他们暗示女性的困境来源于由生理性别所导致的一系列不同于男性的特征所致。指出女性超越发展困境,必须融入男性制定的游戏规则,争取男性世界对女性领导力的认可,符合男性对女性领导的要求,以此实现被男性主宰的领导世界所接纳"(蒋莱,2010)。

自 19 世纪 60 年代以来,世界各地的女性为参与社会、经济和管理而奋斗了 160 多年,女性领导者逐渐展示了沟通、思维、社交和坚韧方面不可替代的能力。不可否认的事实是,女性在社会活动中的存在与女性在最高领导地位之间仍然存在显著的差距。位置越高,女性的占比就越少。人们普遍认为:"对女性的刻板印象是女性职业发展的关键障碍之一。"(Baker,2014)

张珊明(2017)表示,"人们对女性的性别刻板印象一旦被激活,便会影响其对女性候选人的评价,从而阻碍了女性候选人竞选的成功,这是女性在各类竞选中不占据优势的主要原因。"张珊明总结的女性刻板印象是"顺从的、敏感的、文静的、需要安全感的"。工作场所的女性被认为过于情绪化,不善于执行规则和原则,在冲突管理方面软弱;"女性领导者常被视为情感细腻、善于沟通、重视聆听,让人觉得热情、亲近,在工作中易于形成和谐、友好、关怀的组织气氛,有助于人际关系的处理和增进合作。但是这些特质往往与领导者所需的果断力、决策力是不相符合的。即传统意义上与女性关联的特质和与领导关联的特质是不相一致的,这种不一致又可称为领导者特质刻板印象。普遍的社会心理认为,典型的男性特征如力量、自信、英武好战(或"战士特质"),甚至低沉的声音,常被认为是领导者属性。因此,相比较女性特质,人们更容易将男性特质与管理职位联系在一起"(张珊明,等,2017)。

本研究旨在了解为什么女性/母亲的职业存在障碍。除了文献综述,还采取了其他研究方法,以深入地了解其根源、影响和可能的改进行动,为此,在下一章中,将详细阐述本研究的研究方法。

# 3 母性领导力的研究方法

本研究跨越了多学科领域，特别关注社会和自然科学中的人类元素，因此使用了定性研究方法，因为其有助于通过描述、解释和探索事件、现象和问题来获得见解和结果。定量研究在这个研究中不是最合适的，因为它侧重于描述、解释和揭示事件、现象和数字问题，并且往往被确定为观点而不是社会事实。

根据建构主义假设，如乔治·合·米德（George. H. Mead，2018）的假设，并没有一个独特的"现实世界"独立于人类心理活动和象征语言而存在。世界是人们之间与社会和历史相关的交流（社会建设）的产物。"进入现实是通过社会结构，如语言和共同的理解"（Ridder，2017）。"定性研究是一种收集非数字数据并创造意义的科学观察方法"（Krauss，2005）。"意义创造活动本身是社会建构主义者的中心兴趣，因为意义创造的归因活动会造成作为或不作为"（Cuba and Lincoln，2005）。因此，定性研究人员并不是在寻找客观的"事实"，也不是为了识别和测量可以推广的模式。相反，是研究特定地点、特定时间的特定行动。施万特（1994）指出，定性科学家试图理解意义的构建和意义的共享。

对一个现象、情况或事件的理解来自探索这个情况的整体，通常需要获得大量非数字形式的"硬数据"。其可能开始作为一个扎根的理论方法，研究者事前对这一现象并不一定有足够的理解，就像本研究的情况一样。定性方法论通常是通过"案例研究、个人经验、内省、生活故事、采访、文物、文化文本和作品，以及观察性、历史性、互动性和视觉性文本"来实现（Norman，et al，2005）。"这类研究回答的问题是，某种现象为什么或如何发生的，而不是它发生的频率"（Berg，Lune，2012）。

与只关注解释事情是如何发生的定量研究不同，定性研究可以解释和启发人类的状况和他周围的世界之间的真实的社会环境与人们可以期待的世界的趋势之间的关系。

耶格尔（1989）认为定性研究策略是公共管理的"经典方法"，验证了定性研究在公共管理领域的广泛应用。对组织和组织中的人的研究在社会学、人类学和心理学中往往是常见的，因此这些学科会更多地采用质性研究的方法。本研究是关于管理学的，在行政管理领域的范畴，也处于管理学、社会学和心理学的多学科交叉之间，因此，定性的研究方法可以更好地考虑该学科的一些内部特征。在本研究中采用定性方法的主要原因可归纳如下：

（1）这项研究关注领导力和管理，探讨第三性别和心理愉悦的新概念，和社会，心理学学科相关度较高，定量研究方法不能正确做出解释，所以采用定性方法。因为它可以更好地解释发生了什么，通过揭示事情和事件，而不是总结因果关系。定性方法显然更适合于这个目的，或者我们可以说这是定性研究方法的优势。第三性别和心理愉悦的概念超越了管理理论，与社会和心理学学科交叉，并非光用数字即可解释，这些与人类行为和情感相关的方面需要用质性的研究方法进行分析和总结。本研究还利用数据和信息分析了各种现象，并试图设计出一种能够改变或至少改进现有的管理体系的结构，使其以实践为导向。

（2）本研究并不完全采用实证研究所常用的归纳和演绎逻辑，而是根据关键的定性研究方法之一的扎根理论进行的。本研究植根于情境，即现象与场景之间的深刻联系，这也是研究对象的一个固有特征。本研究由访问、观察、案例研究、生活经验等多种方法组成。原始材料包括现场笔记、采访记录、对话、录音、备忘录等。以确保研究的客观性、严肃性和准确性，本研究采用了以下分析方法。

## 3.1 用互动的方法收集数据和洞察

### 3.1.1 问卷调查

维基百科将问卷调查定义为"一种由一系列问题和其他提示组成的研究工具，目的是从受访者那里收集信息。调查问卷通常是为对收集到的回答进行统计分析而设计的，但情况并非总是如此。问卷调查比其他类型的调查有优势：①很便宜；②不像当面或电话调查那么花时间和精力；③有标准的答案，使汇编数据变得简单"。本研究随机分发了近1000份在线问卷，收回的436份答卷分别来自不同的地区及不同性别的人,他们的年龄从 25~60 岁不等,处于不同的家庭状况,不同的职业和教育背景。这些调查问卷旨在了解他们对领导力的关键标准的看法,从而了解社会信念和现状的背后力量。

### 3.1.2 被用作信息

洞察力的关键来源而专门设计的访谈(结构化、半结构化或非结构化),访谈重点关注以下几个方面。

(1)女性要担任高级领导职位是否会遇到玻璃天花板?
(2)造成女性和母亲的职业障碍的主要原因是什么?
(3)母亲与男性和非母亲的女性有不同的领导风格吗?
(4)领导者的最重要的评价标准是什么?
(5)我们是否应该采取行动来帮助母亲领导者取得成功?

这些问题是为了验证母亲领导是否面临更艰难的玻璃天花板,尽管她们可能更适合在领导位置。我们的目标是找到帮助母亲领导者取得职业成功的可能行动。

本研究主要采用了以下不同的访谈方法。

(1)焦点小组访谈。焦点小组访谈是定性数据收集方法之一,由主持人在选定的人组成的小组中对特定主题进行讨论。焦点访谈是在充分的协调下进行的,通过不同的方式对不同的环境下不同的利益相关者进行研究。"焦点小组是一个小的群体,由不同的人组成,特别是在市场研究或政治分析中常用这样的方式来研究小组中每一个人的反应。目的在于通过指导或公开的关于新产品或其他东西的讨论,以确定更大的人群可以预判的反应。焦点小组的使用是一种研究方法,旨在通过研究人员的互动和定向讨论来收集数据。"本研究以 5 名不同背景、婚姻和家庭状况(有无孩子)的女性为小组成员,对她们进行了结构化讨论。这 5 名女性的基本信息如下。①50 岁出头的 W 女士是一名自由职业培训师,已离婚,没有孩子;②40 多岁的 V 女士嫁给了一个离婚男子,该男子和前妻有一个孩子,孩子归前妻。V 不久前刚刚卖掉了自己的宠物店;③K 女士是一家中型财富管理公司的首席执行官,40 岁出头,有一对上小学的双胞胎女儿;④D 女士 50 岁出头,已婚,有一个读大学的女儿,半退休状态，曾是一家跨国公司的中高级主管；⑤S女士，30岁出头，单身，是一家外资银行的财务总监。

2019年8月4日下午，这5名女性被邀请参加3小时的讨论。讨论围绕着下面几个方面进行，笔者通过和她们的访谈得到了很有意思的洞察：性别对领导力的影响；母亲领袖和其他性别的领袖的区别；母亲领袖角色和责任，最大化母亲领袖潜力的可能的行动等。

（2）对抗性+私下访谈。

①李先生和李女士（这对夫妇恰好都姓李）有一个读小学的儿子。2019年9月9日，他们二人接受了采访。采访最初是设计为半结构化的对夫妻两人的面对面访谈，最好是有些"对抗性"的。但是在访谈的过程中，因为一些电话和工作需要，他们不时地分别要离开，所以访谈便变成了一半时间与他们两人一起，另一半时间与其中之一进行"私下"对话。这种非事先安排的对抗和私人谈话结果是非常富有成效的。当他们在一起的时候，他们倾向于达成一致，而在私下谈话时，妻子和丈夫试图"补充"的一些答案，与之前在一起时会有所不同。这导致笔者意识到为什么妻子往往更趋向于妥协，虽然她有自己的梦想，甚至有信心和能力来独立领导；而丈夫尽管"假装"同意妻子可以有自己的事业，却认为妻子更好的位置是相夫教子。

②"对抗性+私下访谈"的方式也被应用于另一对夫妇的访谈，受访者L是纳斯达克上市的某大型中国私有公司的高管，受访者M已经从一家国际公司的高级领导职位上退休。这次采访发生在2019年10月14日，两位访谈对象就如何看待妻子/母亲在家庭和社会中的角色和力量，以及母亲的职业抱负和选择等问题做了回答。不同于李先生和李女士，受访者M和受访者L不管是在一起时或私下讨论时，都保持了一致的答案。

（3）对有孩子和没有孩子的男女个人进行的深度访谈，我们与以下3位访谈对象分别进行了半结构化的深度访谈。

①王先生，一家跨国银行的高级领导，已婚，有一个上大学的女儿。

②C女士，年轻的单身女性，她和朋友合开了一家人力资源领域的小型公司。

③Z女士，一位中年母亲，拥有三家美容院，有一个上小学的儿子。

（4）个人随意讨论：和两个男性不到10分钟的简短的非结构化讨论。我们的讨论关注点为：为什么高层女性人数那么少？男性是否会介意妻子追求事业或甚至比丈夫有更好的职业、社会地位？男性是否愿意给职业母亲发展机会？

①陈先生是电子商务企业家，离异，主要在上海生活和工作，其前妻和20多岁的儿子生活在北京。谈话发生在2019年8月22日。

②著名经济学家向先生，2019年11月11日早上在所住的酒店吃早餐时，就这些主题进行了简单的讨论。

以上这些访谈有助于理解被访者如何看待母亲领袖，以及他们对心理愉悦的理解，他们如何看待这个社会所需要的领导特征。

### 3.1.3 社交媒体研究

在社交媒体（比如微信）上有很多关于职业母亲，尤其是关于职业母亲的困境的讨论。跟踪这些讨论有助于了解最现实的职业母亲在这个社会中的地位和心态，并形成对母亲领导者职业生涯的社会和个人障碍的看法，从而寻求改善现状的行动。

### 3.1.4 参与者的观察

"使用这种方法的研究人员通常会成为一个文化、群体或环境的成员，并进入角色来符合该环境的要求"（Lindlof, Taylor, 2002）。这样做的目的是让研究人员更深入地了解该文化的实践、动机和情感。"参与者观察是一种反射性学习的策略，而不是一种单一的观察方法"（Lindlof, Taylor, 2002）。在本研究中，我们使用了参与和观察相间的方法。J女士是一家跨国公司的首席执行官，有连续4年半的时间是本人的直接主管。笔者通过对J女士近距离观察，跟踪几乎所有的重要事件、决定和成就来进行研究和论述。于此得出清晰的结论：母亲领导可以通过提供心理愉悦的能力来带领团队取得企业出色的成功。

### 3.1.5 一位成功的母亲领袖的案例研究

在社会和生命科学中，案例研究作为一种研究方法，涉及对一个特定案例的近距离、深入和详细的检查。汉斯－格尔德·里德尔在案例研究论文《案例研究设计的理论贡献》(2017)中提出了四种案例研究方法：第一类是"无现存理论"类型的案例研究设计；第二类研究设计是关于填补"空白和破绽"；第三类设计涉及"现实的社会建构"；第四类是针对"异常"。这四种方法中的每一种都有其应用领域和其对理论的各自贡献。这些方法通常涉及非常全面的访谈、观察、数据收集、分析等过程，本文的案例研究并没有完全遵循这四种方法中的任何一种。在本文中，案例研究是对克尔斯汀·斯图尔特（一个成功的加拿大母亲领导者）的自传体文章的一个非常深入的理解和研究。采用这种非常规的案例研究，只是用来作为本研究中所有其他定性方法的补充，以有助于再次确认本研究的发现和结论。对她的传记进行全面的研究，足以了解她的职业生涯、面临的挑战和她的成功的归因，而这种相当全面的了解通过一次或几次采访都不一定可以实现，因为几次采访很可能只能得到和体现部分想法和事实。

## 3.2 采用"扎根理论"

现有的理论不能直接应用于本研究，因为我们所重点关注的现象和概念几乎没有现存的理论，因此由格拉泽和施特劳斯（Glaser and Struss, 1998）提出的"扎根理论"看起来最适合本研究：理论由数据和信息支持且植根于数据与信息中。在这项研究中，研究人员并没有提前制定假设，相反，研究的目标是生成概念，解释人们在不同时间和地点的情况下如何解决他们的中心问题。利用这一科学的定性研究方法之一，笔者启动了系统的数据和信息的收集、分析、挖掘和开发。笔者提出了第三性别的概念，并验证了母亲领导者在这个社会中可以通过提供心理愉悦来发挥更重要的领导作用。

根据"扎根理论"原理（Glaser, 1998），笔者对收集的数据采取了以下几个步骤。

（1）编码文本和形成理论：在这个基于"扎根理论"的研究中，研究人员首先编码第一次面谈的第一行，具体来说，对于收集的每一个面谈笔记及信息，相关的文本、笔记、信息、数据会被逐行编码，以识别有用的概念；关键短语被标记突出，概念被列出来。然后另一批文本、注释、信息、数据将遵循相同的过程，这个过程不断持续进行。编码过程有助于将数据分解为概念性组件。当编码完成时，示例被列出来，每个概念都与一个更大、更具包容性的概念相关。这涉及不断比较的方法，贯穿整个基础理论发展过程，直至完整理论的形成。

（2）备忘录和形成理论。理论备忘录是"扎根理论方法论的核心阶段"（Glaser，1998）。"备忘录是对实质性编码及其在编码、收集和分析数据以及备忘录过程中出现的理论编码关系的想法的理论记录"（Glaser，1998）。备忘录工作是一种关于概念的书面想法的积累，并帮助将它们彼此联系起来。在研究中，备忘录被当作发展理论过程中重要的工具，来完善和跟踪在比较事件和事件，概念到概念的想法。本文的研究者保留了所有关于概念的运行记录，将观察和见解作为编码和完成分析的初稿之间的中间步骤。备忘录从第一个已经被确定的概念开始，并一直贯穿于打破文本和构建理论的过程中。

（3）整合、提炼和撰写理论。这一步骤是通过恒定比较方法将编码类别连接到一个中心类别的理论模型中。基本上，这有助于评估该模型在分析更多访谈时是否依然成立。

基于"扎根理论"，本研究同时和重复使用数据/文档收集、编码/组织和分析，得出的结论是母亲领导者非常不同于男性领导者和没有孩子的女性领导者，母亲领导者在这个心理愉悦于成功至关重要的社会中可以发挥更大的作用。下表说明了从概念和代码到结论的发展过程（见表3-1）。

表3-1 从概念到结论的发展过程的说明

| 备忘/编码 | 概念 | 分类 | 理论构建 |
|---|---|---|---|
| 男性主导着高级领导职位 | | | |
| "在我的公司，相当多的管理人员是女性。但我同意，一般来说，无论是在政府、国有企业还是其他公司，男性领导在高级职位上占主导地位。" | "玻璃天花板"的事实 | "玻璃天花板" | 第三性别与心理愉悦 |
| "企业的高层领导多为年龄在40~50岁的男性。" | | | |
| "母亲到了40岁便进入了她职业生涯的下坡路。" | | | |
| "在你30岁左右的时候，当你要生孩子，要照顾你的孩子时，公司不会给你重要的角色。" | | | |

续表

| 备忘/编码 | 概念 | 分类 | 理论构建 |
|---|---|---|---|
| "我已经40多岁了,孩子们在某种程度上独立了,我也可以有更多的时间和自由,但遗憾的是很少有公司会给这个年龄的女性提供机会。" | "玻璃天花板"的事实 | "玻璃天花板" | 第三性别与心理愉悦 |
| "这个年龄段(40多岁)的男性在事业上处于上升趋势,而女性则处于下降趋势。" | | | |
| 女性被"空降"做首席执行官的案例很少 | | | |
| "私营公司的女性首席执行官大多是家族的第二代独生女,她们从父亲手中接管了这个角色。一家私人公司很少能让非家庭成员的女性成为首席执行官。" | | | |
| 行业相关 | | | |
| "女性在传统行业很难脱颖而出,周围环境对于成功率的影响不容忽视。" | | | |
| "我们需要男人来负责那些需要理性和逻辑思维的项目,由女性来关注和服务相关的领域,因为她们更注重细节。" | | | |
| 女性内化的"相信"和"意愿" | "玻璃天花板"存在的根本原因 | | |
| "他(李先生,她的丈夫)在做公司最重要的工作,而我在那里配合和支持他。" | | | |
| "我喜欢跟在老板后面,这是出于我自己意愿,也因为我的个性,开拓不是我的特长,我不喜欢打前锋站在前面。" | | | |
| "也有很多女人没有努力争取,有时候,女人会为了得到别的东西而在职业生涯上让步。" | | | |
| "女人没有那么大的野心,和男人不同,工作不是女人的全部,对女人来说生活中还有很多其他的事情是重要的,比如,孩子和其他。如果有选择的话,大多数女性,即使没有孩子,可能也会选择家庭而不是事业。" | | | |
| "男人对事业成功的渴望首先是由社会决定的,也是妻子所期望的。妻子希望丈夫在事业上比自己做得更好。" | | | |
| 社会和文化原因 | | | |
| "我认为要打破社会的刻板印象是很难的。" | | | |
| "女性缺乏机会,缺乏全社会的认可和肯定。" | | | |
| "后来等我和这家公司的业务往来多了以后,我逐渐了解到,这个大型美容院连锁集团的10个股东都是男性,他们都怀着同样的想法:一个漂亮的女孩不应该也不需要这么努力工作,她应该努力嫁给一个好男人,或者私下里成为一个有钱有权的已婚男人的情妇。" | | | |
| "在中国的很多私营企业,女性没有真正的机会。" | | | |
| "女性的家务活动没有得到经济上的认可和补偿,这种价值没有得到恰当的经济上的评估。" | | | |

续表

| 备忘/编码 | 概念 | 分类 | 理论构建 |
|---|---|---|---|
| "为什么美国最终选择了特朗普而不是希拉里·克林顿，是因为社会对女性的不认同。人们对女性有一定的刻板印象和期望，公众认为希拉里过于极端和偏执，而公众不会对一个男人有这样的评价，相反，这样的男人会被认为有良好的政治见地和独特的想法。" | "玻璃天花板"存在的根本原因 | "玻璃天花板" | 第三性别与心理愉悦 |
| 社会成功的公式是基于男性的"强项"上的 | | | |
| "并非因为女性无能，更多的是因为这曾经是男性的世界。" | | | |
| "在中国，确实有不少成功的女企业家，但她们的企业都比较小，业务范围也相对较窄。而她们对此甚为满意。于是我们看到的是，中小企业中有相当多的女性首席执行官，而大多数大公司的首席执行官是男性，因为在大公司这个岗位上需要大量的精力和人脉关系，而这往往是女性的局限。" | | | |
| 女性的艰难抉择 | | | |
| "对于这些女性来说，为了事业上的成功，她们可能不得不牺牲家庭生活或者在家庭生活方面做出妥协，所以她们选择不结婚或决定离婚。" | | | |
| "越来越多的女性选择不结婚，也不生孩子，因为她们知道怀孕意味着要从事业上分心。" | | | |
| 为人母是职业生涯的障碍 | | | |
| "女人无法和男人竞争，因为很显然，她们在怀孕和妊娠期间不能工作，如果她们选择在家带孩子，那段时间她们也无法工作。" | | | |
| 女人是家庭的关键监护人 | | | |
| "事实上，丈夫在家庭和孩子身上花的时间和精力相对较少。当今整个社会并不欣赏事业成功而对家庭有所忽略的母亲，而这个社会对男性的成功与否仅以其事业是否有成作为唯一的依据。这就是为什么男性只需要做一件事，而女性需要兼顾家庭和事业，家庭又是评判女性的第一重要因素。" | | | |
| "让我伤心的是，我需要同时做所有事情：母乳喂养我的孩子，照顾我的丈夫的日常生活，还要去我们的公司上班，帮助我的丈夫管理好公司。我经常感到很焦虑，因为我希望把一切都做到最好。我没有自己的时间，所有的事情似乎都一团糟，这一切有时让我无法呼吸。" | | | |
| "这可能是长久以来中国文化和传统的潜移默化的影响。" | | | |
| "母亲会先怀孕，生完孩子后，孩子对于母亲的依赖继续存在，无论从哪个方面来说，孩子都要依靠母亲。妈妈的缺席可能造成的影响远大于爸爸缺席的影响。" | | | |
| "中国的传统是男主外，女主内，你基本上没有选择……" | | | |
| "婆婆总是认为她的儿子出生是为了在外赚钱，而不应该承担照顾孩子或做家务的责任。" | | | |
| "丈夫认为做家务是妻子的责任。" | | | |
| "社会分工是有原因的，女性更适合照顾家庭、孩子。" | | | |

续表

| 备忘/编码 | 概念 | 分类 | 理论构建 |
|---|---|---|---|
| 生理、体质上的强弱 | "玻璃天花板"存在的根本原因 | "玻璃天花板" | 第三性别与心理愉悦 |
| "女性可能有好的大脑，但缺乏体力和精神力量，这些又恰恰是职业生涯不断上升的关键。" | | | |
| "智商相近的人拼体力。那些无法维持体力的人，会英年早逝。女性通常无法承受如此极端的工作强度。" | | | |
| "说到母亲，更年期后，女性会经历另一种变化，她们的健康状况一般比同龄男性好。应该给这个年龄段的女性更多的机会，因为她们不用照顾孩子，同时积累了丰富的人生阅历和经验。" | | | |
| 男性对母亲领袖的看法 | | | |
| "那些兼顾家庭和事业的母亲，我要致以最高的敬意，因为她们付出的比男人多得多。" | | | |
| "她很有能力，也可以当个好领导。但好的安排是让丈夫追求事业，经济上支持家庭，而母亲承则负责家庭和孩子。" | | | |
| 情况有所改善 | 情况改善了吗？ | | |
| "随着社会文化的发展，女人不断走出家门成为劳动大军的一员。女性和男性一样按自己的喜好选择自己想做的事情，玻璃天花板已经消失了。" | | | |
| 男人感到受到威胁 | | | |
| "女孩子们得到了更好的教育和培养，她们越来越有能力，社会也为女性提供了更多的职业上升的机会，这样一来，留给男性的位置相对减少，他们感受到了威胁。现代社会男人事业成功的欲望并没削弱，但现在竞争却越来越激烈，男人不仅要继续跟男人竞争，现在也要和女人竞争。" | | | |
| 男人更有远见和长于战略，女人更擅于执行 | 男女领导之间的差异 | 第三性 | |
| "男性的视野和目标感通常很好，但执行力不如女性。" | | | |
| 男人雄心勃勃，不断寻找前行的目标，这促使他们看得更远，想得更大，让他们有远见和战略思维。而母亲们有其他的事情要想而且以此得到满足，例如，带大自己的孩子使其成功，所以她们的时间更少花在关心和想职业的'大'事情上。 | | | |
| "我个人认为，如果没有良好的培训，女性的战略眼光是非常局限的，她们一般不够有策略，但她们更擅长执行。" | | | |
| 男性擅长宏观层面，而女性擅长微观层面 | | | |
| "男人在宏观上更优秀，他们的整体视野伴随着他们的勇敢和果断。女性善于微观和细节过程。" | | | |
| "时间限制和社会角色分配是阻碍女性具有战略眼光和远见的因素。按男主外，女主内，男人的任务就是外向的，去了解外面的广阔的世界，要有远见，有战略思维。女人则偶于家中，整天忙于照顾孩子和家庭，她不需要有视野，她们事实上也没时间去看家庭以外的其他事情。" | | | |

续表

| 备忘/编码 | 概念 | 分类 | 理论构建 |
|---|---|---|---|
| "如果你需要远见和洞察力,你就需要看外面的世界,而对女人来说,她们几乎没有时间去看世界。" | 男女领导之间的差异 | 第三性 | 第三性别与心理愉悦 |
| 沟通和建立社交网络 | | | |
| "男人擅长的社交通常意味着喝酒吃饭,而这些通常是女人不喜欢的。" | | | |
| "母亲常花费所有的努力和沟通技能为孩子寻找合适的学校,好的课后辅导,建立与学校老师,学生家长的联系。当然,建立这样的关系网比在工作和业务上的关系网的建立要相对简单,因为没有什么利益冲突。" | | | |
| 女性的韧性和学习能力 | | | |
| "尤其是在面临危机的时候,女人会尽一切努力维系家庭,即使她需要从垃圾箱里捡食物,而男人往往无法承受严重的危机。" | | | |
| 情感和敏感性 | | | |
| "我们(女性)表现出自己的脆弱和弱点,然后继续前进,但男人直到他东山再起才会分享以前的困难和奋斗经历。" | | | |
| "女性的出众之处在于她的敏感度。在一家公司里,女性可以感觉到哪些方面进展顺利,哪里出了差错。如果经过一定的战略能力训练,女性可以成为比男性更好的领导者。" | | | |
| 包容性和团队合作 | | | |
| "我真的很喜欢分享和贡献,我需要擅长时间管理,处理冲突;并且感觉保护我的团队是很自然的事,就像保护我的孩子一样。" | | | |
| "对于男性领导来说,关键是要有人来完成任务,而对于女性领导来说,她有感情,她想要训练,培育和帮助她的团队成员。" | | | |
| "母亲永远不会放弃她的孩子,也不会轻易放弃她的团队和员工,而这恰恰是男性领导所缺乏的。如果员工不达成业绩,我们(男性领导)就会让他们离开。" | | | |
| 欲望和抱负 | | | |
| "男人想要大的东西。他不会满足于仅做好本职工作,他有一个更大的目标。" | | | |
| "男人从很小的时候就被教育要在社会上成功,他需要有面子。幸福的家庭生活对一个男人来说不是成功的标志。" | | | |
| "女人专注于把手头的工作处理得当,然后她可能自然而然地得到提升,她也有可能因为上级领导慧眼识珠,看到了她的能力和努力而升职加薪。所以女人的职业发展更源于自然发生,而不同于男人的精心策划。" | | | |
| "从心理学的角度来看,一个人最深层的需求是爱和尊重。女人比男人更容易获得满足,有时候,她因为有了一个孩子而感到幸福,而对于男人来说光有孩子是不够的,他有更多的需要,他需要来自家庭外的东西让他感觉满足:社会地位,职位,财富等才有可能让他感到爱和尊重。" | | | |

续表

| 备忘/编码 | 概念 | 分类 | 理论构建 |
|---|---|---|---|
| 自吹自擂和好面子的男人？<br>"男人的夸夸其谈有可能让人感觉有影响力和说服力。"<br>"为了显示他们的优越性，他们可以很容易地吹嘘或说一些违背自己内心的事情，且不感到羞耻或内疚，而女性通常不会这样做。" | 男女领导之间的差异 | | |
| 男人会逃避冲突和复杂的情形，女人更可靠<br>"当需要与客户沟通时，男性主管通常会躲在女同事或女性下属的后面。" | | | |
| 自我批评的女人<br>"我经常注意到，男人很容易把原因归结于外部环境或其他人，这样做，他们就可以保护自己。女性很容易自我攻击。我的内疚和悔恨对我自己很有害，我自己的精力和自尊也因此而减少。" | | | |
| 同理心和宽容<br>"当我成为了母亲，我有更多的同理心和宽容度，这实际上对我的日常管理很有帮助。"<br>"我看问题的角度很不一样了。大自然真的很神奇，它突然就给了你一个小生命，通过共同照顾我们的儿子，我们（丈夫和妻子）的关系大大改善了。"<br>"一个曾经强硬的单身女人，当了母亲后，会有很大的变化，变得越来越温柔，站在别人的角度想问题也变得容易了。" | 第三性 | 第三性别与心理愉悦 | |
| 母亲的心很大<br>"在成为母亲之前，你把自己放在首位，然后可能是你的父母；但当你成为了母亲，你把你的孩子，你的丈夫，你的父母，对方的父母，整个家庭放在心里，所以你的心更大了。" | | | |
| 韧性<br>"母亲需要和胎儿分享一切。当胎儿离开母体，母亲恢复了自我的过程伴随非常强烈的荷尔蒙反应。所以，母亲在生理和心理上都需要经历非常大的变化，这种变化甚至痛苦是男性和非母亲的女性没有经历且都无法想象的。所以，从怀孕的一开始，母亲就开始被"掠夺"，这使得母亲非常有韧性。" | 单身女性和母亲之间的区别 | | |
| 自律和自我控制<br>"女人怀孕是伴随荷尔蒙的变化的，一旦宝宝离开她的身体，两个人重新回到一个人，这是新一轮的转变，这一切都需要非常强的自制力，这种超强的自制力在事业上也是很宝贵的。" | | | |
| 学习与沟通<br>"母亲有超强的学习能力，她之前没有过任何相关的经验，如何处理怀孕，如何生产，如何喂养婴儿，如何照顾孩子的成长和变化，如何教育孩子……所有这些都是新的。为了孩子的幸福，母亲花费了所有的努力去交流、寻找和建立各种关系，这些通过孕育孩子而建立起来的能力是不可替代的，这让母亲变得非常不同寻常。" | | | |

续表

| 备忘/编码 | 概念 | 分类 | 理论构建 |
|---|---|---|---|
| **特殊管理技能** | 单身女性和母亲之间的区别 | 第三性 | 第三性别与心理愉悦 |
| "没有教材,也没有人能给一个公式告诉母亲如何抚养每一个独一无二的孩子。如果一个女人能管理好她一个心智可能不成熟,行为也不一定合适的孩子,她就应该能够管理一个团队,一个公司。对于有两个或两个以上孩子的母亲来说,管理一个团队、一个公司的可行性更大了。" | | | |
| **人间关系** | | | |
| "和我有儿子之前相比,我发现自己更有耐心,处理人际关系也更熟练。" | | | |
| "和人打交道不容易,我觉得她(他的妻子)在这个方面做得好很多。我们是在私募股权行业,有相当多的女性高管表现得非常好。她们大多已结婚生子。" | | | |
| **情商很重要** | | | |
| "因为在工作中,我个人觉得最后获胜的因素不再是智商,而是情商……我觉得谁都不会比谁更聪明,也不会比谁更笨。其实拼的是EQ。归根到底我觉得EQ很重要。这是我感受。" | | | |
| **女性气质进一步增强** | | | |
| "我确实注意到,母亲的女性特征更强,与男性和无生育经验的女性相比,母亲更有合作精神,更有同情心,更有爱心,更善于倾听。" | | | |
| **以身作则/愿意承担责任;良好的战略思维和员工敬业度** | | | |
| "首先我觉得是要以身作则,敢于担当……;第二条……他的战略要清楚,第三点……他要应该 engage people(让团队能充分地参与且敬业……在以身作则,敢于担当方面没有性别差异;但女性领导在和员工敬业度相关方面则有优势;在战略思维方面,男性似乎表现得更好。" | | | |
| **意志力** | | 领导标准 | |
| "大多数人都没有坚持到最后,他们很容易中途放弃。" | | | |
| **理性与逻辑** | | | |
| "我们需要男人来负责那些需要理性和逻辑的项目,而服务大多是由更注重细节的女性来主管的。" | | | |
| **资源丰富性** | | | |
| "领导者善于利用各种资源。" | | | |
| **情商和魅力** | | | |
| "今天对领导能力的要求与10年或20年前有所不同。你需要有很强的管理能力和领导能力,主要是有良好的情商……随着公司的发展,更多的人为你工作,组织结构更加复杂,这需要不断提高人员的管理能力。" | | | |
| "魅力是一种个人特质,他/她的行为方式让人感到舒适和有价值,人们会被吸引去追随他/她。" | | | |
| "讲到如今需要的领导特质,实际上我同意很多领导特质和母亲特质非常接近。" | | | |

续表

| 备忘/编码 | 概念 | 分类 | 理论构建 |
|---|---|---|---|
| 有更多的资深女性领导人的好处 | | 改进措施 | 第三性别与心理愉悦 |
| "随着更多的女性进入高层，他们将为其他有潜力的女性提供更多的机会，这些女性也在心理上准备好了接受挑战和承担责任。当我们做到了这一点，我们可以改变文化及习俗，人们就不会理所当然地让女性呆在家里，对于极少数女性在高层的现象保持沉默。" | | | |
| "一个公司应该由不同综合素质的人组成……在一个公司里，我们需要男女结合。一个没有或只有很少女性的团队通常表现不太好，因为女性的存在可以避免一些极端的观点和决策。" | | | |
| 有争议的观点 | 是否需要更多的女性领导者 | | |
| "这是好事，也是坏事。正如我们所注意到的，随着更多的女性处于高层，离婚率也会上升。" | | | |
| "平等是相对的，不可以用数值来衡量，因为它不现实。真正重要的是效率，而不幸的是平等不会带来效率。" | | | |
| "当人们感受到不公平对待时，他们会大声疾呼，如果这是家庭讨论和决定的结果，那么这是一种平衡/和谐的情况。" | | | |
| "当你呼吁平等的时候，可能会导致一种混乱：没人想结婚，也不想要孩子。" | | | |
| 丈夫的观点 | | | |
| "如果我妻子上班挣钱，我没任何问题。因为我有自己的事业。如果她赚钱越多，对我来说越好，这样我就可以专注于我的研究，而不是为养家糊口而疲于奔命。" | | | |
| 社会准备好了吗？ | | | |
| "今天的女性知识渊博程度不亚于男性。事实上，我认识的不少女性比她们的丈夫更有能力，更优秀。我们也很欣喜地看到有些丈夫开始接受在家里带孩子，这种现象在妻子挣钱更多的家庭里更加明显。" | | | |
| 可复制性 | | 是否需要更多的女性领导者 | |
| "如果这件事不能被学习和复制，那么鼓励母亲担任高级职位意义不大。这项研究只有能被学习和可复制，才是有价值的。" | | | |
| 个人选择 | | | |
| "这更多的是一个个人的选择，有抱负的女性不会让步或放弃，所以重要的是在制度中没有歧视，不应该区分性别。" | | | |
| 为改变现状而行动 | | | |
| "但我认为，女性应该发挥关键作用，并采取行动来改变这种状况。" | 可能的支持 | | |
| 更基本的问题 | | | |
| "当我们要求采取行动来促进女性的成功时，人们就会问，是否也应该采取行动来让男性获得成功？为什么我们要区分男人或女人，我们可能需要问：我们可以做些什么来帮助那些优秀、有才华的人取得成功呢？" | | | |

续表

| 备忘 / 编码 | 概念 | 分类 | 理论构建 |
|---|---|---|---|
| 支持和帮助新晋妈妈<br>"她（新手妈妈）的精神和身体状况都处于非常低的水平，有时甚至伴随产后抑郁症，如果我们能有一些组织、协会来陪她度过这个新的和艰难的时期，那就太好了。"<br>"我们应该教育女性要独立，不要幻想依靠男人。我们应该鼓励她们成为自己。"<br>不怕失败<br>"我们可以鼓励她们不要害怕，只要尽力去完成工作。许多女性都有很强的责任感，也有很大的弹性，最明显的就体现在她们照顾孩子的过程中，尽管她们自己往往没有意识到，为了抚育孩子，她实际上忽视了失败，因为失败并不可怕，她有很强的目标来抚养孩子。"<br>呼吁人们树立信心和采取行动<br>"通过宣传一些生活案例，来证明女性可以事业有成。在现实中，许多女性相对缺乏自信，或者她们只是没有意识到自己可以做得更好，所以我们可以提供一些好的现实例子来激励她们。"<br>良好的家庭环境，来自母亲的影响<br>"一个良好的家庭环境会给人一个良好的个性。个性优越的人在社会上肯定会做得更好。"<br>独立性<br>"如果我能独立起来，展示出我自己的能力，我会更开心，如果我能得到一个关键的决策角色，那将是一种完全解放的感觉……"<br>给母亲更多的机会<br>"说到母亲，在更年期后，女性经历了另一种变化，她们的健康状况一般比同龄的男性好。最好能给这个年龄的妇女更多的机会，她们没有了照顾孩童的负担，并积累了良好的经验。"<br>让丈夫分担对孩子和家庭的责任或外包这些工作<br>"如果我被要求负担家务，我宁愿把它外包出去。"<br>"如果我们在丈夫照顾孩子和承担家庭责任时，给他更多的自由，给予鼓励和认可，那就会更有效。"<br>"我的侄子由我哥哥照顾。他主要是受我哥哥的影响。"<br>"如果我的丈夫呆在家里，照顾孩子，照顾我，照顾这个家庭，我完全可以接受这个安排。" | 可能的支持 | 是否需要更多的女性领导者 | 第三性别与心理愉悦 |

综上所述，本研究考虑了所提出的概念的代表性，同时测试这些概念的适当性和重要性。因此，本研究通过 3 次实地调查来完成这些任务：通过访谈来确定影响玻璃天花板的核心因素；运用问卷调查来检验概念的代表性；利用亲身密切观察和案例研究来检验结论的适宜性。

下一章将集中介绍实地研究，以说明本研究所获得的见解和确认结论的路径。本研究的实地工作包含对 J 女士的观察，在线问卷调查，各种访谈和对柯斯汀的案例研究。

# 4
# 母性领导力的田野研究

实地研究包括观察和分析现实生活中发生的行为和活动，实地研究人员依赖于对一个民族和一种文化的第一手了解。然而，如果研究者想要获得局内人对情况的看法，保持局外人的观点是至关重要的（Power Mark，1966），因此实地研究人员必须在有自我意识的同时会自我批评，在社会环境中实现真正的参与但又保持分离。本研究的实地研究将从与笔者共事 4 年多的 J 女士的日常观察开始，下面的描述是站在"局外人"的立场进行的。

# 4.1　对 J 女士的现场观察——一位母亲领袖的非凡领导方式

J 女士在 S 公司工作了大约 17 年（她中间离开过 S 公司，一年后又重新加入）。她有两个在上小学的孩子，大儿子来自她的第一次婚姻。她的前夫不能容忍她的外向性格和出色的职业生涯，便离开了她和儿子，去找了另一个更适合的女人。她的第二个孩子是她和现任丈夫所生的女儿，这个四口之家现在和公婆住在上海市中心的一套豪华公寓里。公婆来自上海附近的一个小城市，很高兴和儿子、儿媳及两个外孙住在一起（尽管男孩和他们没有血脉关系），公婆的房间是 J 女士为他们准备的，处于公寓里最好的位置。J 女士的现任丈夫博士毕业后，曾被 J 女士聘用，担任销售职位，现在是一个非常成功的商人，拥有自己的公司。"她工作非常努力，不是为了钱，因为我们已经财富自由了。我建议她不用再去上班，做自己喜欢的事情，像旅游之类的，但她更愿意继续工作，追求自己的事业，希望能为社会和公司做更多的贡献，实现个人价值。"丈夫边说边用充满爱意的眼神看着妻子，而妻子则也报以甜蜜的微笑。

J 女士家雇了住家保姆，公公婆婆负责陪两个孩子上下学，在需要的时候还会辅导孩子们做家庭作业。

在公婆眼里，J 女士是一个聪明贤惠的儿媳。

在丈夫眼里，她是一个可爱又得体的妻子。

在孩子们眼里，她是一个很棒的母亲。

在员工眼里,她是"情商和智商兼具"的领导。

她的团队成员很佩服其领导能力,他们说:"她有清晰的愿景,而且善于聚焦做关键的事,精于管理""懂得处理上下级关系""特别值得一提的是她通过展示自己及团队的雄心和行动从集团获取资源的能力。她把团队团结在同一目标下并且激励大家为此努力工作"。事实上,在她担任 CEO 的前两年,S 公司的财务表现并不好,主要原因如下。

(1) 她的两个主要的直接下属一直是很大的障碍。这两位男性业务主管曾经和她级别相同,J 女士感到他们很不服气她担任首席执行官成为他们的上司,并认为他们把精力放在了办公室政治而非做业务上。

(2) 市场的发展和新的法规对这家公司一直擅长的业务和产品不利。

(3) 公司采用的平衡计分卡虽然明确了整个公司需要关注的绩效指标 KPI,但不是每个部门的负责人都有清晰的各自部门的 KPI,特别是中后线的业务支持部门,对共同目标的执行缺乏一致的方案。

为了解决这些问题,J 女士决定带领她的团队进行变革。

① J 女士在集团的支持下,让那两位下属离开了公司。取代他们的人选都是母亲,她们都在该公司工作多年,有很好的表现,但因为一直在那两个男性领导下面工作,没能有机会主导工作。

② 她邀请经济学家和她的团队一起分析宏观形势、政府政策、相关影响、公司面临的挑战和机遇,在此基础上,确定了公司的策略:通过专注于数字化、合作伙伴的生态系统、提升盈利能力(而不是许多财务指标)、关注员工能力及敬业度来实现转型。战略一旦确定下来,她便带领和动员管理层(包括每一个部门主管)在以公司策略为中心的基础上制订互相联系的计划。利用集团董事会在中国开会的机会,J 女士争取到让中国执行委员会(EXCO)主要成员在集团董事会上分别做 5~10 分钟的报告。她花了很多时间和每个发言人推敲发言的细节,以确保管理层成员做的汇报有说服力且令人印象深刻。事实上,集团董事会成员对中国团队的汇报非常满意,他们一致反馈道:"我们看到 J 领导的中国团队充满激情,他们对市场有充分的了解,而且清楚知道如何推动和实现目标。"因此,不仅集团董事会批准了中国团队的战略,而且中国团队也获得了所需的资源和投资资金。

③解决团队之间的"不协调性"（主要是业务部门、前线分支机构和总部支持部门的不协调）。她创造了一个有趣的"担保人（sponsor）项目"，每一个管理层成员被安排负责做2~3个城市的引领人，其主要的责任是帮助被引领的机构的战略实施及业务可持续发展。机构总经理和他/她的团队在公司总体战略地基础上制订以当地市场为基础的工作计划，寻求担保人意见和支持，最终由公司行政委员会批准，行政委员会通过季度业务会议对执行情况进行检视。在季度业务会上，机构总经理分享业绩、面临的挑战、需要的帮助和下一步的行动，而担保人则提供自己的观点和见解等。担保人应该对这家机构的工作、人员、业务、挑战必须有很好的了解，其主要职责是上下协调，帮助机构获得资源和支持，使机构的战略和行动得以实施。很多以前只关注自己一亩三分地，对前线及业务不甚了解的中后台主管及员工，通过"担保人项目"改变了他们的思维及行动，开始关注公司的整体业务而不是单纯的他/她自己的部门，从而使整个公司从担保人的行为改变中受益。

有了清晰的策略，J女士就把注意力集中在执行上。而她深知"人"是关键，为此，她推出了一系列与"人"相关的项目，比较典型的有：辅导员计划——每位管理层成员要成为2~3名中层青年才俊的辅导员，辅导员和被辅导者年初一起制订有针对性的辅导计划，年底进行考核；继任计划——通过系统的甄选，确定各个层级的继任者。对不同层级的继任者指定相应的培训及成长计划。管理层的继任者会有参加高级管理会议机会，他们也会被分配重要项目且得到授权全权负责这些重要项目；"首席执行官特别奖"——一年一度对于在公司价值提升、团队合作、创新等方面表现出色的团队和个人给予特别的奖励。

J女士非常清楚自己想要什么，明白什么适合她的个人、家庭生活及工作和职业发展。她非常善于果断行动并坚持到底，能清楚地判断与谁一起工作，让谁离开，以及如何沟通和激励团队，并使他们步调一致地工作。J女士展示了强大的母性领导力的内在优势，使得业务压力下的员工仍然能体会到"舒适和安全（愉悦）。"

笔者离开前的管理团队由女性CEO，三位女性业务负责人（四位都是母亲），及其他的男性部门负责人组成。中国业务表现非常出色，利润和收入的增量连续两年在所有市场中排名第一，员工满意度调查也在全球名列前茅。

J 女士是一位母亲领导,她的案例表明母亲领导强大的内在优势,即可以为绩效指标压力下的员工提供"舒适和安全/(愉悦)。"

## 4.2 领导力标准调研

为了更好地了解现代社会的人们是如何看待领导力的,我们进行了一项在线问卷调查,以评估人们对领导力标准的思考。由于存在着众多的领导标准,而且有些互为重叠,为了便于调研,我们决定将领导力标准进行归纳,选取下面最有代表性的五项领导力标准展开问卷调研。

(1)"战略思维能力":包含远见能力、决策能力、引领创新和变革能力及战略思维。

(2)"执行能力":包含控制能力和组织能力。

(3)"协调能力":包含协调、授权、激励能力。

(4)"亲和力":包含关系管理能力,亲和力、影响力和感召力。

(5)"工作和家庭的平衡能力":在这里独自作为一项领导力能力。

超过 1000 份的在线问卷被随机发送给不同性别、年龄、地理位置、家庭状况、工作性质和职位的人。问卷的设计主要是为了了解被调查者是否认为年龄、性别、家庭责任(主要指孩子的数量)会对领导力产生影响,以及了解他们认为哪种领导力标准最重要。共收到来自全国各地 436 份回复,图 4-1 显示了受访者所在的地域。

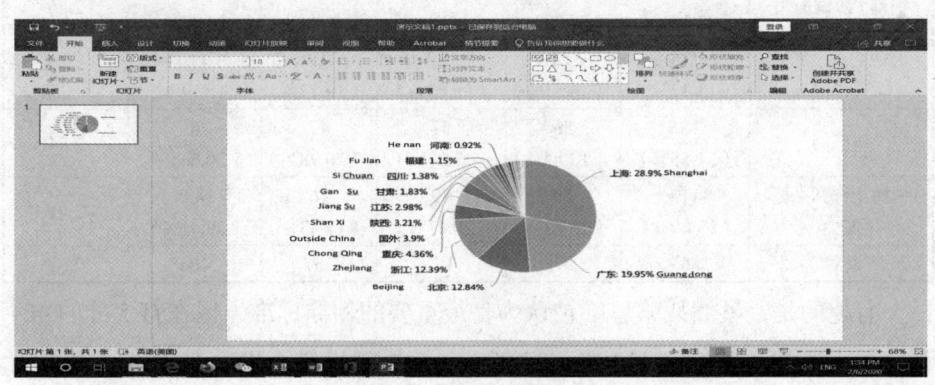

图 4-1 受访者所在地域

收回的问卷中男性占39.22%（171人），其余为女性（60.78%，265人）。在436名受访者中，已婚的占81.19%、未婚人群占13.53%、离婚者占5.28%；从孩子人数来看，有1个孩子的占53.21%，有2个孩子的占22.48%，有3个及以上孩子的占2.98%，无孩子的占21.33%。

从年龄来看，25岁以下的占1.15%，25~40岁的占50%，41~55岁的占39.91%，56~60岁占8.94%；从职业上看，普通员工的比例为30.28%，初级、中级和高级管理人员的比例分别为20.41%、25.23%和24.08%；被调查者的文化水平高中及以下的为11.47%，大专毕业的为11.93%，大学毕业的为44.72%，研究生及以上的为31.88%。

### 4.2.1 领导力标准排序

被调查者根据他们自己的判断对5个领导标准按重要性排序。436份回执中除48个被调查者（11%）对标准严格按1到5顺序排列外，其他的答卷都多多少少把不同的领导力列为同等的重要级别，由于有388个重复的标准，我们收集到了863个等级1的答案（最重要的标准），而其中29.89%的人投了战略思维为最高分，紧随其后的是协调能力和执行力，分别为22.13%和21.55%，亲和力和工作家庭平衡能力排在最后，分别为13.32%和13.09%（见表4-1）。

表4-1 五项领导标准的重要性排序

| 选项 | 重要等级1 | 重要等级2 | 重要等级3 | 重要等级4 | 重要等级5 | 平均分数 |
| --- | --- | --- | --- | --- | --- | --- |
| 战略眼光/思维 | 258（29.89%） | 25（5.73%） | 20（4.59%） | 20（4.59%） | 113（25.92%） | 2.32 |
| 统筹/协调能力 | 191（22.13%） | 62（14.22%） | 36（8.26%） | 41（9.4%） | 106（24.31%） | 2.56 |
| 亲和力 | 115（13.32%） | 72（16.51%） | 110（25.23%） | 73（16.74%） | 66（15.14%） | 2.78 |
| 执行力 | 186（21.55%） | 56（12.84%） | 57（13.07%） | 47（10.78%） | 90（20.64%） | 2.54 |
| 平衡工作和家庭能力 | 113（13.09%） | 69（15.83%） | 89（20.41%） | 76（17.43%） | 89（20.41%） | 2.91 |
| 总计 | 863 | 284 | 312 | 257 | 464 | 2.62 |

有趣的是，虽然战略思维被认为是最重要的领导标准，但在打5分的464票（最不重要）中，有113票（25.92%）是战略思维，也就是说在"最不重要"的领导力排行中，战略思维首当其冲。我们是否可以认为传统的"战略优

先"理念仍然有效，但"战略优先"重要性已被其他领导力标准冲淡了，而这些其他的标准对领导的成功越来越有意义？执行力在过去几十年的领导力和管理理论中也被认为是非常重要的，但有趣的是，我们的调研似乎显示"协调能力"的重要性已经微超了执行力，并且调查显示认为协调力最重要的占了22.13%，而视执行力为第一的有21.55%。这一结果使我们的研究具有意义：天生具有更好的协调能力的母性领导应该脱颖而出！工作与家庭的平衡能力在我们的调查结果中被排在最不重要的位置，这是值得我们在研究中认真思考的方面：人们必须在家庭和职业生涯之间做选择——要么家庭优先，要么职业生涯优先，似乎很难达到这两者的平衡；或者从另外一个角度说平衡两者也不会带来什么价值，再极端一点，个人的职业生涯并不会因为对家庭做出的贡献而得到更多更好的机会。所以，男性专注于事业而忽视家庭责任被视为正常，而大多数的母亲因为太多的家庭负担而无法追求自己的职业生涯。

对5个标准按1~5个等级进行顺序排列的48个问卷给出的结果基本相似，对于决策能力有更大的偏好，因为有64%的人认为战略眼光/思维最为重要，认为其他4个标准第一重要的人数相差无几，"亲和力"以15%的比例排在第二，仅在战略眼光/思维之后。我们是否可以得出这样的结论：如果没有概念上的不清晰，人们确实倾向于认为，除正确的战略之外，亲和力对于一家公司的成功，一个有效的领导来说是至关重要的？我们再次高兴地看到以上的调研结果和我们的研究假设不谋而合：母性领导力所具有的理解能力和提供心理愉悦的能力（稍后会详细阐述这个概念）在当今的领导力中至关重要（见表4-2）。

表4-2　48位被调查者对标准的重要性按1~5的等级进行排序

| 标准 | 1 | 2 | 3 | 4 | 5 |
| --- | --- | --- | --- | --- | --- |
| 战略眼光/思维 | 31（64%） | 5（10%） | 5（10%） | 3（6%） | 4（8%） |
| 统筹/协调能力 | 4（8%） | 20（42%） | 11（23%） | 9（19%） | 4（8%） |
| 亲和力 | 7（15%） | 2（4%） | 11（23%） | 19（39%） | 9（19%） |
| 执行力 | 3（6%） | 14（29%） | 19（40%） | 7（15%） | 5（10%） |
| 平衡工作和家庭能力 | 3（6%） | 7（15%） | 2（4%） | 10（21%） | 26（54%） |

### 4.2.2　战略思考和决策能力是否是男性独有的领导能力

长久以来，男性一直被认为擅长于战略思维，而女性被认为缺乏战略思维能力,然而主要领导力理论认为战略思考和决策能力是领导力最为重要的标准。那么看一下在线调查结果显现的战略思考和决策能力与领导有效性的关系(见表4-3)。

表4-3 认为战略思考和决策能力是最重要的领导力标准的被调查者情况

| 性别 | 公司职位 | 同意的人数 | 总人数 | 同意的人数占总人数/% |
| --- | --- | --- | --- | --- |
| 女性 | 普通员工 | 53 | 87 | 60.92 |
| | 初级经理 | 32 | 56 | 57.14 |
| | 中层经理 | 43 | 70 | 61.43 |
| | 高级经理 | 33 | 52 | 63.46 |
| | 总计 | 161 | 265 | 60.75 |
| 男性 | 普通员工 | 21 | 45 | 46.67 |
| | 初级经理 | 22 | 33 | 66.67 |
| | 中层经理 | 25 | 40 | 62.50 |
| | 高级经理 | 29 | 53 | 54.72 |
| | 总计 | 97 | 171 | 56.73 |

如上表所示,60.75%的受访女性和56.73%的受访男性认为战略思考和决策能力是最重要的衡量标准。对于女性来说,似乎她们当前的公司职位/级别与她们认为战略思维的重要性有显著的相关性,同时,认为战略思维是关键的女性高管比例最高,为63.46%。而对于男性来说,情况略有不同,认为战略思维最重要的比例较高者为初级和中级管理者,是否由此可以说,男性高层领导在处于核心决策者的位置后,开始意识到除战略思维之外,其他的领导标准也很重要?而女性高层领导是否意识到战略思维才是成为有效领导者的关键?本研究对执行力和统筹/协调能力的数据的进一步分析似乎没有观察到类似的现象(见表4-4~表4-6)。

表4-4 认为亲和力是最重要的领导标准的被调查者情况

| 性别 | 公司职位 | 同意的人数 | 总人数 | 同意的人数占总人数/% |
| --- | --- | --- | --- | --- |
| 女性 | 普通员工 | 26 | 87 | 29.89 |
| | 初级经理 | 12 | 56 | 21.43 |
| | 中层经理 | 15 | 70 | 21.43 |
| | 高级经理 | 8 | 52 | 15.38 |
| | 总计 | 61 | 265 | 23.02 |

续表

| 性别 | 公司职位 | 同意的人数 | 总人数 | 同意的人数占总人数/% |
|---|---|---|---|---|
| 男性 | 普通员工 | 13 | 45 | 28.89 |
| | 初级经理 | 15 | 33 | 45.45 |
| | 中层经理 | 13 | 40 | 32.50 |
| | 高级经理 | 13 | 53 | 24.53 |
| | 总计 | 54 | 171 | 31.58 |

表4-5 认为统筹/协调能力是最重要的领导标准的被调查者情况

| 性别 | 公司职位 | 同意的人数 | 总人数 | 同意的人数占总人数/% |
|---|---|---|---|---|
| 女性 | 普通员工 | 37 | 87 | 42.53 |
| | 初级经理 | 27 | 56 | 48.21 |
| | 中层经理 | 34 | 70 | 48.57 |
| | 高级经理 | 18 | 52 | 34.62 |
| | 总计 | 116 | 265 | 43.77 |
| 男性 | 普通员工 | 19 | 45 | 42.22 |
| | 初级经理 | 18 | 33 | 54.55 |
| | 中层经理 | 16 | 40 | 40.00 |
| | 高级经理 | 22 | 53 | 41.51 |
| | 总计 | 75 | 171 | 43.86 |

表4-6 认为工作与家庭的平衡能力是最重要的领导标准的被调查者情况

| 性别 | 公司职位 | 同意的人数 | 总人数 | 同意的人数占总人数/% |
|---|---|---|---|---|
| 女性 | 普通员工 | 21 | 87 | 24.14 |
| | 初级经理 | 13 | 56 | 23.21 |
| | 中层经理 | 16 | 70 | 22.86 |
| | 高级经理 | 11 | 52 | 21.15 |
| | 总计 | 61 | 265 | 23.02 |
| 男性 | 普通员工 | 15 | 45 | 33.33 |
| | 初级经理 | 13 | 33 | 39.39 |
| | 中层经理 | 11 | 40 | 27.50 |
| | 高级经理 | 13 | 53 | 24.53 |
| | 总计 | 52 | 171 | 30.41 |

总而言之，大部分人认为，战略思考和决策能力对于一个领导者来说至关重要。

### 4.2.3 亲和力，统筹/协调能力及家庭工作平衡能力

亲和力和工作与生活的平衡能力在调研结果中被认为是最不重要的标准。亲和力一般被认为是女性特点。关于亲和力，调查结果有点不一致：在 863 个等级为 1 的答案中，亲和力的重要性排在第四（13.32%，表 4-1），但基于 48 个无重复排名的问卷的话，亲和力则排第二（15%，表 4-2）。男性似乎比女性更相信亲和力的可能影响，31.58% 的男性相对于 23.02% 的女性认为亲和力是重要的领导力，在高层领导中，有 24.53% 的男性高层领导相对于 15.02% 的女性高层更认可或者说重视亲和力。是否可以解释说，对于天性中具有亲和力的女性来说其影响被视作理所当然的，而男性则在学习和努力表现出亲和力。

在统筹/协调能力方面，男性和女性似乎没有什么真正的区别。调研中一个有趣的发现是，无论是男性还是女性，他们的最高级别的人群，认为亲和力、统筹/协调能力最重要的比例都是最低的，原因不详。可能是因为高层领导本身已具有亲和力和协调能力，还有可能是因为一旦身处高层，至上的权利使领导者可能逐渐忽略亲和力及统筹/协调能力，无论出于什么原因，都值得在领导力理论和实践中给予关注。笔者倾向于认为这是因为高层管理者善于协调，这种观点可以通过高比例的初级及中级管理者对于亲和力、统筹/协调能力的重视来佐证。

关于工作—家庭平衡能力，在线调查数据（请参考表 4-6）显示，确认其重要性的男性比例更高，占 30.41%，女性为 23.02%。其职位和被调查者们相信家庭工作平衡在领导中的重要性之间体现出负相关性，而男性的负相关关系表现更为突出，男性高级管理人员中关注家庭工作平衡的比例最小，而初级经理在所有男性中最关注家庭工作平衡。这是否意味着级别越高的男性工作越忙，那么他们用来平衡家庭和工作的时间就越少？或者，这是否意味着男性越位高权重，就越觉得把家务交给妻子照顾理所当然？不管原因是什么，对于女性领导者来说，她们显然没有这样的"奢侈"的"机会"来把家庭责任留给丈夫，而丈夫们基本上也不会接受。女性领导面临的挑战显然比男性领导者要严峻得多。

### 4.2.4 性别对领导力的影响

在线调查的一个主要目的是找出性别对领导力的影响（调查是用中文进行

的，可能无法区别社会性别和生物性别）。调查的问题是："你认为性别影响领导力吗？"受访者被要求给出 1 表示"是"，2 表示"否"。

在 436 名回答者中，有 314 人（72%）回答了"2"，122 人（27.9%）回答了"1"。这可以从两方面解释：① 27.9% 的人确实看到女性员工在获得高级职位方面有困难；② 27.9% 的人认为女性员工在胜任高级领导职位方面存在能力问题。从另一个角度来看，对于给予 2 的 72% 的被调查者，也可以理解为：① 72% 的人认为性别对领导来说不是问题；② 72% 的人确实认为女性不会因为性别而被影响担任领导职位（见表 4-7）。

表 4-7  122 人认为性别确实影响领导能力

| 集团层面 | 受访者人数 | 受访者/% | 男性人数 | 男性/% | 女性人数 | 女性/% |
|---|---|---|---|---|---|---|
| 普通员工 | 36 | 29.50 | 19 | 52.78 | 17 | 47.22 |
| 初级经理 | 28 | 22.90 | 10 | 35.71 | 18 | 64.29 |
| 中层经理 | 33 | 27 | 18 | 54.55 | 15 | 45.45 |
| 高级经理 | 25 | 20.40 | 17 | 68.00 | 8 | 32.00 |
| 小计 | 122 | 100 | 64 | 52.46 | 58 | 47.54 |
| 总被调查者 | 436 | — | 171 | 39.22 | 265 | 60.78 |

对调查中收集的数据进一步分析，我们得到一些有趣的见解（请参见表 4-7）：在回答 1（性别对领导力有影响）的 122 人中，52.46%（64/122）是男性，尽管总体调研人数中男性仅占 39.22%（171/436），但在被调研的 171 名男性中，37.43%（64/171）的男性认为性别影响领导力，而女性的这一比例为 21.88%（58/265）。值得注意的是，68% 的男性高级管理者相信性别影响领导力。在这个男性占主导地位的社会中，男性的信念和理解必然会影响女性的晋升机会和职业发展（见表 4-8）。

表 4-8  职位和相信性别影响领导力之间的关系

| 性别 | 公司职位 | "相信"的人数 | 总人数 | "相信"的人数占总人数/% |
|---|---|---|---|---|
| 女性 | 普通员工 | 17 | 87 | 19.54 |
| | 初级经理 | 18 | 56 | 32.14 |
| | 中层经理 | 15 | 70 | 21.43 |
| | 高级经理 | 8 | 52 | 15.38 |
| | 总计 | 58 | 265 | 21.89 |

续表

| 性别 | 公司职位 | "相信"的人数 | 总人数 | "相信"的人数占总人数/% |
|---|---|---|---|---|
| 男性 | 普通员工 | 19 | 45 | 42.22 |
| | 初级经理 | 10 | 33 | 30.30 |
| | 中层经理 | 18 | 40 | 45.00 |
| | 高级经理 | 17 | 53 | 32.08 |
| | 总计 | 64 | 171 | 37.43 |

超过四分之一的受访者认为性别影响领导效率。一个有趣的发现是（表4-8），中层男性有最高的百分比（45%）相信性别影响领导效率，男性高级管理人员相信性别影响领导力的大大减少，仅有32.08%，这在某种程度上是否意味着中级管理层的男性为了能有更多更大的上升机会，会不自觉地以"女性不行"为借口尽力减少来自数量不少的女性同行的竞争，而一旦到了顶层，男性高级领导者因为几乎占绝对多数，所以会更客观地以能力为标准来看待女性领导者？我们得到的数据似乎也可以证明这个推断：中高级水平的男性比例是女性的两倍（32.08%和45%，15.38%和21.43%）。另一方面，我们的数据也揭示了一个有意思的现象：在初级管理者中，相信性别影响领导力的男女性比例几乎一致，（30.30%和32.14%），这一比例在男性中最低，但在女性中却是最高。而进一步深入研究数据（表4-9）发现这群女性大部分的年龄介于25岁到40岁，她们都有孩子，其中54%的人有2个以上的孩子。本研究对此解释为：①母亲们在平衡工作和家庭的双重责任方面感到困难，她们在进一步发展事业上碰到了障碍；②她们见证了女性职业发展的困难，因为只有很少的女性处于顶层，所以她们认为性别的确影响领导力。从她们本人的现实体会，或从她们的所见所闻中得知，这些女性初级经理们倾向认为在同样的资质下，男性可以获得更好更多的职业机会（见表4-9和表4-10）。

表4-9 18名相信性别影响领导力的初级女性经理的年龄和孩子数量分布

| 年龄 | 总人数 | 占比/% | 孩子的数量 | 女性的数量 | 占比/% |
|---|---|---|---|---|---|
| <25岁 | 1 | 5.50 | 1 | 5 | 45.40 |
| 25到40岁 | 11 | 61.10 | 2 | 3 | 27.20 |
| 41-55岁 | 6 | 33.30 | 3 | 3 | 27.20 |

表 4-10　25~40 岁员工在公司中的职位

| 年龄 | 人数 | 占比/% |
|---|---|---|
| <25 岁 | 5 | 1.15 |
| 25~40 岁 | 218 | 50.00 |
| 41~55 岁 | 174 | 39.91 |
| 56 岁及以上 | 39 | 8.94 |
| 总计 | 436 | — |

|  | 女性 | 男性 | 总计 |
|---|---|---|---|
| 25~40 岁的人 | 132 | 86 | 218 |
| 占比/% | 60.55 | 39.45 | — |

| 公司职位 | 男性 | | 女性 | |
|---|---|---|---|---|
|  | 人数 | 占比/% | 人数 | 占比/% |
| 普通员工 | 29 | 33.72 | 51 | 38.64 |
| 初级经理 | 19 | 22.09 | 36 | 27.27 |
| 中层经理 | 19 | 22.09 | 31 | 23.48 |
| 高级经理 | 19 | 22.09 | 14 | 10.61 |
| 总计 | 86 | — | 132 | — |

我们更详细地研究了 218 名年龄在 25~40 岁有孩子的人的职位状况（表 4-10），这代表了我们调查人数的一半，我们观察到在不同职位级别的管理层，男性的比例几乎保持不变，分布非常均匀，均为 22.09%，这意味着照顾孩子、家庭负担不会影响他们的职业生涯，而女性的情况则相反，随着职位级别的上升，其比例逐渐减少，只有 10.61% 的女性是高层管理者。

男性和女性的另一个区别在于其所处级别和性别影响领导的信念之间的相关性（请参见表 4-8）。对于男性，我们看不出明显的两者之间的相关性；而女性来说，两者之间的负相关性却显而易见。撇开比例很低的普通的女员工（她们可能因为刚进入职场，或没有真正的职业欲望和野心），随着职位的上升，相信性别差异会影响领导力的女性比例逐渐减少。可能的解释是：当她们的职位不断上升，女性领导者们表现出更高的能力和更大的信心，她们也越来越自信可以像男性一样胜任高级职位；当然这也不排除另外一个可能的事实：很少部分身居高位的女性认为她们可以继续"享有特权的杰出女性"之位，甚至于其他更好的机会，这些女性得益于"名额要求"而进入高层，而不是因为她们真的很优秀，这就是为什么她们觉得上位并不是那么难，反而认为身为女性就能从中受益。

另一组数据（表 4-11）研究是基于 35 名享受公司提供车辆的受访者。我们趋于相信享受公司供车可以说明其在企业处于重要地位，所以我们假设这群人都属于高级管理层。我们确实看到这个群体中男性的比例高达54%，但我们同时很清楚接受调查的男性比例只有39.22%。表4-11还显示，42%（8/19）的男性受访者认为性别影响领导能力，而31%（5/16）的女性受访者也认为性别影响领导能力，这个比例与我们之前得到的数据一致：更多的男性比女性相信性别影响领导能力。

### 4.2.5 孩子对领导能力的影响

关于孩子对领导力的影响的调查结果表明，无论是男性领导者还是女性领导者，结果都是一样的，84%的男性和81%的女性都认为孩子的数量不应该影响领导效率。这可以解释为现在男性和女性领导者和他们的配偶共同分担或外包照顾家庭的负担；另一种解释可以是处于高层的女性领导者能够很好地处理家庭和职业责任，照顾孩子并不妨碍她们在事业上的出色表现（表4-11）。

表4-11 性别和孩子数量对领导效率的影响

| | 享有公司提供用车的高管的反馈 | | | | |
|---|---|---|---|---|---|
| 性别 | 受访人数 | 认为性别影响领导效率 | | 认为孩子影响领导效率 | |
| | 35 | 是的 | 没有 | 是的 | 没有 |
| 男性 | 19（54%） | 8（42%） | 11（58%） | 3（16%） | 16（84%） |
| 女性 | 16（46%） | 5（31%） | 11（69%） | 3（19%） | 13（81%） |

在线调查确实回答了关于领导力标准的问题，主要发现是：①在5个领导力标准中，战略思考和决策能力仍然是最重要的标准；女性领导者，尤其是高级女性领导者似乎对战略思考和决策能力有着更高的重视；②执行力一直以来几乎和战略一样重要，现在它的重要性似乎让位给了统筹/协调能力；③亲和力和工作与生活的平衡能力被认为是相对不重要的标准，男性高级经理对工作与家庭的平衡关注最少；④1/4的受访者认为性别影响领导力，有这种看法的男性比例较高；⑤大多数受访者（包括男性和女性）不认为孩子会影响领导效率。以上结果使我们得出以下与我们的研究相关的结论：①女性和男性都认可性别对领导力的影响，占据决策角色的男性持有这种看法的比例较高。这就可以解释为什么女性在职业发展中一直存在障碍；②工作与生活的平衡被认为是相对来说不那么重要的，承担大部分家庭责任的母亲并没有因为这种能力和贡

献而得到额外认可。男性不需要承担家庭责任，因为他们的成功的衡量标准是事业上的成就；③统筹/协调能力在领导效能中越来越重要，女性（母亲）在协调能力上比男性更有优势；④亲和力对领导力的影响是模糊的，需要更深入的研究来看清亲和力对领导力的影响，主要是要有更清晰的亲和力定义。笔者希望通过文献综述和访谈来探讨这方面的问题。

这个调研的不足之处主要有下面几个方面：①汉语中社会性别的表达可以理解为生物性别；②被访者给出的答案有可能代表他们的看法，也有可能代表他们看到的事实，而人们的想法（意识形态）和现实所反映的不一定是同一回事。在承认在线调查的潜在缺点的同时，值得庆幸的一点是调查结果与从深度访谈和焦点小组讨论中得到的反馈一致。受访者一致认为战略是至关重要的，而在这个压力强、不确定性大和变化频繁的世界里，女性领导的特质，如良好的协调能力、亲和力等变得越来越重要。

## 4.3 访谈

访谈是质性研究的主要方法，我们对以下人员进行了访谈（见表4-12）。

表4-12 受访者信息

| 访谈类型 | 时间 | 地点 | 受访者 | 年龄 | 婚姻状况 | 孩子个数 | 职业 |
| --- | --- | --- | --- | --- | --- | --- | --- |
| 结构化焦点访谈 | 2019年8月4日 | 云南洱海的一家度假客栈 | W女士 | 50岁出头 | 离婚 | 无孩子 | 自由职业，培训教练 |
| | | | V女士 | 40岁出头 | 已婚 | 再婚的丈夫有一个随前妻的孩子 | 刚刚卖了她的宠物店 |
| | | | K女士 | 40岁出头 | 已婚 | 上小学的双胞胎女儿 | 小型财富管理公司首席执行官 |
| | | | D女士 | 50岁出头 | 已婚 | 1个上大学的女儿 | 刚从一家国际银行的高级管理职位上退休 |
| | | | S女士 | 30岁出头 | 单身 | 无孩子 | 跨国公司财务总监 |

续表

| 访谈类型 | 时间 | 地点 | 受访者 | 年龄 | 婚姻状况 | 孩子个数 | 职业 |
|---|---|---|---|---|---|---|---|
| 对抗性的私人访谈 | 2019年9月9日 | 上海受访者的办公室 | 李先生 | 40岁出头 | 已婚夫妇 | 一个上小学的儿子 | 投资公司创始人 |
| | | | 李女士 | 40岁出头 | | | |
| | 2019年10月14日 | 在上海市中心的住所 | L | 50岁出头 | 已婚 | 无孩子 | 一家在纳斯达克上市的中国公司的高管 |
| | | | M | 40岁出头 | | | 已从一家国际公司的高级领导职位退休 |
| 半结构化的1对1深入访谈 | 2019年10月14日 | 上海办公室附近咖啡厅 | 王先生 | 40岁出头 | 已婚 | 1个上大学的女儿 | 跨国公司的高级主管 |
| | 2019年11月23日 | 上海市中心的一家咖啡厅 | C小姐 | 20岁多岁 | 单身 | 无孩子 | 自雇者，人力资源相关工作 |
| | 2019年11月24日 | 受访者拥有的一家美容院（上海） | Z女士 | 40岁出头 | 已婚 | 1个上小学的儿子 | 三家美容院老板 |
| 非结构化的简单1对1访谈 | 2019年11月11日 | 深圳的一家酒店 | X先生 | 40岁出头 | 已婚 | 有孩子，数量不详 | 著名的经济学家 |
| | 2019年8月22日 | 他的车上（受访者车内，上海） | 陈先生 | 50岁出头 | 离婚 | 1个儿子，已经工作 | 小型电子商务企业家 |

特别设计的结构化、半结构化或非结构化访谈是这次研究获得现实信息和见解的关键来源，访谈主要关注以下几个方面：

（1）母亲们在谋求高级领导职位或升迁时是否有障碍？

（2）若有，造成这种现象的主要原因是什么？

（3）母亲型领导是否不同于男性领导和非母亲的女性领导？

（4）领导者最重要的标准是什么？我们是否应该采取行动帮助母亲领导者

成功?

让我们来看看受访者是如何回答我们的问题的。

### 4.3.1 母亲晋升高级领导职位是否会遇到玻璃天花板

所有的受访者都确认对于女性,尤其是母亲,存在着职业玻璃天花板。王先生说:"在我的公司,相当多的管理人员是女性。但我同意,一般来说,无论是在政府、国有企业还是其他公司,男性领导在高级职位上占主导地位。政府中有为数不多的女性领导人,这可能更多的是出于满足配额的需要,以表明女性得到了机会,就像需要绿叶来展示红花的美丽一样。"

李女士和李先生都认为,对于男性来说,40岁上下是事业的最佳时期,而40岁的母亲则已开始了事业的下坡期。为了进一步说明女性角色不那么重要,李女士当着其丈夫的面说:"他在做公司最重要的工作,而我在那里配合和支持他。"

K女士说:"我已经40多岁了,孩子们在某种程度上独立了,我也可以有更多的时间和自由,但遗憾的是很少有公司会给这个年龄的女性提供机会。"

Z女士认为,一般情况下,至少有60%—70%的机会是给男性的。她说:"男性的就业及升迁的机会更多。女性先是怀孕,然后是生育和照顾孩子到一定年龄,那时母亲们已经到了40~50岁,企业愿意给她们的机会大大减少。企业的高层领导多为年龄在40~50岁的男性。而对于这一年龄段的母亲来说,企业不会对她们进行投资,因为她们已经接近退休(男性的退休年龄为60岁,女性的退休年龄为50~55岁)。"

S女士和李女士认为这与行业有关。在金融业,女性占了一半,有些关键岗位是女性担任的,而在其他一些行业,男性主导着主要领导岗位。S女士认为,"女性在传统行业很难脱颖而出,周围环境对于成功率的影响不容忽视。

K女士也认为玻璃天花板和行业有很大的关联性。她说:"我们需要男人来负责那些需要理性和逻辑思维的项目,由女性来关注和服务相关的领域,因为她们更注重细节。"K女士也同意S女士的观点,并认为在政治领域,女性很难出类拔萃。

W女士发现"私营公司的女性首席执行官大多是家族的第二代独生女,

她们从父亲手中接管了这个角色。一家私人公司很少能让非家庭成员的女性成为首席执行官。"

V女士在某种程度上同意W女士，她相信，作为一个女人，大多数的时候，她们需要靠自己从0发展到1，很少的情况下，一个女人会被允许或邀请"空降"到一个私人企业的CEO的位置。

大多数的受访者认为，女性的社会地位和玻璃天花板现象有很大的改善。受访者L说："随着社会文化的发展，女人不断走出家门成为劳动大军的一员。女性和男性一样按自己的喜好选择自己想做的事情，'玻璃天花板'已经消失了。"但W女士、K女士和S女士认为现实情况更糟。因为男性对女性的晋升似乎反应越来越严重和过激。她们认为："女孩子们得到了更好的教育和培养，她们越来越有能力，社会也为女性提供了更多的职业上升的机会，这样一来，留给男性的位置相对减少，他们感受到了威胁。而现代社会男人事业成功的欲望并没削弱，但现在竞争却越来越激烈，男人不仅要继续跟男人竞争，现在也要和女人竞争。"

人们已经意识到玻璃天花板的存在，了解了女性／母亲们在职业生涯中的种种障碍，接下来就应该了解其根源。因此在下一章节来分析"为什么会有'玻璃天花板'。"

## 4.3.2 "玻璃天花板"产生的主要原因是什么

对于这个问题，我们的受访者给出了很多原因。除C小姐认为玻璃天花板主要来自自身的内部障碍外，其余的受访者都认为玻璃天花板分别由来自外部和内部的力量造成的。以下是他们提到的一些关键且根本的原因。

### 4.3.2.1 社会及文化中的女性刻板印象

王先生说，今天的社会仍然保留着老一套的观念——女子无才便是德。他认为，历史上女性一直被认为是低人一等的。直到现在，这个观念已经有了很大的改观，但这种社会感知已经深深根植于人们的内心。这在某种程度上影响着高级管理人员的选用。成功女性的新标准是"上得厅堂下得厨房"，这意味着女性在日常工作和打理家庭方面都必须出色。王先生认为"女性缺乏机会，缺乏全社会的认可和肯定。一些发达城市的情况要好得多，但从全国来看，对女性的认可和肯定要低得多"。

Z女士强烈地感受到很多公司对女性的歧视,"中国的这些男性企业家,反正我接触下来对女性还是有一定歧视的。在中国的很多私营企业,女性没有真正的机会,"她继续说道,"我曾经在一家专门从事美容师培训和认证的公司工作过,那时我负责销售,所以我的主要工作是去各美容院,说服他们接受我们的培训认证服务。我记得我在十几年前去谈一个单子,是一家全国数一数二的民营美容院,我一连去了七八次,最后总算有机会约见负责人力资源的男主管。他先是让我在他的办公室外面等了3小时,然后总算见了我,而他问我的第一个问题是'你作为一个女人用得着这么辛苦吗?'"这真的非常讽刺,美容领域,女性们唱着主角,为男老板积累财富,那些本应得到赏识和尊重的女员工却被男老板轻视。

X先生认为,女性之所以"低人一等"是因为"女性的家务活动没有得到经济上的认可和补偿,这种价值没有得到恰当的经济上的评估"。

K女士认为她"感觉愿意站在一个男人的背后",她认为正确的做法是让男人在前面冲锋陷阵,而女人则可以紧随其后,帮助执行。她说:"我喜欢跟在老板后面,这是出于我自己的意愿,也因为我的个性,开拓不是我的特长,我不喜欢打前锋站在前面。"

K女士和V女士都认为社会对女人和男人有不同的的期望。为了使自己更有说服力,V女士补充道:"为什么美国最终选择了特朗普而不是希拉里·克林顿,是因为社会对女性的不认同。人们对女性有一定的刻板印象和期望,公众认为希拉里过于极端和偏执,而公众不会对一个男人有这样的评价,相反,这样的男人会被认为有良好的政治见地和独特的想法。"

受访者M认为,"成功的女性也可以与众不同。其中一些母亲,善于平衡生活和事业,她们可以很成功,另外的一些职业女性,她们没有孩子,要么单身要么离婚,看上去她们的家庭生活可能有点乱,但她们在事业上却很成功。对于这些女性来说,为了事业上的成功,她们可能不得不牺牲家庭生活或者在家庭生活方面做出妥协,所以她们选择不结婚或决定离婚。"受访者M和L都说,根据社会对女性的刻板印象,这"另一种类型"的女性并不被认为是大家学习的榜样。

不乐观的 V 女士总结道:"我认为要打破社会的刻板印象是很难的。"

当被问及为什么在中国女人比男人更早退休,而研究表明女人比男人寿命更长,经济学家 X 先生的答案是:"以前没有社保,就没有退休,没有规定,没有工厂,没有公司的时候,像我们农村老家,我父母的他们哪有退休一说。在当今世界,如果你继续工作,年轻一代将没有机会。"他认为这是为了照顾女人,让女人可以比男人早退休。

### 4.3.2.2 社会角色与社会责任

母亲身份所代表的方方面面是玻璃天花板研究的关键,问题围绕着下面几个方面展开:怀孕和照顾孩子是否对母亲的职业产生负面影响?为什么母亲应该在照顾孩子和家庭责任中扮演关键角色?

(1) 怀孕和照顾孩子对母亲的职业有负面影响吗?

Z 女士肯定"生孩子是女性事业发展的障碍。必须要照顾孩子,这是一个拖累。特别是现在,女性怀孕的年龄相对较晚,你的职业上升期可能正好是小孩子需要细心照顾的时候,"她继续说道,"怀孕生孩子这一两年,母亲没有办法集中所有的精力在职业生涯,这一两年是停滞状态,甚至是相对倒退状态,重新再回到职场,再回到工作层面的时候,她其实比同龄的男性可能少了这么两年,就是往后退了两年基础之上再往上走,一步一步再往上走,对于女性的毅力也好,她的意志力也好,她的追求也好,这些都是考验。另外,如果说老公很能挣钱,她或许就会选择放弃自己的事业。因为怀孕生完孩子之后,女性的意志也通常会'弱'一点,就是回归母性,因为这是一种从原始社会遗留下来的天性;有的女性是老公靠不住,家里也靠不了,没有什么可依靠的,自己会去拼;再有一种女性是本身并不想靠别人,自身就是很有追求的,要实现自我的价值。她们认为自己的价值不只是结婚,育儿,她想成为自己。"

W 女士说:"越来越多的女性选择不结婚,也不生孩子,因为她们知道怀孕意味着要从事业上分心。"

X 先生表示:"女人无法和男人竞争,因为很显然,她们在怀孕和分娩期间不能工作,如果她们选择在家带孩子,那这段时间她们也无法工作。"他进一步强调,哪怕现在可以远程工作,怀孕确实会对女性的职业生涯产生负面影响。他还认为,母亲们很难弥补"浪费"在怀孕和照顾孩子上的时间和精力。

（2）为什么母亲应该在照顾孩子和家庭责任中扮演关键角色？

王先生认同母亲承担着大部分家庭责任。他说："事实上，丈夫在家庭和孩子身上花的时间和精力相对较少。当今整个社会认为并不欣赏事业成功而对家庭有所忽略的母亲，而这个社会对男性的成功与否仅以其事业是否有成作为唯一的依据。这就是为什么男性只需要做一件事，而女性需要兼顾家庭和事业，家庭又是评判女性的第一重要因素。"

当与李女士独处时，她说："让我伤心的是，我需要同时做所有事情：母乳喂养我的孩子，照顾我丈夫的日常生活，还要去我们的公司上班，帮助我的丈夫管理好公司。我经常感到很焦虑，因为我希望把一切都做到最好。我没有自己的时间，所有的事情似乎都一团糟，这一切有时让我无法呼吸。"

当被问及为什么应该由母亲来照顾家庭和孩子时。W女士认为这是源于母亲对自己家人的无私的爱。而V女士则认为或许是因为母亲认为家庭对她来说是最重要的，K女士说："也许她从家里得到更多，就像我自己，我喜欢待在家里，不喜欢公司的环境。"K女士进一步解释道："这可能是长久以来中国文化和传统的潜移默化。"V女士补充道："虽然脐带被剪断了，但母子之间的联结是永远不变的。"

父亲们觉得母亲照顾孩子再自然不过，就像王先生说的："男人为家庭付出的努力会较妈妈更少。因为这不仅是家庭财政上的事，也包括对家庭的情感承诺、付出的时间和精力。以我自己为例，我在外工作，负责为我的家庭提供全部的经济来源，我的妻子负责在家带孩子持家。所以她花时间和精力为我们的孩子，为我们的家庭是自然和必须的。然而我知道母亲的价值不只是呆在家里，她可以兼顾工作和家庭。男人可以把自己完全投入事业中去，但对于有一个、两个或三个孩子的母亲来说，家庭责任要大得多。那些兼顾家庭和事业的母亲，我要致以最高的敬意，因为她们付出的比男人多得多。"

S女士回应道："孩子依赖母亲是因为……一个刚出生的婴儿……大多要喝母乳，他/她对母亲的依赖远大于父亲。这是很自然的，因为母亲会先怀孕，生完孩子后，孩子对于母亲的依赖继续存在，无论从哪个方面来说，孩子都要依靠母亲。妈妈的缺席可能造成的影响远大于爸爸缺席的影响，如果没有妈妈，孩子的成长会有很大的困难。所以，母亲在孩子成长的过程中必须在很长一段时间内对其倾注大量的爱和努力。对于男性来说，尽管做了爸爸，在妈妈悉心照顾孩子成长的这段时间，他们在工作和事业上的时间和精力基本不受影响，晋升为父亲的他们甚至在工作上更有干劲，更有成效。所以，在这种情况下，男性和女性在事业上的差距可能拉大。"她接着说："我认为这是一种生理结构或一种社会安排。在幼儿时期，孩子确实更多地依赖母亲而不是父亲，至少在头两年是这样的。在这个时期，很少有母亲能在事业上取得和父亲一样的成功，因为母亲缺乏足够的时间和精力来兼顾家庭，孩子和工作。这中间也不乏有些出色的妈妈，她们很快就能恢复体力和精力，找到孩子、家庭和职业生涯的平衡，但很多妈妈则会不知所措，失去继续工作的动力，她们努力学会做一个好妈妈，但她们很有可能放弃在事业上的追求。"

K女士的理由是："爸爸无法母乳喂养，女人便当然地更适合照顾孩子。""中国的传统是男主外，女主内，你基本上没有选择……，母亲照顾孩子，父亲很少承担这个责任，因为他没有能力或者也并不愿意这样做。很少有父亲做家务，更不用说照顾孩子了。以我丈夫为例，他的父爱和我的母爱是截然不同的，我的母爱是天生的，母爱甚至在孩子出生之前就开始了，孩子还在肚子里时，母亲就已经和她/他有互动了。我丈夫的父爱是在女儿们逐渐长大的过程中一点点被激发出来的。"根据自己的经验，K女士觉得作为父亲的真正感觉是用了不短的一段时间才缓慢建立起来的。"我怀双胞胎时，身边所有其他人都很为我开心，而他似乎有点不知所措，且迷失和恐慌：'天啊，我们怎么能够照顾他们。'事实上，我丈夫一直是他母亲照顾着的。"

S女士对此表示赞同："对于很多父亲来说，孩子出生时，他们对父爱的感觉非常陌生，而母亲则在怀孕10个月期间已经非常熟悉自己的孩子了。父亲一开始只觉得家里多了一个人，他们清楚自己和这个孩子有血缘关系，但爱的感觉只有随着时间的推移才能慢慢培养出来。"

为了证明照顾孩子的往往是母亲，W女士举了一个例子："我的一个好朋友结婚生了，这对年轻的夫妇讨论了谁应该留在家里，结果当然应该是妻子，尽管妻子的工作非常出色，且已经被提升为一家大型公司的助理副总裁。但是夫妻俩一致认为，丈夫应该在事业上取得成功，在经济上支持家庭，而妻子则要照顾好孩子和家庭，以确保丈夫不因为家庭和孩子分心。"

访谈中引起我注意的是关于婆婆的态度。婆婆似乎经常阻止她的儿子，也就是丈夫来分担家庭责任。S女士和W女士为此还举例来说明这一现象。S女士说："我哥本来帮我嫂嫂晚上起来给孩子喂奶，但被我妈妈阻止了，她让我哥哥睡到另一个房间，说是他白天工作已经很辛苦了，晚上需要好好休息。好在我哥还是难得的顾家，选择了在家工作，带孩子，为此我妈还对我嫂嫂不开心了一阵子。"

当被问及婆婆为什么会有这样的反应时，K女士的回答是："老一辈都是这样的。在她们初为人母时，一是由于经济发展相对缓慢，二是因为社会角色分配，并不是所有的女性都要外出工作，更不会有高要求的工作。另外，因为以前的家庭有好几个孩子，不像我们现在只有一个孩子而且也可以由保姆照顾。我们的母亲们那时的经济条件不允许请帮手，她们自己承担了所有的家庭责任。"S女士补充道："所以在资源有限的情况下，母亲需要自己承担一切家庭责任。"

当我进一步问为什么婆婆不让丈夫来分担家务时，W女士说："丈夫认为做家务是妻子的责任。"李女士回答："他没有耐心，而照顾和教育孩子是绝对需要耐心的。如果丈夫能也愿意学习如何照顾孩子，事情就会好得多。"她的丈夫李先生则跟着说："她很有能力，也可以当个好领导。但好的安排是让丈夫追求事业，经济上支持家庭，而母亲则负责照顾家庭和孩子。"

X先生认为："社会分工是有原因的，女性更适合照顾家庭、孩子。许多诺贝尔奖得主都把他们的成功归功于他们的母亲。"

受访者L认为："这可能与历史有关，因为历史上在家照顾孩子的都是女性，而男性的地位长期以来都处于高位。"

Z女士说："男人对养孩子感到很烦恼，他们认为这是妻子的责任。所以妻子有两份全职工作：在外打工和在家照顾孩子。"她认为这有时会导致夫妻关系紧张。

当被问及在男性、单身女性和母亲中，谁会是最合适的下属时，答案各不相同。王先生选择的顺序是：男人、单身女性和母亲；对于K女士、W女士和S女士来说，三者之间并无区别。对于王先生来说，如果他的其中一个应聘者是一个母亲，他便会看她的孩子多大，因为孩子的年龄可以从某种程度上反映母亲应聘者可以花多少时间和精力在她的工作上。"在现实生活中，我们必须承认母亲要抽出时间照顾孩子，她工作的表现会或多或少受到影响。"

在讨论女性被男性"歧视"的基础上，另一个讨论的话题是：女性主管有时是否对女性下属要求更高。王先生说他确实听到过这样的说法。他解释说："中国有一句古话：男女搭配，干活不累。"女性主管很可能更喜欢男性下属，这可能是出于化学反应。他说不清其中的原因。他认为男人可能不会对下属的性别有倾向性，他更关注候选人的个性、能力等。K女士的观点相对比较正面，她认为："对于我们的上一辈来说，明确的社会分工使得大多数女性找不到工作，因为她们的角色是在家照顾孩子。而我们今天的情况有极大的改善，我们可以雇奶妈和保姆帮助照顾孩子，打理家庭。"

（3）成功的公式是以男性的"优势"为基础。

S女士认为女性之所以被排除在领导地位之外，"并非因为女性无能，更多的是因为这曾经是男性的世界。"

受访者L确认女性成功存在障碍的其中一个原因是女性不喜欢花时间在社交上，而这恰恰又似乎是向上爬的重要手段。她说："我们也需要客观看待问题。如果需要通过社交来帮助你成功，但是你不喜欢它，也不去社交，而你的男性老板或同仁通过社交得到业务发展机会，你便不能抱怨他们比你更成功和得到更好的机会。这是一个是否愿意'付出'的问题，你付出少了，你得到的也就越少。"

K女士也发现："在中国，确实有不少成功女性，但她们的企业都比较小，业务范围也相对较窄。而她们对此也甚为满意。于是我们看到的是，中小企业中有相当多的女性首席执行官，而大多数大公司的首席执行官是男性，因为在大公司这个这岗位需要大量的精力和人脉关系，而这往往是女性的局限/缺点。"

V女士说："男女的生理结构非常不同。社会刻板印象源于这种差异。女性没有必要用男性的方式去获得男人的地位。作为一个女人，我们应该认识到自己的品质。在历史上，男人做了一些事。创造了一些事物，所以他们因此而获得了地位。这样一来显然别无他法：当一个职位出现时，这个职位就会给男人。"

（4）女性的自我约制。

除了以上提到的外部因素，所有的受访者都认为自我约制是阻碍女性晋升的关键原因之一。女性的自我约制具体表现如下：

A. 缺乏动力

陈先生认为，女性的玻璃天花板"与教育无关，更相关的是抱负和动力"。动机影响女性职业生涯性的说法得到了所有其他人的响应。K女士说："女性在事业上没有那么强烈的志向，她经常没有像男性那样明确的职业目标，她对自己的要求往往是把手头的工作做好，而不是追求更高的目标。"她接着说："她们（母亲）可能不认为职业是她唯一应该追求的东西。她们可以从生活的各个方面得到满足、找到幸福和价值体现。而男性只有在实现职业目标时才会感到成功。"

K女士根据自己的经验解释说："这个年龄段（40多岁）的男性在事业上处于上升趋势，而女性则处于下降趋势。我现在正处于这个年龄，我喜欢放松一下，喝个下午茶，和朋友聊聊天，在某种程度上享受生活，而不是光追求事业。"K女士认为女人和男人一样有能力，"但是女人不像男人那样努力为事业奋斗，我们看到更多的男人身居高位，看起来好像不公平，这其实是主观和客观原因造成的。也有很多女人没有努力争取，有时候女人会为了得到别的东西而在职业生涯上让步。"

受访者L认为："这似乎更多的是女性自己做出的选择，如果一个女性没有职业抱负，她会选择待在家里。"她从心理学的角度进一步解释了女性缺乏动力的原因："女性比男性更早看透事物。不是因为能力不足，更多的是动力不足，很多女性没有动力继续追求她们的事业。"她进一步分析道："许多大脑研究表明，男性较少关注自我实现，较少反思。他们专注于一往无前，这使得他们有更多的机会和可能在事业上成功。我和我的老板的对比就非常清楚，如果我遇到一些问题，我会觉得累，无法睡好，有时甚至萌生停止工作而退休的念头。而我的男老板可以比较容易消化问题，他只会不断继续推进。"

对于李女士来说："女人没有那么大的野心，和男人不同，工作不是女人的全部，对女人来说生活中还有很多其他的事情是重要的，比如孩子。如果有选择的话，大多数女性，即使没有孩子，可能也会选择家庭而不是事业。"

V女士同意道："尽管她们在工作上很有能力，但很多女性还是选择留在家里，这是和丈夫商量后做出的决定。"V女士表达了遗憾和感到不公平，因为"当她们（女性）试图重返工作岗位时，会变得非常困难"。

B. 自愿躲在后面

出于各种原因，我们采访的大多数女性都认为，女性站在男性后面支持男性的成功是人之常情。

李女士说："我告诉自己，我应该容忍他（她的丈夫李先生），并帮助他走得更远。我们的社会环境需要母亲们保持自己的母爱和贤妻良母的形象，母亲们要真正完全投身事业是很难的。"

K女士说："男人对事业成功的渴望首先是由社会决定的，也是妻子所期望的。妻子希望丈夫在事业上比自己做得更好。"

李先生认为"女性不太擅长战略"。领导者需要"勇敢和果断，而这些在男性身上体现得更明显。老板是很孤独的，他应该有很强的忍耐力，而女性是比较感性的，所以最好是在提供支持的岗位"。他认为女性更适合居于次要地位或躲在男人后面。

C. 女性的付出型而非获取型的本性

C小姐发现自己内心的束缚阻碍了她的提升："我太在乎别人的感受，他们如何看待我。我是那种乐于付出的人，很少真正关注自己。我现在做的工作是我自己选择的，但最初是出于可以帮助别人的目的，这种帮助的意愿对我来说成了某种程度上的约束。尽管这种帮助他人的意愿长期来看是有价值的，但从短期来看，我可能需要牺牲自己的利益，尤其是经济利益，如果你挣得不够多，你就没有足够的资源，最终会影响你想要实现的目标。"

W女士和K女士都认同母亲的无私付出和包容，她们认为，母性的这种关注他人的特征可能会让母亲疏于照顾自己和关注事业。

D. 生理及体质上的弱点

几乎所有的受访者都表示，即使是现在，对于一个成功的领导者来说，强壮的体力非常重要。

V女士说："女性可能有好的大脑，但缺乏体力和精神力量，这些又恰恰是职业生涯不断上升的关键。"她总结道："生理结构差异导致更多的男性处于高层。"

习惯于用自己经历说事的 K 女士说："我非常同意。以我自己为例，我的生活一半是工作，一半是孩子。孩子们一出生，我的责任就开始了，她们的健康，她们的教育，她们的成长，以及对未来的安排……这是永无止境的旅程。我经常感到非常疲惫。我在 35 岁的时候生下了这对双胞胎，从此以后我每天都在工作和照顾孩子、家庭之间疲于奔命，没有时间考虑职业生涯或者其他事情。"

S 女士同意体力仍然很重要。她说："身居高位者通常需要长时间工作。我的一个朋友在小米工作，他说雷军（小米的 CEO）通常是第一个到办公室，最后一个离开的。"她补充说："智商相近的人拼体力。那些无法维持体力的人会英年早逝。女性通常无法承受如此极端的工作强度。"

S 女士的观点得到了 K 女士的支持："的确，老板的工作强度通常是最大的。最后，耐力才是关键。"

为了更有说服力，V 女士解释说："对女人来说，7 年是一个周期，而男人的周期是 8 年，所以随着时间的推移，男女之间的差距越来越大。"

M 女士补充说："也有生理上的原因，比如更年期，女性可能体质就会较弱。"

受访者 L 也表示了她的认同："男人体力更好，我的男老板已经 62 岁了，比我大近 10 岁，他几乎每天都比我早进公司，晚上下班后他仍然出去应酬。而我一下班便只想回家休息。"

李先生认为男人身体更强壮，因此有承担重任的优势。他说："女性精力不够，可能是因为身体结构的原因，而重要领导通常需要精力充沛，能够承受精神和身体上的压力。"他又说男人"通常体力和精力更充沛，这便允许他们行万里路，见不同的人，他可以找到智者来帮助和支持，使得他有更好的判断力和正确而长远的眼光"。

虽然同意体力很重要，男性在这方面可能有优势，但 V 女士提出了一个有趣的观点："说到母亲，更年期后，女性会经历另一种变化，她们的健康状况一般比同龄男性好。应该给这个年龄段的女性更多的机会，因为她们不用照顾孩子，同时积累了丰富的人生阅历和经验。"

#### 4.3.2.3 来自家庭，特别是母亲的影响

问到家庭是否会影响孩子特别是女儿的心态和她们的未来的人生时，大多数的受访者回答说来自母亲的影响很大。Z女士反馈说自己深受母亲的影响："我的母亲工作努力，对自己要求很高，比我父亲对他自己的要求还高。我的母亲是大专毕业，有明确的目标，她努力工作，成为了学校的一名主管。我的父亲大学毕业，很有才华，但并没有我母亲那样勤奋，但他很幸运，我父亲在事业上得到了更多的机会。我母亲的努力工作给我留下了深刻的印象，影响了我的人生。她经常告诉我：'作为一个女孩，你需要独立，你只能依靠自己。'每当我的母亲和父亲有争执时，母亲常常会这样告诫我。在我还很年轻的时候，我就清楚我想要成为的人：不一定要赚很多钱，但要有能力，朝着我的目标努力。这种能力是很有价值的。我母亲还告诉我，我需要有能力平衡家庭和事业。"Z女士承认，她的父亲也帮助照顾家庭。但她说："从心理角度来看，我母亲对我的影响更大。现在当我也成了一名母亲，有了一些生活经验，我觉得我甚至可以从我的母亲那里体会到更多的智慧，她有很多的人生经历和阅历。她告诉我要宽容。所以，母亲对我的影响更多的是心理上的，而父亲对我的影响更多的是在日常生活方面。"

本研究的访谈内容包含了解父亲、母亲、没有孩子的女性和男性之间的差异，以确定母性领导风格是否更适合当今的企业的成功。

### 4.3.3 母亲型领导与男性、无子女女性领导有区别吗？

对于这个特定的问题，我们的受访者从不同的视角分享了他们的观点。下面是他们提到的男性和女性，母亲和无子女女性之间的主要区别。

#### 4.3.3.1 男人和女人的区别

1. 生理上的区别

V女士说男女两性之间的生理差异与激素分泌有关。这会影响人们的社会心理。

2. 战略，愿景及执行

我们的大多数受访者认为男性善于战略但逊于执行。

K女士说："男性的视野和目标感通常很好，但执行力不如女性。"她接着

说："对于我这样的女性（母亲）来说，一旦方向被确定了，我就可以有效执行。"她进一步解释说："我既不擅长处理宏大的愿景、方向，也不擅长处理顶层战略，所以我把这些事情留给董事长，他是男性，更擅长这些事情。我很乐意负责执行的细节。在我公司目前的这个发展阶段，如果让一个母亲来制订战略，我认为这是行不通的。男人雄心勃勃，不断寻找前行的目标，这促使他们看得更远，想得更大，让他们有远见和战略思维。而母亲们有其他的事情要想而且以此得到满足，例如，带大自己的孩子使他成功，所以她们的时间更少花在关心和想职业的大事情上。"

V女士也承认："我个人认为，如果没有良好的培训，女性的战略眼光是非常局限的，她们一般不够擅长策略，但她们更擅长执行。"

李先生也认同男人更懂策略，而女人更善于执行，因为"男人有不同的社交圈。以我自己为例，这些年，我不断提高自己的能力，能看得更远，想得更深。这得益于三个方面：① 旅行和接触更多的人，从而可以了解更多的事情和接触更多或成功或失败的案例，使自己见更大的世面；② 大量阅读；③ 让智者来指导和支持我。这些都让我有了更好的判断力和正确的眼光。男人在宏观上更优秀，他们的整体视野伴随他们的勇敢和果断。女性善于微观和细节过程。领导需要坚忍不拔，需要远见，这更适合男性。而对于女性来说，她们可能缺乏上面提到的三个方面，因为她们专注于家务，花更多的时间在家里，这在某种程度上阻止了她们有足够的时间去旅行，去学习，去寻找智者的帮助。女性优在执行。"

李女士认为："时间限制和社会角色分配是阻碍女性具有战略眼光和远见的因素。按'男主外，女主内'的传统，男人的任务就是外向的，去了解外面的广阔世界，要有远见，有战略思维。女人则偶于家中，整天忙于照顾孩子和家庭，她不需要有广阔视野，事实上她们也没有时间去看家庭以外的其他事情。"她进一步补充道："如果你需要远见和洞察力，你就需要看外面的世界，而对女人来说，她们几乎没有时间看世界。"

李先生认为女性"天生地"缺乏战略眼光。"在中国历史上我们很少看到女性领导人。"

虽然不断强调男人有更好的战略眼光，李先生同时承认自己的执行力很差,而她(太太李女士)的执行力很强。"我是董事长,我决定战略,我的妻子是总经理,她负责执行。女性,尤其是母亲有更强的执行力。在大多数家庭中,母亲是真正的指挥者,她决定家中的一切,丈夫和孩子都得听从她的决定:吃什么,穿什么等,她在家庭中扮演着天然的领导者的角色。母亲在对孩子的教育上往往要求更高、意志更坚定,这是一种执行力:她说一不二。遗憾的是,虽然有这样优秀的执行力,母亲们在工作中并没有被给予足够的平台。"

V女士认为,"每件事都有两面性。我们不能简单地把它定义为优点或缺点,我们应该根据环境来决定。没有相关及良好的培训的女性,会显得缺乏战略能力,但从执行层面来看,女性更显优势。从战略的角度来看,什么是重要的因素?是开阔的视野和宽广的心胸。我相信女人比男人思想更开放。不管你读了多少书,走了多少路,战略或者愿景都不会自动形成。同样的海、同样的天在男人和女人的眼里看出来并不一样,甚至截然不同,这是因为男人和女人对事物的看法不同。或许没人能解释清楚为什么,但从生理学上讲,就是存在这差别。男人和女人的注意力是不同的,按比例来说,更多的男人比女人更有策略。"她的观点得到了K女士的赞同。

然而,V女士强调:"我们确实看到了女人的弱点,她们注重过程,极少关注最终结果,而男人通常有远见,知道期望的是什么,他知道未来(结果)会是什么样子。"

3. 沟通和建立关系网

大多数受访者认为女性领导最突出的特点是沟通能力。从孩子出生起,母亲就需要与孩子进行高效、频繁的沟通,即使孩子不会说话,母亲也已经能够与孩子沟通,让孩子平静下来,这对父亲来说是一个太过艰巨的任务。母亲的伟大之处在于她在与孩子沟通时的耐心和不知疲倦,这最终可以成为母性领导者的一个非常强大的优势。

李女士及其他大多数受访者认为男性喜欢通过社交来建立自己的关系网,这有利于在工作中获取资源和得到帮助。

V女士认为,男人和女人都擅长交际,虽然性质不同。母亲的交际大多是是为了孩子,而男人的交际是为了自己的事业成功。她说:"母亲常花费所有的努力和沟通技能为孩子寻找合适的学校,好的课后辅导,建立与学校老师、学生家长的联系。当然，建立这样的关系网比在工作和业务上的关系网的建立要相对简单，因为没有什么利益冲突。"

K女士认为男人和女人是互补的。"男人擅长的社交常意味着喝酒吃饭，而这些通常是女人不喜欢的。"

4. 女性的忍耐力和学习能力

大多数女性受访者都认为韧性是女性的另一个显著特征。K女士和S女士都认为女性的韧性远强于男性，"尤其是在面临危机的时候，女人会尽一切努力维系家庭，即使她需要从垃圾箱里捡食物，而男人往往无法承受严重的危机。"她们还说，"女人可以相对轻松地接受人生的起伏、成功和失败，而男人不能。"

V女士和K女士以照顾孩子为典型例子，强调了女性极强的学习能力。V女士说："照顾孩子并不容易，这是一个学习新东西的过程，因为没有标准。从这个角度来看，我们可以说母亲有很强的学习能力。"K女士把怀孕和照顾孩子的过程比喻为游戏里的升级打怪："她（母亲）不知道下一步等着她的是什么，她必须继续战斗，熬过去，因为我们别无选择。当问题来临时，你解决它，做你今天能做的一切，这就足够了。"当涉及工作时，K女士提出了这样的建议："机会和解决方案总是有的，所以我们鼓励女性在工作中拥有类似的升级打怪心态，不要想太多，试着在工作中解决问题。"

但李先生认为，男人更善于承受身体上和精神上的双重压力。他说："老板是很孤独的，他应该有很强的忍耐力，而女性相对感性，所以更适合在支持的职位。"

5. 情感流露及感性

我们的受访者认为女性更容易表达情感，分享自己的感受。

W女士说，男性通常不分享他的感觉或者羞于让别人知道自己面临的困难，而女性则会分享这方面的感受。"我们表现出自己的脆弱和弱点，然后继续前进，但男人直到他东山再起才会分享以前的困难和奋斗经历。"

K女士也证实："母亲的情感更加丰富……作为一个母亲，我们把安全和保障放在首位。而男人则比较有逻辑，这就是为什么男人觉得女人太啰唆，而女人觉得男人太冷血。撇开情感方面，男人可以自由地想得更远。女性过于敏感和理智，往往显得不够果断和缺乏战略眼光。换句话说，女性对内部事务敏感，而男性对外部事务敏感。"

V女士认为女性的感性很有用，她说："女性的感性帮助她们了解公司内部的情况，这对决策很重要。""女性的出众之处在于她的敏感度。在一家公司里，女性可以感觉到哪些方面进展顺利，哪里出了差错。如果经过一定的战略能力训练，女性可以成为比男性更好的领导者。"

6. 牺牲精神，包容性和责任感

女性受访者认为女性比男性更明显的特点就是无私和负责任。

S女士说："女性有更强的责任感。当你有了孩子，你在家里有了更多的责任，另外，你花在其他方面的时间和精力就会相对减少。但孩子和家庭责任在男性身上的压力相对较小，所以他的整个市场价值不会因孩子及家庭受到影响，相反当他有家庭、妻子和孩子时，可能会得到更多的增值。从另一个角度来看他的生活因此更充实。"

C小姐和K女士都喜欢帮助别人，K女士说："我真的很喜欢分享和奉献，我需要擅长时间管理，处理冲突；并且感觉保护我的团队是很自然的事，就像我保护我的孩子一样。""对我来说，分享或自我牺牲很容易，付出对于我是正常而自然的。这也有助于我在职场生存。"

W女士进一步补充道："对于男性领导者来说，关键是要有人来完成任务，而对于女性领导者来说，她有感情，她想要训练、培育和帮助她的团队成员。女性有很强的团队精神，她会尽自己最大的努力建立团队，帮助团队成长。我的前女老板对我们要求很高，但你知道这是为了你好。当她说'授权'，那是真的授权。"

李女士对此作了解释："一个母亲不可能抛弃她的孩子，对于孩子，她需要足够的耐心、宽容，同时要'胡萝卜加大棒'。"

李先生附和他的妻子（李女士）道："母亲永远不会放弃她的孩子，也不会轻易放弃她的团队和员工，而这恰恰是男性领导所缺乏的。如果员工不达成业绩，我们就会让他们离开。回到家庭中，母亲永远不会抛弃自己的孩子，她会尽最大努力确保孩子在爱和关怀下成长。母亲型领导者非常特殊的母爱赋予了她们与众不同的韧性魅力，她们永不言弃，这是男性领导者所缺乏的。有了这样的母爱，她们可以留住队友，把他们团结在一起。另外，能与婆婆相处融洽的母亲，也会有能力经营好一家公司，因为这种婆婆和媳妇的关系是非常微妙的，只有具备良好的情商的媳妇才能与婆婆融洽相处。得益于抚育孩子过程中形成的习惯及经验，母亲在与难相处的人打交道时常表现出良好的技巧。社会关系的处理能力往往可以通过训练而提升，领导特质也可以通过训练而得到培养。"

在助人和包容方面，女性更注重细节和以人为本，如S女士所说，"女性比男性更精于细节，更善于观察"。

王先生也提到："女性领导更注重细节，她们可以照顾到男性领导忽略的领域。尤其是母亲们，她们可以表现得很温柔，善于从员工的角度来看待问题。"

W女士和K女士认为，对一个男人来说，每件事、每个人都是他往上爬的工具。

V女士倾向于认为生理性和生活、社会因素互相融合造成了男人的掠夺性和女人的包容性。

7. 欲望和野心

当我们谈到玻璃天花板的原因时，受访者的反馈是女性缺乏野心，在大多数时候，女性很容易从孩子、家庭和其他事情上得到满足。相反，男人表现出更多的野心和渴望在事业上获得成功。

S女士说："男人想要大的东西。他不会满足于做好本职工作，他有一个更大的目标。他的执行力也不错。但是，通过他现在所做的事情，他会看到一个未来的目标，知道下一个目标是什么。他现在所做的只是未来的一步。女人并不用同样方式看待她的工作，她专注于把手头的工作处理得当，然后她可能自然而然地得到提升，她也有可能因为上级领导慧眼识珠，看到了她的能力和努力而升职加薪。所以女人的职业发展更源于自然发生，而不同于男人的精心策划。"

V女士分析道："从心理学的角度来看，一个人最深层的需求是爱和尊重。女人比男人更容易获得满足，有时候，她因为有了一个孩子而感到幸福，而对于男人来说光有孩子是不够的，他有更多的需要，他需要来自家庭外的东西让他感觉满足：社会地位、职位、财富等。这些才有可能让他感到爱和尊重。"

K女士解释说："男人从很小的时候就被教育要在社会上成功，他需要有面子。幸福的家庭生活对一个男人来说不是成功的标志，这是社会准则。没有人会告诉一个女人她的成功取决于她的事业成功。所以，女人很容易满足。女人把时间和精力花在解决问题上，而不是费尽心机抓住升职的机会，因为女人往往没有也不需要这样的野心。

8. 自吹自擂、爱面子的男人

焦点访谈者们提到的一个有趣的现象是男人常常非常看重"面子"，他们可以轻易地自吹自擂。

W女士表示同意，她说男人通常都是说大话的。V女士也认为男人喜欢夸夸其谈，但她没有消极地看待这一点，因为她认为"男人的夸夸其谈有可能让人感觉有影响力和说服力"。

S女士和K女士也认为男人不仅追求面子，而且太在乎面子。

9. 男人回避复杂性冲突，女人更可靠

焦点访谈的所有受访者都认为男性常回避冲突。

K女士道："在我的公司，只要有客户投诉，男性业务主管就会采取简单的方法，要求他的团队成员避免与客户交谈，而这最终往往导致客户更激烈的反应。当需要与客户沟通时，男性主管通常会躲在女同事或女性下属的后面，让她们去直接面对客户，并解决问题。"

W女士也认为男性无法处理复杂的问题。

K女士说，男性不仅不能处理复杂的事情，他们往往也不在乎。

S女士觉得女性能够处理各种矛盾。她进一步解释说："一个家庭的幸福取决于母亲，母亲的智慧越大，这个家庭就越幸福。这是因为母亲可以处理各种冲突，在家里通常没有黑与白，对与错之分，女人/母亲通常是用同理心处理各种情况。回到社会，情况也并无二致。以投诉处理为例，这是关于处理冲突的，女人肯定比男人能做得更好，因为男人就是不善于处理矛盾和冲突。"

K女士认为，女人比男人更可靠、更负责任。她的观点得到了焦点访谈其他受访者的支持。

10. 善于自我反省是女人的特点

C女士说:"我经常注意到,男人很容易把原因归结于外部环境或其他人,这样做,他们就可以保护自己。女性很容易自我攻击。我的内疚和悔恨对我自己很有害,我自己的精力和自尊也因此而减少。"

#### 4.3.3.2 无生育经验的女性与母亲的区别

受访者说,他们并没有看到单身男人和父亲有什么实质性的区别,但他们确认无生育经验的女性与母亲是大不相同的。

Z女士述说了她自己的经历:"以前我真的不了解妈妈们,不了解她们在工作中的行为和态度,我觉得她们太松散,不够果断。但是现在,当我自己也成为了一个母亲,我可以完全理解她们。当我成为了母亲,我有更多的同理心和宽容度,这实际上对我的日常管理很有帮助。例如,我更善于谈判。之前,我和我丈夫的关系并不好,我甚至打算在生完孩子后与他离婚。我们有了儿子后情况就好转了。我看问题的角度很不一样了。大自然真的很神奇,它突然就给了你一个小生命,通过共同照顾我们的儿子,我们的关系大大改善了。"

王先生也认为无生育经验的女性和母亲是有区别的:"我觉得她们在职业上的表现是不同的,母亲和无生育经验的女性的区别很大……我能感觉到无生育经验的女性和已婚已育女性的明显区别,她们在发挥团队敬业度及参与度上所展现的情商是不同的。这不是歧视,而是我真正的感觉,无生育经验的女性相对刻板、直接、强硬,因为她可能不容易站在别人的立场上看问题。母亲就不一样了。我见过很多这样的例子:一个曾经强硬的单身女人,当了母亲后,会有很大的变化,变得越来越温柔,站在别人的角度想问题也变得容易了。她现在可以很容易地理解为什么她的同事或下属会这样回应,为什么他们会这样做。她知道如何从别人的角度考虑问题。"他进一步解释说:"由于她的怀孕经历,在做了母亲之后,她要经历整个漫长的养育孩子的过程,她变得宽容和耐心,尤其是宽容。所以就我个人而言,我很喜欢并欢迎母亲们重返职场。作为一个男人,我不介意她们成为我的上司、同事或下属。因为在工作中,我个人觉得最后获胜的因素不再是智商,而是情商。因为在社会上,到一定级别时,谁也不比谁更聪明一点,尽管在科技金融界可能需要那些数理化特别厉害的,但一般来说,我觉得谁都不会比谁更聪明,也不会比谁更笨。其实拼的是

EQ，归根到底我觉得 EQ 就很重要，这是我的感受。"

Z 女士进一步解释了做母亲是如何让一个女人拥有一颗更大的心的："一旦你克服了所有那些艰难的时光和经历，女人就会成为一个拥有'大心'的新人。随着时间的推移，母亲会变得更加宽容和耐心。"在成为母亲之前，你把自己放在首位，然后可能是你的父母；但当你成为了母亲，你把你的孩子，你的丈夫，双方的父母，整个家庭放在心里，所以你的心更大了。表面上你可能会失去一些东西，但实际上你会得到很多，特别是当你 40 岁、50 岁的时候，你会变得更有能力，你会变得非常强大。"

V 女士说："从生理学的角度来看，母亲和无生育经验的女性是有区别的。胎儿是有掠夺性的。母亲需要和胎儿分享一切。当胎儿离开母体，母亲恢复自我的过程伴随非常强烈的荷尔蒙反应。所以，母亲在生理和心理上都需要经历非常大的变化，这种变化甚至痛苦是男性和非母亲的女性没有经历且都无法想象的。所以，从怀孕的一开始，母亲就开始被"掠夺"，这使得母亲非常有韧性。当涉及社会地位，或者面对机会时，母亲不会太主动，她通常站在原地，等待机会来临时，她才会挺身而出。"

尽管没有怀孕和照顾孩子的经验，V 女士还是用她朋友的例子来证实无生育经验的女性和母亲的区别："我朋友有产后抑郁症。首先，这是一个非常艰难的时期，她需要丈夫的支持，她也需要自己克服困难。男人永远不会经历这个过程——一个全面战胜自己的过程，这是极其困难的。其次，我们必须承认，如果一个人能够战胜自己，在身体上和精神上脱胎换骨，并在职业生涯中取得成功，就非常强大。女人怀孕是伴随着荷尔蒙的变化的，一旦宝宝离开她的身体，两个人重新回到一个人，这是新一轮的转变，这一切都需要非常强的自制力，这种超强的自制力在事业上也是很宝贵的；最后，母亲有超强的学习能力，她之前没有过任何相关的经验，如何处理怀孕，如何生产，如何喂养婴儿，如何照顾孩子的成长和变化，如何教育孩子……所有这些都是新的。为了孩子的幸福，母亲花费了所有的努力去交流、寻找和建立各种关系，这些通过孕育孩子而建立起来的能力是不可替代的，这让母亲变得非常不同寻常。"

李先生也认为"无生育经验的女性和母亲是有区别的。母亲比无生育经验的女性有更多的耐心和更强的忍耐力。照顾和管理孩子需要很大的耐心和弹性。没有教材,也没有人能给一个公式告诉母亲如何抚养每一个独一无二的孩子。如果一个女人能管理好她一个心智可能不成熟,行为也不一定合适的孩子,她就应该能够管理一个团队,一个公司。对于有两个或两个以上孩子的母亲来说,管理一个团队,一个公司的可行性就更大了。"

当了妈妈后,李女士发现自己变了很多。她说:"和我有儿子之前相比,我发现自己更有耐心,处理人际关系也更熟练,他(李先生,她的丈夫)的压力很大,我来公司可以帮他收拾他留下的烂摊子,因为他很容易沮丧和失去耐心。"李先生同意妻子的观点,他说:"和人打交道不容易,我觉得她(他的妻子)在这个方面做得好得多。我们是在私募股权行业,有相当多的女性高管表现得非常好。她们大多已结婚生子。""这是因为当母亲被赋予一项任务或一个职位时,她会感受到责任而全力以赴做好。"李女士解释道。

受访者 L 分享了她对无生育经验的女性和母亲之间的差异的看法,她说:"我确实注意到,母亲的女性特征更强,与男性和无生育经验的女性相比,母亲更有合作精神,更有同情心,更有爱心,更善于倾听。"

在由 5 位来自不同背景的女性组成的焦点访谈中得出的结论也是,母亲型领导者通过怀孕,照顾孩子、丈夫、甚至公婆而造就了不同的特质。她们还指出,孩子对母亲的依赖要比对父亲的依赖强得多,这可能是由于数月不间断的母乳喂养带来的,更不用说 10 月怀胎使得母亲和孩子之间产生了非常强烈的感情依恋。如上面所提到过的 V 女士非常有趣的观点:从怀孕开始,孩子就有掠夺性,因为母亲吃的所有东西都必须分享给胎儿,甚至可能优先给胎儿吃。这给母亲在生理和心理上都带来了巨大的变化,她从怀孕的那一刻起就被"剥夺"了。经历过怀孕和分娩的妇女必须获得一种非常不同的、额外的心理能力。V 女士由此得出结论,经历了如此巨大的"痛苦"和"变化"的女性,在社会地位问题上,或者在机会面前,她们的反应很可能会大不相同,她们不会急于求成,而是会等待,等待机会的到来。

一些受访者也指出,母亲有更好的时间和精力管理能力,且善于自我反省。

我们对受访者提出的下一个问题是关于领导标准的。本研究希望了解母亲型领袖以她特有的魅力是否可以在当今世界中更有所作为。

### 4.3.4 最重要的领导标准是什么？母亲型领导在当今社会有什么优势

王先生认为"一个受人尊敬的领导者可以在需要的时候对他的队友严厉，但他仍然会因为他的公平而受到队友的尊重"。他认为好的领导包括以下几个方面："第一点，我觉得是要以身作则，敢于担当……当他做得越大，其实他的以身作则的责任越强，他要对整个事情负责任。而不是出了事情以后，把下属当'炮灰'，这个是不能接受的，所以他越是有勇气承担责任，我觉得越容易受到相应的尊重。第二点，我觉得作为一个伟大的领导者，他的战略要清楚，将军和元帅如果脑子一锅粥的话，会把下面士兵给累死，所以我觉得他的 strategy（策略）要很清楚，指挥棒指到合适的方向，然后大家往这个方向齐心去走。第三点，我觉得他应该要 engage people（让团队能充分地参与且敬业）。我们讲 engage people，还真不是讲甜话讲好话，哄员工开心，纯粹拿物质的条件去给这些人。受人尊重的领导，他有时候对员工很严厉，该批评的批评，但是员工还是很尊重他，我觉得这是因为公正，你对员工很公正，赏罚分明。我觉得 engage people 应该包括一点，就是站在他的角度考虑问题。我个人觉得一个 leader（领导者）当然还需具备其他要素，但我觉得掌握这三条，一般都是能够成功的。"王先生认为"在以身作则，敢于担当方面没有性别差异；但女性领导在提高员工敬业度等相关方面则有优势；在战略思维方面，男性似乎表现得更好"。他说："我确实认为，总的来说，男人在战略思考方面更强一些，尽管我不知道为什么。策略能力可以是天生的，也可以是后天获得的。它要求人们看得更多，经历得更多，所以他可以站得高，看得远。我确实注意到，在这方面，男性比女性更强大。"

王先生关于战略思维的重要性的判断几乎得到了所有受访者的认同。一个领导者应该具有战略思考能力，能够给出明确的方向，能够按照设计好的战略和方向建立组织结构，带领团队执行。我们的受访者提到的其他标准如下。

1. 意愿及意志力

Z 女士认为意愿及意志力是成功的关键，因为"大多数人都没有坚持到最后，他们很容易中途放弃"，她建议女性应该"有强烈的意愿及意志力在众多男性中胜出"。

2. 理性和逻辑

K女士说:"我们需要男人来负责那些需要理性和逻辑的项目,而服务大多是由更注重细节的女性来主管的。事实上,我们注意到男性在从事服务行业一段时间后会变得'女性化'。"

3. 善用资源

K女士说,"领导者善于利用各种资源。"他不需要万事皆精或是一个多面手,相反,他应该能够领导和管理团队,让自己的团队成员利用可以利用的资源来补己之短。

4. 情商与魅力

李先生认为:"今天的领导力要求与10年、20年前不同,你需要很强的管理能力和领导能力,主要是有良好的情商。管理有两个方面,一个是从运营的角度,另一个是从人员管理的角度。第一件事并不难,第二件事却比较复杂,特别是随着公司的发展,更多的人为你工作,组织结构更加复杂,这需要不断提高人员的管理能力。"

V女士也表示,情商对于领导力非常重要,她以乔布斯为例:"他的情商非常强,能够最大限度地激励他非常优秀的团队。"她认为情商高的领导者知道如何影响、激励团队走向极致。

S女士和李女士也一致认为情商和个人魅力在当今的领导力中扮演着重要的角色。对于李女士来说,"魅力是一种个人特质,他/她的行为方式让人们感到舒适和有价值,人们会被吸引去追随他/她"。

当被问及母亲是否比男性和无生育经验的女性更有魅力时,受访者L说魅力没有性别区别。"当然这和母性特征更接近,"她又说,"讲到如今需要的领导特质,实际上我同意很多领导特质和母亲特质非常接近。"

受访者提到的其他领导力标准是:关心他人、注重细节、有创造力等。

向受访者提出的最后一个问题是:人们是否应该采取行动来提高女性领导者的职业生涯上升机会,以及人们可以采取什么行动。

### 4.3.5 我们是否应该采取行动提高女性领导者的职业上升机会

被采访的每个人都同意：只有不到5%的女性CEO在《财富》世界500强企业中，这比例实在是太少，而理想的话应该有一半是女性，或者至少应该有30%。在这个社会里，至少思想上和理论上的性别平等已被广泛接受，女性外出挣钱和追求职业生涯已是极其正常的事情。X先生说："如果我妻子上班挣钱，我没任何问题。因为我有自己的事业。她赚钱越多，对我来说越好，这样我就可以专注于我的研究，而不是为养家糊口而疲于奔命。"

话虽如此，但我们必须承认，现代社会距离真正的性别平等还很遥远。女性，尤其是母亲们，徒有能力，仍常常被拒上升，无法发挥她们的能力。因此有一个问题必须被提出来：让更多的母亲型领导来主持大局是否有益于社会？人们是否应该采取一些措施来改变现状？

1.更多的母亲型领导来主持大局是否有益于社会

王先生认为："随着更多的女性进入高层，她们将为其他有潜力的女性提供更多的机会，这些女性也在心理上准备好了接受挑战和承担责任。当我们做到了这一点，我们可以改变文化及习俗，人们就不会理所当然地让女性呆在家里，对于极少数女性在高层的现象保持沉默。非常有趣的例子是华尔街的印度首席执行官们，华尔街只要有一个印度首席执行官，更多的印度人就会被引荐来获得机会并担任高级领导职位。"

李先生看待这件事的角度非常不同："这是好事，也是坏事。正如我们所注意到的，随着更多的女性处于高层，离婚率也会上升。在发达国家也是如此，大多数离婚夫妇中，女方都有中等或较高的社会地位。一般来说，当女性事业发展时，她的收入会增加，收入和女性的离婚率可能存在相关性。"尽管如此，李先生还是同意："一个公司应该由不同综合素质的人组成。技术和科学领域通常男性较多，而市场营销和人力资源则有不少的女性主管。在一个公司里，我们需要男女结合。一个没有或只有很少女性的团队通常表现不会太好，因为女性的存在可以避免一些极端的观点和决策。"

Z女士说，她认识很多有能力的高层女性，尽管这样的女性仍然很少。

"但我们需要承认的是，总的来说，女性的力量在增加，这是因为她们意识到解放自己思想的重要性，她们不需要依赖男人；今天的女性知识渊博程度不亚于男性。事实上，我认识的不少女性比她们的丈夫更有能力，更优秀。我们也很欣喜地看到开始有一些丈夫接受在家里带孩子，这种现象在妻子挣钱更多的家庭更加明显。"

2. 我们是否应该采取一些措施来改变现状，取得领导岗位的性别平等

如果让更多的女性/母亲担任领导角色是有益的，那么下一个问题是"我们应该采取一些什么行动来促成更多的女性/母亲担任领导角色？"来自受访者的答案各不相同，有人说需要，有人说不需要。让我们看看下面的答案。

受访者 L 提出了一个非常有趣的观点："如果这件事不能被学习和复制，那么激励、鼓励母亲担任高级职位意义不大。这项研究只有被学习和可复制，才是有价值的。"受访者 L 认为："所谓的最佳选择实际上取决于每个人，如果那个人在家里真的感觉更快乐，那么她不需要成为《财富》世界 500 强企业的首席执行官，除非她有这样的雄心。对她来说，这更多的是个人的选择，有抱负的女性不会让步或放弃，所以重要的是在制度中没有歧视，不应该区分性别。"

Z 女士觉得这项研究很有意义。她说："女性领导者如此之少的原因，主要是因为女性自身缺乏自信，其次是社会和历史遗留问题。但我认为，女性应该发挥关键作用，并采取行动来改变这种状况。"

V 女士、W 女士和 K 女士发现，真正的平等是不可能的。"这可能并不意味着平等，而是意味着妥协和相互支持。"W 女士说。她仍然认为，如果一个社会能够真正实现性别平等，那么这是一件很棒的事情，尽管她和其他人对此持怀疑态度。

W 女士认为，重要的不是平等，而是补充和妥协。

对于 K 女士来说，"平衡或平等并不意味着男女之间的比较，更多的是与自己的比较。如果我实现了我想要的，那我就没事了。"K 女士说："每个人都做适合自己的事情。平等不应该是男人和女人，而是我和我自己。"我是否处于自己满意的级别或者地位？一个女人可能不会取得和男人同样的成功，但她可能会对她从家里或其他地方得到的东西感到非常满意。

V 女士发现平等是不可能的，至少不是纯粹的平等。对她来说，"现实中，男人和女人已经是社会的一种平衡。所以，平等是相对的，不可以用数值来衡量，因为它不现实。真正重要的是效率，不幸的是，平等不会带来效率。效率背后不仅是效用，有时候，正是所谓的不平等带来了效率，而效率才是推动社会进化的东西。"她认为，通过讨论和协调实现的平衡就是平等。

V 女士说："当人们感受到不公平对待时，他们会大声疾呼，如果这是家庭讨论和决定的结果，那么这是一种平衡/和谐的情况。"

K 女士认为性别差异带来了角色的区别，社会需要不同的角色，就像家庭一样。一个家庭不可能由两个相同的人组成，同样的情况也适用于一个公司，一个团队如果由相同的团队成员组成，就不会有最好的表现。

受访者 L 继续提出了很好的问题："当我们要求采取行动来促进女性的成功时，人们就会问，是否也应该采取行动来让男性获得成功？为什么我们要区分男人或女人，我们可能需要问：我们可以做些什么来帮助那些优秀、有才华的人取得成功呢？"

考虑到本研究目前的研究重点是母亲领导者，所以将把其他性别留到未来的研究。《财富》500 强的美国企业中，5% 的女性 CEO 太少了，这是一个共识，因此我们试图探索一些可能的措施来提高女性 CEO 的比例。

3. 帮助母亲型领导者成功的可能的行动

Z 女士认为，这首先是一个机会问题，她说："我们经常看到一些公司明确表示，特定类型的工作或职位只招聘男性。""我们需要帮助她们。"Z 女士说，"新手妈妈刚生完孩子初期无法从事高压或艰苦的工作，因为她们身体上和心理上仍然处于疲软阶段，如果公司或社会可以提供一些指导或培训帮助她们计划其日常工作和未来的职业，对于那些需要帮助和支持的人来说，这是一个新的开始。这可能是她生命中的最低点，尽管她仍然有知识和能力，她的精神和身体状况都处于非常低的水平，有时甚至伴随产后抑郁症，如果我们能有一些组织、协会来陪她度过这个新的和艰难的时期，那就太好了。有的母亲做过剖宫产和侧位手术，她们的恢复不好，又需要母乳喂养，这往往导致乳头破裂，这样的疼痛是无法表达的，由于缺乏睡眠和休息，抑郁的情况并不少见。不幸的是，许多丈夫无法提供这样的陪伴，因为他们不知道如何做或没有感觉这种强烈的需要，有时丈夫甚至可能'挑战'妻子：为什么对你来说这么困难，而其他母亲都在做这些？"

Z女士的一个朋友拥有哈尔滨工业大学的硕士学位，曾经有一份非常体面的工作。在40岁时，她的婆婆和丈夫说服她怀第二个孩子，然后她在家里照顾她的第二个孩子到14岁，她现在想回去工作，但不能找到合适的，因为她已经离开了职业领域太久，她现在50多岁，所以她为了家庭，为了深爱的丈夫"牺牲"了自己，当然，这是她自己的选择，她感到很无力。从宏观上看，社会在她身上"投资"了这么多，她却没有发挥自己的能力为社会服务，这是一种真正的浪费（照顾孩子当然是一种贡献，但她可以做更多）。

Z女士建议："我们应该教育女性要独立，不要幻想依靠男人。我们应该鼓励她们成为自己。"

其他受访者还提出了许多其他建议或可能的行动。

A. 不害怕失败

K女士说："女人有很多顾虑，是因为她害怕失败。虽然在抚养孩子成长的过程中，她从不考虑也从不害怕失败，但在工作中，她经常担心失败。我们可以鼓励她们不要害怕，只要尽力去完成工作。许多女性都有很强的责任感，也有很大的弹性，最明显的就体现在她们在照顾孩子的过程中，尽管她们自己往往没有意识到，为了抚育孩子，她实际上忽视了失败，因为失败并不可怕，她有很强的目标来抚养孩子。"

我们确实在受访者身上感到了一些乐观，她们倾向于相信，下一代女性已经意识到要站出来并发挥自己的作用。让我们看看他们说了什么：

D女士认为，没有必要要求下一代如何行动。她的观点得到了K女士的赞同，她说："对于下一代来说，答案已经不同了，也许没有必要呼吁采取行动，对于年轻一代来说，事情自然会不同。对下一代来说，性别差异将非常有限。想象一下，随着生物技术的快速发展，生育甚至可能变成非女性的。"这似乎引起了W女士的共鸣，她说："生育最终可能成为一种工作，甚至可以由机器来完成。"

B. 提倡、号召信心和行动

K女士建议："通过宣传一些生活案例，来证明女性可以事业有成。在现实中,许多女性相对缺乏自信,或者她们只是没有意识到自己可以做得更好,所以我们可以提供一些好的现实例子来激励她们。"

V女士还建议"呼吁信心和行动"。"如果你能号召女性为自己的梦想、欲望而奋斗,尤其是那些缺乏自信的女性,这将是有意义的。"

K女士发现,本研究"对那些考虑重返职场的人有好处,还有,对于那些对结婚、生孩子有顾虑,对如何抚育孩子长大后有困惑的人,这将帮助她们理解,情况并没有那么困难,你可以做到,甚至连你自己都没有意识到自己拥有巨大的潜力。"

C.给母亲更多的机会

当被问及社会是否应该给有能力的女性更多的机会时,X先生说:"在一个理想的社会里,我们可以朝这个方向走:给每个人更多的机会,自由选择,尊重每个人自己的选择。"

C先生说,他自己的公司里有不少女性高管:"我的人力资源主管、首席财务官和三个供应链主管都是女性。很明显,如果女性真的想要的话,她们是可以表现得很好的。"

V女士说:"说到母亲,在更年期后,女性经历了另一种变化,她们的健康状况一般比同龄的男性好。最好能给这个年龄的妇女更多的机会,她们没有了照顾孩童的负担,并积累了良好的经验。"

D.让丈夫分担照顾孩子和家务的责任

我们的受访者在谈到谁应该照顾孩子和家庭责任时都很客观。

V女士认为,一个家庭如果不够富裕,无法使用外部资源,就需要有一个人(丈夫或妻子)做出牺牲。

而K女士似乎不同意V女士的观点,她说:"我不认为这是一种牺牲,这是讨论的结果,对家庭来说最好的解决方案通常是由母亲来照顾孩子。"这个解决方案是妥协的结果。只有当许多女性意识到这样的解决方案不是最好的,或者有很大的问题,并成为一个社会问题,我们才能期待改变。"

D女士认为,如果女人挣得多,男人有时别无选择,只能留在家里。

W女士也认为挣得少的人应该待在家里,但现实中男人总是要求女人待在家里,男人即使挣得少,也"不高兴"负责家务和照顾孩子。李先生认为,

"如果我被要求负担家务,我宁愿把它外包出去。"

问题是,为什么丈夫不做家务?

C小姐说:"有时候,妻子会给自己和丈夫施加太多的约束:在照顾孩子和家庭责任方面,她们会给丈夫一长串的'不'。妻子们经常批评丈夫的相关'表现'。如果我们在丈夫照顾孩子和承担家庭责任时,给他更多的自由,给予鼓励和认可,那就会更有效。"

她的观点反映了K女士所说的:"我丈夫确实提供了帮助和支持。但是他照顾孩子的方式和一个母亲是不同的。丈夫没有用'心'去做,他去学校接孩子,只像是一个司机完成他的任务。而母亲会用心照顾她的家庭和孩子。"

W女士、K女士和李女士一致认为,她们应该对丈夫在照顾孩子和家务方面的"表现"更加宽容,从而让自己有更多的时间从事自己的爱好或事业。

W女士提供了一个父亲照顾孩子的有趣的生活例子:"我的侄子由我哥哥照顾。他主要是受我哥哥的影响,我哥哥40多岁才有了儿子,他快要退休了,所以决定留在家里,一边照顾儿子,一边在家里做一些股票交易,而他的妻子则外出工作,他对这样的安排感到很舒服。但另一方面,他则希望自己的儿子能走出去,在社会上取得成功。"

X先生很高兴他的妻子能比他赚得多,这样他就可以留在家里(虽然他没有说要照顾孩子和家庭责任),他说:"我不介意,我有自己的事业。如果她比我好,这对我来说将是一件好事,因为我可以更少地忙于赚钱,将有更多的时间做我的研究。我是这样的人,不喜欢外出和社交,CEO不是我喜欢的角色,我喜欢待在角落里看书。不幸的是,我不是出生在一个富裕的家庭——可以为我提供更多的机会,甚至有助于我的研究。我出身贫寒,需要努力工作来养活自己的家庭和支持我的父母。我没有太多时间做研究。有些人是天才,但如果没有时间,他将不会取得伟大的成就。学术繁荣是建立在经济发展的基础上的,随着经济的发展,人们可以有时间去学习艺术、哲学、科学等,因为他们不需要把所有的时间花在生活上,他们可以获得社会资源来支持他们的学习。这正是文艺复兴时期意大利梅利奇家族支持伟大艺术家的情况。"

Z女士说,她觉得女人出去工作,丈夫待在家里很好,她说:"至少我接受这样的想法。如果我的丈夫待在家里,照顾孩子,照顾我,照顾这个家庭,我完全可以接受这个安排。只要他愿意这样做。但如果他非常不开心，充满怨恨，仍然觉得自己是一家之主，那就另当别论了。对我来说，我可以照顾家庭的经济和其他事情，而我的丈夫负责家务。但很少有女性和男性接受这种情况和安排。"

E. 建立人脉

由于"人脉"已经被不同的受访者提到过好几次，因此我们的相关问题是，人脉是否绝对是事业成功的必要条件，是否有其他成功的途径。

受访者 L 认为还有其他的办法，她说："我通常会和我的顶级销售一对一地沟通。"

受访者 M 说："我们处在不同的时代，成功的公式也应该有所不同。"

V 女士的观点是"作为一个女人，你需要感觉和了解自己的特质，按照自己的风格去做自己的事情，不需要去想什么事情是为什么性别设计的"。

### 4.3.6　来自访谈的感悟和总结

对于女性来说，玻璃天花板确实存在，尤其是对于母亲们来说，她们不仅在重返工作岗位时遇到了困难，而且在职业晋升上也常遇障碍，这种玻璃天花板对于 40 岁以上的在私营企业工作的母亲们来说更为明显。这种现象是由多重原因造成的：社会文化带来的女性刻板印象、社会角色分配使得母亲要承担双重的全职工作（家庭负担和事业）、以男性特征为基准的社会成功公式等；除上面提到的外部因素外，来自女性本身的内部原因也导致女性的自我约束：女性本身的自卑感、缺乏动力、躲于人后、一味付出等。家庭，尤其是母亲对女儿和儿媳的影响，对女性的自我约束也有一定的作用。一些受访者还提到，男性更强壮的体魄也可能是让更多男性跻身顶尖职位的一个原因。

我们的受访者认为，要成为受人尊敬和成功的领导者，应该具备以下几个标准：以身作则；良好的战略思维；敢于担责；理性和有逻辑；高情商、有魅力和善用资源。

所有受访者都认为，在"财富"美国 500 强企业中，只有 5% 的女性担任 CEO，这确实是一个非常小的比例。至于是否要采取行动来改变现状，让母亲们有更多职业的上升空间，答案各不相同。有人认为有必要采取行动，有些人认为没有必要采取行动，因为下一代已经充分意识到这种需要，社会已经朝着这个方向前进；另一些人则认为重要的是通过讨论和妥协来达成结果，只要丈夫和妻子之间达成一致，就应该看作达成了一种平衡，没必要为了平等而平等。不管大家的观点是被动或主动，对现状是悲观的还是乐观的，大家基本上认同人们可以且值得采取一些行动，具体如下。

（1）帮助和指导年轻母亲从生育后的低谷中走出来，协助她们规划日常生活和未来的职业生涯。

（2）帮助女性独立。

（3）帮助母亲避免害怕可能的事业上的失败，让她们明白，如果她们可以应对养育孩子过程中的可能的失败，她们也完全可以应对职业生涯上的困难。

（4）呼吁女性/母亲们要有自信且采取行动为自己争取利益和机会。

（5）分享成功的母亲领导者的真实案例作为学习的榜样。

（6）为母亲们提供更多职业生涯机会，特别是那些孩子已经长大的母亲们。

（7）让丈夫分担照顾孩子和家庭的责任。

（8）寻找除饮酒吃饭外的社交方式。

这些访谈为本研究的理论奠定了很好的基础。下文将通过一个特殊的案例研究来进一步阐述本研究的理论。

## 4.4 克尔斯汀·斯图尔特的案例研究

与传统的基于访谈的案例研究不同，本案例研究是通过对一位成功的母亲领导者的自传的翔实研究来完成的，以此作为其他访谈的补充。这种案例研究方法克服了访谈数据收集时因为时间差异或记忆局限造成的可能缺限，根据不同时间和环境的变化来复原且全面地反映相对真实的情况的事件的全貌。我们不否认这种案例研究的不足之处，因为是作者的自传，所以基本上是从作者的个人观点来表述的，避免不了可能不够客观的问题。

克尔斯汀·斯图尔特2015年出版的《属于我们的时代》(*Our turn*)共分九章，分别如下：①首先，自我引领；②其次，相信你的团队；③如果你不追随你的梦想会发生什么？④你需要克服自我；⑤再见，女超人；⑥他支持她，反之亦然；⑦没有隔墙和角落的办公室；⑧突破玻璃崖；⑨轮到你了。正文最后一部分为结论：属于我们的时代到了。

本研究关注的是克尔斯汀·斯图尔特的职业发展和她的洞察。

### 4.4.1 克尔斯汀·斯图尔特的职业生涯轨迹

克尔斯汀的职业生涯是非凡的，其中有许多"第一"：加拿大广播公司（CBC）有史以来第一位女性和最年轻的领导人；"推特"（现更名为"X"）加拿大公司的第一位总经理。在她的书中，克尔斯汀清楚地描述了她如何从最基层的"星期五女孩"上升到加拿大广播公司有史以来第一位女性和最年轻的总经理，她也解释了为什么她下决心离开拥有5000名员工的著名传统媒体的首席执行官位置而投身于"推特"这个新媒体，成为当时"推特"加拿大公司唯一的员工，当然也是"推特"加拿大公司的创始人。

通过这本书，她深入描绘了自己是如何在保持真自我的同时成为卓越领导者。她的分享对今天任何有志于成功的人来说都很有借鉴意义。

1. 非常普通的职业起点

1988年，克尔斯汀获得了多伦多大学的英语文学学士学位后（后来，她在哈佛大学肯尼迪学院的"全球领导与公共政策"项目中学习并毕业），计划在出版社开始自己的职业生涯，但最终，她在完美娱乐公司（Paragon）找了一份"星期五女孩"的工作，该公司制作并向世界各地的广播公司出售电视节目。在刚工作的前六个月里，她跑腿、订购办公用品、处理邮件、接电话、发电传、传真和复印资料，六个月后她被提升为销售专员。

2. 无财无势的她得到了女上司的赏识

她的老板伊斯梅（Isme）是一位令人敬佩的女性，作为完美娱乐的总裁，伊斯梅对工作要求很高，但并无恶意。为什么克尔斯汀可以在六个月后从"星期五女孩"晋升为销售专员？伊斯梅后来解释道：有一天伊斯梅听到克尔斯汀的电话对话，本来作为"星期五女孩"，她只需要记录留言，但她却主动询问对方广播公司在寻找什么样的节目,并向对方描述可能适合他们的节目。伊斯梅说:"让你做销售专员是顺理成章的,因为你事实上已经在做这件事了"。

这一升迁让克尔斯汀得以与伊斯梅一起参加戛纳和蒙特卡洛的国际影展,与世界各地的电视网络达成协议及交易。凭借出色的表现,克尔斯汀很快被提升为销售经理。1995年,当伊斯梅离开完美娱乐时,克尔斯汀接替了她的位置。还不到30岁的两个孩子的妈妈,仅用了7年的时间,就从"星期五女孩"晋升成为市值数百万美元的电视发行公司的总裁。

在执掌加拿大广播公司期间,克尔斯汀成功扭转了业绩下行趋势,使该公司在收视率、营业收入甚至员工士气等方面都达到了这家有75年历史的公共广播公司前所未有的成功。

3. 对自己想要什么有清晰的认识,对未来有良好的预期

2013年5月,克尔斯汀加入了"推特",并担任"推特"加拿大公司董事总经理。"从来没有男人辞去CBC的最高职位,他们要么被解雇,要么退休。"对克尔斯汀来说,从一个横跨东西海岸的广播电视台的首席执行官,转身来到一个空荡荡的新公司——没有别的同事,没有员工,没有助手,只有她自己和一部智能手机——成为一个前端科技企业在加拿大的先驱,这是一个大胆的决定,在许多人看来,这甚至有点荒谬。"然而,我的辞职决定是我所做过的最大胆和最聪明的职业决定。"在她上任后的第一年,"推特"成为一家上市公司,并以290亿美元的估值成为世界上最有价值的公司之一。克尔斯汀带领"推特"加拿大团队举办了一个声势浩大的开业典礼,接下来又使企业收入成倍增长,加拿大因此也成为"推特"公司全球的重要市场之一,克尔斯汀也因此被升职去了"推特"总部,开始负责"推特"所有的新闻、体育、娱乐和政府相关的内容以及北美各地的合作伙伴的相关活动。

"当人们问我的成功诀窍时,我告诉他们:我从旧媒体的高层一跃进入新媒体,标志着一种大的转变,女性应该利用这种转变使自己有充分的理由对未来感到乐观。"(Stewart,2015)

4. 上升的道路从来都不容易

在29岁的时候,克尔斯汀生下了第一个孩子,她当时是完美娱乐国际的总裁。刚生下孩子2周,她便开始在家里远程工作,6周之后,她就回到办公

室上班,在她的孩子只有 10 周时,她甚至出差去大西洋的另一边戛纳,把完美娱乐的节目销售给一些国际广播公司。在这个有 6 个月产假的国家,克尔斯汀受到了质疑:你怎么能离开自己那么小的孩子?你怎么能把事业放在孩子之前?人们担心她那在家带孩子的丈夫的心情。事实上他们雇了一个全职保姆来照顾孩子。不巧或很巧的是,克尔斯汀生孩子的那天,她在博物馆做木匠的丈夫刚好失业,而完美娱乐又不提供任何带薪产假,所以她必须尽快回去工作,因为她的工作收入是家里唯一的经济来源。

当她来到加拿大广播公司,然后成为该公司的第一位女性主管时,她并不确定自己为什么会被选中担任主管之职。据她所知,当一家公司陷入困境时,女性常常会被推到高管的位置。这一现象在管理学和学术领域被普遍称为"玻璃悬崖"。有研究人员在 2005 年的《英国管理杂志》(*British Journal of Management*)上描述了这一现象:女性往往会在困难时期而且失败的可能性较大的情形下被委以重任。克尔斯汀认为,女性可能倾向于承担风险更大、吸引力更低的工作,而男性则倾向于追求立竿见影的效果。"男性对已经播下成功种子的领导职位更感兴趣"(Christina,2015)。带领一家公司走出困境并不是男性所喜欢的。克尔斯汀确信,女性更善于处理他人的需求和情感,同时处理多种需求且不会超期,这就像每天有序清理办公桌抽屉。

她常被问到无财无势的她是如何成功爬上公司的高层的,而成功的男性很少被问到同样的问题。她在加拿大广播公司的任期内,这种无声的怀疑一直伴随她。到她决定辞去 CBC 的工作,成为"推特"加拿大公司的首位负责人时,"这一举动被国内媒体头版大肆宣扬为'不可思议',并被置于显微镜下仔细研究。"(Stewart,2015)

### 4.4.2 家庭和职业生涯

作为母亲,克尔斯汀肩负着多重责任:照顾新生儿、全职工作、到处出差。对于她来说,不眠之夜和忙碌的白天都是家常便饭,她甚至在办公室和旅行途中都会试着挤奶,因为她决定出差回家后继续给女儿喂奶。有一次她去法国出差时,由于法国酒店的电压不同于加拿大的,吸奶器无法工作,所以当她回到家时,她的母乳已经干涸了。当她意识到不能继续母乳喂女儿时,她感到很内疚。"初为人母的那几个月是我一生中情感上最困难的时期之一，"克尔斯汀在她的书中说。"女性的视野比以往任何时候都要开阔，但我们并没有得到那么多的解放，因为我们是期待的囚徒：我们自己的期待，仍和50年代如出一辙，就是这个社会对女性道德义务的价值观的期待。"

　　克尔斯汀承认，要兼顾工作和生活绝非易事。在第一个孩子出生后，她不得不提前返回工作岗位，在那个时候，准时回家是至关重要的。但她的工作对她和家庭来说也至关重要，因为她是唯一挣钱的人。"很多个下午，我都会在一天的最后一次会议上，一只眼睛盯着那个滔滔不绝的发言人，一只眼睛盯着那扇门，通过那扇门我将离开去赶下午5：55的火车，回家去照顾我的孩子。"她写道。她学会了如何冲刺，有时她能赶上火车，但大多数时候她都错过了火车。即使她的女儿逐渐长大，情况依然艰难。"但后来手机救了我。"有了手机，她可以在回家的路上参加会议，在小女儿练习的溜冰场回答问题，她可以从学校孩子们的戏剧表演中短暂地走出来。她不用担心因为不能随时待命而可能会错过什么。手机让她得到了自由。"现在你可以在家照顾生病的孩子，在出租车上通过"skype"（一款视频通话软件）开会提供反馈，在做晚饭的时候查看文件，或者在从洛杉矶到多伦多的路上帮你的女儿做作业……"（Stewart，2015）。

　　她的被博物馆解雇的丈夫后来在一家学校当了一名教师，克尔斯汀在自己一步步爬上电视台的高管职位时也支持和帮助他。后来他们有了第二个孩子。尽管她挣更多的钱，有更高的职位，她的工作也常常需要她，克尔斯汀仍然是那个孩子和家庭需要时"随时待命"的那位。当孩子生病时，是她待在家里照顾。很遗憾这对夫妇最终还是分手了。她现在有更重要的工作，她需要把时间好好安排：办公、国内外出差、和前夫分享两个孩子的监护权。研究人员认为高收入女性通常会花更多的时间在孩子和家庭上，以取悦她们的丈夫，她们也常被内疚困扰。克尔斯汀认为："有孩子与事业并不矛盾，但至关重要的是夫妻双方都要一起承担有益于家庭的事情。"

　　她失败的婚姻给她上了非常艰难的一课，另一方面，也帮助她找到了一份好婚姻。2011年她再婚嫁给了扎伊布－谢赫（Zaib Shaikh）。那时，扎伊布是CBC电视台的演员、导演和制片人，而克尔斯汀是英语电视台的负责人。从第一次婚姻中得到了教训，克尔斯汀和丈夫认真地探讨作为两个忙碌的专业人士，他们应该如何构建家庭生活，最终他们达成了一致。他们不仅讨论了孩子和工作，还讨论了其他的事情，譬如，当他们一起走进会议室时，可能会有一些时候注意力的中心不是扎伊布，而是克尔斯汀。在第二段婚姻中，这对夫妇一起做决定，无论是晚餐吃什么，克尔斯订是否应该离开CBC去"推特"，还是扎伊布是否应该成为城市的电影委员会委员。

### 4.4.3 真正的成功的职业生涯

克尔斯汀被 *Playback* 杂志评为年度人物，《战略》杂志也认可了她的领导能力，将CBC评为年度品牌。她是亚特兰蒂斯联盟的高级节目副总裁，负责HGTV（Home and Garden Television）、食品网、BBC加拿大频道和国家地理频道，加拿大广播公司英语服务的执行副总裁。在加拿大广播公司，她负责英语广播，电视和数字业务，还是加拿大广播公司的首席执行官，现在负责"推特"在北美所有垂直渠道的媒体合作，包括电视、体育、音乐和新闻。

克尔斯订解释为什么写这本书："我写这本书是想用自己的眼光观察我自己在领导岗位的持续上升的过程，我希望能够由此来充分了解那些不管我们是否担任领导职位，却一直阻碍我们上升，让我们无法贡献我们独特才能和洞察力的力量。这些力量可能是外部的，但正如我了解到的，它们往往是内在的——就像'玻璃天花板'一样令人生畏。"

### 4.4.4 来自克尔斯汀的其他经验教训

除了以上提到的，我们还可以总结克尔斯汀在生活和事业上的其他经验教训。

1. 关于婚姻

克尔斯汀给所有考虑结婚的女性的建议是：和另一半一起讨论且就新家庭相处模式达成一致。这个讨论的内容需要非常详细和明确。因为"工作与生活的平衡不是女性单方面的问题，而是家庭的问题"（Stewart，2015）。

2. 避免"拥有一切"的心态

有孩子又有高要求的工作的女性往往被视为想要"拥有一切"。"女性竭尽全力追求完美：当全优生、事业成功、做细心的优秀母亲、在美丽的家庭里照顾好家庭每一个成员、注意锻炼身体、培育幸福的婚姻、确保在烤箱里总是烘烤着一些有机的食物给家人品尝。女性倾向于把任何不完美的事情视为失败，而且因此而自责。"在书中，克尔斯汀描述她是如何各种折腾和努力试图证明自己是完美的职业人员和全身心付出的家长。有一次前往戛纳签订百万美元的销售协议，她还抓紧时间在来回的飞机上为女儿编织一件全身熊毛衣！"我学会了委派和授权，这样我就不再是唯一的决策者，也不再成为阻碍决定的人……技术的发展使我能够分享权力和授权"（Stewart，2015）。

3. 主动性和作贡献

对克尔斯汀来说，成功不应该只是为了"出人头地"，而是更加努力地工作。美好生活对每个人来说其定义都是不同的，而抓住正确的机会让自己与众不同才是有意义的。在职业道路上的任何时间和地方都可以展现出主动性和作出贡献。尽管你这样做并不一定每次都能让你立刻获得晋级或加薪，但它们会成为重要的累积，并终会在未来带来重要的回报：当一个女性把自己当成领导者一样来作为和言行，她就会不断积累重要的专业和个人资本，最终，这种资本转化为职业灵活性，让你在如何工作，甚至何时工作上拥有更大的控制权"（Stewart，2015）。

4. 谨防女性针对女性

克尔斯汀说："当职位不够的时候，另一个女人就是竞争对手。"调查发现，女性甚至比男性更愿意为男性工作，而不是为其他女性工作。"女性老板对其他女性更严厉。强势女性在争夺传统上属于男性的席位时，往往会被视为冷漠和控制欲强，也可能是人们不想为自己的母亲工作。无论引发这种现象的原因是什么，社会倾向于将性别偏好视为女性在工作场所争取平等，特别是在最高级别取得成功的努力已经失败的进一步证据"（Stewart，2015）。

有人提出这样一个问题："是应该先让更多的女性进入高层来创造改变，还是先做出改变从而让更多女性进入高层？"这个"先有鸡还是先有蛋"的问题没有明显的答案，对笔者来说，这是一个伪命题，因为两者是可以同时发生的，并无冲突，当两者都朝着正确的方向前进时，一个良性循环就可以自然而然地实现。

5. 团队合作

克尔斯汀认为她事业上的成功与团队合作密切相关。作为"推特"北美地区的媒体副总裁，团队的紧密合作对她的成功管理至关重要。她的团队有50多名员工，分布在不同的地方：处理政府新闻的团队在华盛顿特区；电视和电影团队在洛杉矶；从事体育、新闻、音乐和娱乐的团队在纽约。除了像奥斯卡这样的重大活动，团队通常会进行远程和网上沟通和协作。"我们的工作是帮助他人获得成功。""我的任务不是微观监控告诉任何人在任何层面上应该做什么。我的角色是倾听他们，了解情况，传达公司的总体目标，并在我们制订不断发展的战略和一起努力实现我们的目标的过程中分享经验和知识提供指导"（Stewart, 2015）。从公司底层一路上来，克尔斯汀从她的上级领导们那里学到，那些把信息和决定权牢牢抓在自己手里的人常常会被压垮，甚至更糟糕的是可能让公司和业务瘫痪。

6. 女性的机会到了

克尔斯汀在她的书中说："深刻的变化已经开始，事实上是一场革命。在技术和人口变化的推动下，数字技术正在创造一种新的世界秩序，这种秩序需要一种新的领导风格———种具有让女性天生成为领跑者的属性和视角的领导风格。越来越多的研究得出的结论是，在信息时代，女性往往拥有成功领导者所需要的东西。"（Stewart, 2015）

克尔斯汀的案例表明，尽管存在社会、文化、企业甚至家庭偏见，一位母亲领导者依然可以克服困难和障碍，成为最高领导者，并为社会福祉做出贡献。克尔斯汀用自己的例子已经证明了她的激励团队，授权团队高效执行从而取得出色成绩的能力。这种能力是本研究讨论第三性别和母亲型领导提供心理愉悦的能力的基础。

# 5 心理愉悦与第三性别
## ——母亲型领导的新性别认同

"心理愉悦"是一个新的术语，本研究在这个关注现代社会中有效领导的研究中引入它。人们讨论汽车安全和舒适的重要性，也讨论工作环境的安全和舒适性，人们关心的这些都是物理上的、和场所相关的，但很少有人从心理角度讨论员工的安全和舒适感。

## 5.1 新世界需要更多的肯定

平坦的世界充满了不断的变化、激烈的竞争、更低的准入门槛和更高的消费者要求。与此同时，不难发现，和个体员工相关的各种不好的状况越来越多，越来越严重，这往往源于来自生活和工作的无法承受的压力，以及缺乏来自家庭和工作单位的关心和理解。家庭虽然变得更小，但人与人之间真正的互动越来越少，每个人都很忙，每个人都花更多的时间在数字世界，而不是面对面交谈；工作上的业绩压力无时不在，员工必须不断地提升自我能力以不被淘汰，以获得职业上升的机会……一个跨国保险公司与坎塔尔（Kantar）最近的一项调查（内部文件）显示，中国正面临心理健康危机，人们高度紧张，焦虑，并表现出抑郁症状。在接受调查的人中，大多数人在过去 6 个月中经历过情绪低落。事实上，社会上重度抑郁症（MDD）人数的确有所增加；员工因担心无法完成业绩指标而做出违法违纪的行为而导致公司损失惨重的严重危机案例数不胜数。随着社会整体不确定性的增加，领导力的有效性以及现有领导力理论的有效性和适用性也被提了出来：领导人如何让团队成员团结一致？如何保证下属可以自由且安全地分享他们的观点和情感，互相学习，提供建议，具有创新精神，付出 100% 的努力，一起为公司的成功作出贡献，同时实现他/她自己的人生价值？

对现代员工来说，重要的是要让他们感到自己做出了有意义的贡献，他们在工作中有目标和利益，并在如何完成工作方面享有一定的自主权。随着年轻一代进入劳动力市场，工作的意义性会越来越重要。现在二三十岁的人，从小就被教育要敢于说出自己的想法，要拥有和分享观点。当他们这样做时，他们期待倾听和包容。科技以及这一代人的崛起也在推动文化转变。毕竟，如果说技术给我们带来了什么，那就是自我和自由管理我们的任务，我们的时间，我们自己的一切。当时间和地点都不是沟通的障碍时，你就成为自己的老板。

21世纪的成功取决于一个新的体系——拓展和构建积极情绪。它会帮助我们解决复杂的问题和培养良好的合作关系。北卡罗莱纳大学的芭芭拉·弗雷德里克森（Babra Fredrickson）发现，像信任、好奇心、自信和灵感这样的积极情绪可以拓宽思维，帮助人们建立心理、社会和物质资源。当人们感到安全时，会变得更开放、更有弹性、更有动力、更坚持不懈，因为人们的荷尔蒙会增加，解决问题的能力和发散性思维能力也会增加，这是创造力背后的认知过程。当工作场所充满挑战却不具威胁性时，团队就能维持这种"拓展和构建"模式，我们大脑中的催产素水平就会上升，从而引发信任和相互建立信任。这是团队成功的一个巨大的积极因素。

尤克尔（Yukl，2013）在有关对人的关心和下属满意度之间的正相关关系和调查研究中发现这种正相关关系屡试不爽，他说"体贴的领导通常能让下属更满意"。

至关重要的是领导者要用魅力来激发和引导追随者情绪。传统的对男性权力和对权威的崇拜逐渐被安全的需要所取代。人们对领导者最重要的期望之一就是营造一个让他们感到安全的环境，帮助他们理解包容文化的重要性，并让他们具备实现这一目标的技能和能力。

### 5.1.1 心理安全

根据2017年盖洛普（Gallup，2017）的一项调查，每10名员工中就有3人强烈认为，他们的意见在工作中不被重视。哈佛商学院诺华领导与管理教授埃德蒙森（A C. Edmondson）在她的《无所畏惧的组织：在工作场所为学习、创新和成长创造心理安全的环境》（*The fearless organization*）（2018）一书中表示："成功需要不断涌入新想法、新挑战和批判性思维，人际关系环境不能使人压抑、让人沉默、互相嘲笑……并不是每个想法都是好的，有一些问题甚至听上去可能是愚蠢的；异议也可能让事情慢下来，但谈论这些事情是创作过程的重要组成部分。必须允许人们说出半成品的想法，把没找到答案的问题再次提出来，大声地进行头脑风暴；这样做就可以创造一种文化，在这种文化中，轻微的失误或短暂的失误没什么大不了的，大家勇于承认且纠正错误，下一个没找到答案的想法可能是下一个大成就"。

人们认为，心理安全对于在不确定、相互依存的环境中取得成功既脆弱又至关重要。大脑将来自上级、竞争伙伴或表现很差的下属的挑衅视为生死攸关的威胁，作为大脑警铃的杏仁核，会触发"反击或逃避"的反应，劫持大脑的高级中枢。这种"先行动，后思考"的大脑结构关闭了观察问题和分析推理的功能。毫不夸张地说，就在人们最需要的时候，偏偏失去了理智。虽然这种"或战或逃"的反应可以在生死关头救人一命，但它却妨碍人们在当今工作场所所需要进行的战略思考和积极执行。

关于群体心理安全的研究最早始于 1965 年，当时沙因（Schein，1965）指出，心理安全是群体成员之间的相互支持。这种被支持的感觉可以让成员愿意创新，有勇气去完成任务。卡恩（Kahn，1990）首先提到，只有在安全的环境中，人们才会有积极的学习和创新活动。他将心理安全从个体层面描述为一种主观感受，个体可以自由表达真实的自我，而不必担心其地位、自我形象或职业生涯会受到影响。埃德蒙森（A C. Edmondson，2018）在团队学习的研究中，从团队层面引入了心理安全的概念，它指团队成员有共同的信念，不会因发表真实的评论而感到尴尬、被拒绝或受惩罚。在一个心理安全的环境中，团队成员在团队内部对人际风险和安全有共同的理解，成员之间的共同信念植根于相互信任、相互尊重和相互关心。

卡恩（1990）认为，一个可预测的、一致的、透明的、清晰的、没有威胁的环境有助于形成个体的心理安全。他总结了影响心理安全的四个因素。

（1）人际关系：互相支持和相互信任的人际关系会促进个体的心理安全。

（2）群体和群体间互动：个体的思想和行为会受到他人的影响。这种影响在一定程度上取决于个体对自己是否受到群体尊重和重视的主观认同，进而影响其心理安全和工作投入。

（3）管理方式和流程：清晰明白、给予支持、因人而异的管理风格和过程会增加员工的心理安全感，例如，允许员工大胆尝试支持性的管理环境，而不必担心失败的后果，它有利于产生足够的自信和由心理安全而带来的决策能力。

（4）组织规范，当个体的表现明显地在组织规范的范围内时，他会有较高的心理安全。

埃德蒙森（A C. Edmondson，2018）认为，更高的心理安全感使团队成员能够创新和试验新的方法和技术，因为团队的心理安全大大减少了他们对可能失败的恐惧，以及失败可能给他们的职业生涯和声誉带来的负面结果。例如，在研发团队中，当团队成员具有较高的心理安全时，他们更愿意在其他成员面前承认自己的错误，暴露自己在知识或技能方面的不足，来与其他成员一起改进现有技术或创建新方法。

关于心理安全对团队绩效影响的研究包括两个方面：一方面，团队心理安全可以通过刺激团队成员的学习和创新行为来影响团队绩效。埃德蒙森（A C. Edmondson，2018）发现，团队学习和创新行为是团队心理安全和团队绩效之间的中介变量。另一方面，团队心理安全可以通过提高成员的工作投入来提高团队绩效。一些研究者对团队心理安全与团队成员工作参与之间的正相关关系进行了实证验证：心理安全程度高的团队可以在工作中投入更多的精力，获得更好的团队绩效。相反，较低的心理安全感会让团队成员花大量时间保护自己，避免受到办公室政治的困扰，团队绩效必然会受到负面影响。人力资源减少、业绩不佳、并购、公司重组等"软环境"，会给员工带来不确定性和不安全感，最终破坏员工的心理安全，从而损害员工的创造力和创新能力。具有很强的提供心理安全能力的领导力对于应对这种不确定和不安全的情况至关重要。

《心理安全的4个阶段：定义包容和创新之路》的作者蒂莫西·克拉克博士（Dr. Timothy·Clark，2020）表示，员工在自由做出有效的贡献和敢于挑战现状之前，要通过以下4个阶段。

第1阶段：安全地自我认同

自我认同满足了人类对相互连接和归属的基本需要。在这个阶段，你觉得做自己很安全，并接受你就是你，你认可和接受自己独特的个性和特征。

第2阶段：安全地学习

可以安全地学习满足了学习和成长的需要。在这个阶段，你会觉得在学习过程中交流思想很安全，通过提问、给予意见，接受反馈、尝试甚至犯错来取得进步。

第3阶段：安全地贡献

安全地贡献满足了改变现状的需要。你会觉得用你的技能和能力来做出有意义的贡献是安全的。

第4阶段：安全挑战现状

安全挑战现状满足了使事情变得更好的需要。当你认为有机会改变或改善时，你觉得大声挑战现状是安全的。

研究人员就提高工作中的心理安全提出了下面的建议。

A. 合作为先

过度竞争的工作环境会适得其反，因为每个人都害怕失败。相反，提倡合作和团队精神会给每个人都带来积极的结果。

B. 同理心

同理心使几乎任何冲突都更容易解决。这就要求人们站在别人的位置上来处理问题和困难，多想想你和你的同事的共同点，例如，每个人都有梦想和恐惧。

C. 对困难有充分的了解和准备

采用国际象棋游戏的策略：预测冲突，并考虑如何处理冲突，以及如何应对对手的每一步棋——行动。好的准备工作可以帮助你尽可能有效地展现自己。

D. 开放的思想和心态

在解决冲突时，真诚地尝试了解对方的观点。不要假设你已经完全理解了对手就快速地表达，相反，要对他们的动机和观点感到好奇。

E. 寻求反馈

就你处理的情况直接询问对方的意见有时是有意义的。问他们信息是否到位，他们对此有什么感受，你有什么还可以做得更好。

F. 评估心理安全

定期检视你的团队成员的心理安全感。

既然知道"心理安全让员工展现自己，而不用担心对其自我形象、社会地位或职业生涯的负面影响"（Kahn，1990），我们想在此基础上提出一个更有意义、更高级的概念，即"心理愉悦"：心理安慰和舒适。

### 5.1.2 心理安慰和舒适

尽管缺乏关于心理安慰和舒适及其对领导力的有效性影响的研究文献，但我们确实看到了心理愉悦在今天的员工激励中越来越重要。《新牛津英语词典》（2020）对安慰和舒适的定义是"一种身体放松和不受痛苦或约束的状态"；根据维基百科的说法，安慰和舒适是指"心理上和身体上的满足状态，一种身体或心理上的放松感……缺乏舒适感的人是不舒服的，或者正在经历不舒服……，通过重新创造与愉快记忆相关的经历，可以达到一定程度的舒适。舒适是卫生保健中特别关心的问题，因为让病人和伤员感到舒适是卫生保健的一个目标，这可以促进康复"。由于每个人的个人性质，心理安慰具有主观性。维基百科还引用了美国心理学家哈利·哈洛（Harry F. Harlow）的一项实验，其结论是"满足基本需求是必要的，亲密关系和情感连接也是必要的"。谷歌搜索对舒适的定义是"一种身体上的放松和摆脱痛苦或约束的状态……人的悲伤或痛苦的感觉的缓解或减轻。"这里引入的心理安慰和舒适的概念不同于上述所有定义，对人们来说，它是："心理安全，同理心，友谊和信任的结合和整合，你周围的人，你的下属因此感到安全，放松，他们因为受到充分尊重而积极努力，成为最好的自己，做出最大的贡献。在工作中他们感到好像在自己家里，因此他们可以在相对快乐的环境中以一个非常安全和舒适的方式工作。心理安慰和舒适包括以下几个方面。

（1）个人或外部环境不是一成不变的，变化是迫在眉睫的。

（2）面临的情况不会自动得到改善。

（3）求助于一些内在的情绪反应和一些外部力量。

（4）当事人在心理上感到平静、安逸和满足。

（5）当事人最终甚至心情舒畅，体会到强大心理安慰和舒适而感到动力十足。

心理安慰和舒适对领导效能和员工产出的可能影响可以从以下几个方面来说明。

（1）员工的工作态度：员工的工作态度是指员工对工作的主观态度，包括工作满意度、工作敬业度、对组织的承诺等。员工的工作态度将直接影响员工的工作表现，甚至影响到公司未来的发展。因此，如何帮助员工建立积极的工作态度是领导者应该考虑的，因为"领导者在影响员工的工作态度方面起着重要的作用"（鲁林，2019）。光依赖权威的领导方式将无法激励员工，相反，领导者努力充分了解他/她的员工，并使用魅力和情商，最终可以成功地让员工感到舒适，轻松，从而愿意追随并付出他们100%的努力。

（2）领导—追随者关系。切斯特（Chester，2020）强调，"权威"来自下级的个人决定，下级可以选择接受或拒绝各种命令。凯利（Kelly，1992）认为，好的追随者是勇于提出建设性意见的人，他们具有创新精神，主动参与，积极采取措施，作出超越本职工作的积极思考，对自己也有准确的评价。相反，坏的追随者是那些懒惰的人，他们需要不停的督促，持续的监督和寻求减少自己的责任，他们缺乏灵感和感到困惑。领导—追随者关系很大程度上取决于团队中有更多的好追随者还是更多的坏追随者。领导—追随者关系是动态的，领导者选择追随者，追随者也选择领导者。释放积极情绪的领导者可以让他们的追随者在日常工作中感到舒适。有了舒适的领导—追随者关系，双方（领导者和追随者）可以提供建设性和诚实的反馈，他们甚至可以建立一个同步的对等系统。在这种关系中，追随者不再是被动的，而是具有前瞻性的，在有利于提高领导者领导效率和公司福祉的活动中发挥更积极的作用，当然也有利于员工自身职业发展。拥有良好员工敬业能力的领导者会更有效率。

（3）工作目的：老一辈的工作是为了生存，维持家庭的日常（家庭成员的吃穿住行，孩子的教育等）。如今，维持家庭日常仍是人们工作的基本原因，但工作在今天并不意味着坚持同一个工作或一直在同一个公司，或在同一个领导下工作一生，因为现在有大量的工作机会，有关工作机会的信息随处可得，更不用说越来越多的人完全可以自主创业。现在人们工作的目的是获得赚钱、学习、实现个人价值和贡献社会的机会。今天的人们更加关注他们所做的事情上的情感获取，除财务和经济价值外，人们需要从他们的工作中感受到幸福和快乐。对于知识丰富、思想自由的年轻一代来说更是如此，他们不是在"上帝的召唤"下工作，而是倾向于在做决定时"跟随自己的内心"。不像他们的父母，他们不为五斗米折腰，相反，他们对自己的工作和职业生涯更"放松"和随意。如果他们感觉不舒服，他们就会离开，他们的不舒服可能源于工作性质，他们背负的指标让他们觉得不合理或没意义，或者是因为他们不认同公司的战略或价值观，甚至是因为与自己的上级不合。事实上，员工因不认同上司的领导风格或能力而辞职的例子并不少，同时，下属随他们的领导跳槽的案例也不胜枚举。

（4）团队合作：指的是一个群体为了达到一个共同的目标以最有效和高效的方式完成一项任务的努力协作（Montebello et al., 1995）。团队工作也代表一个特定团队中的一群人，依赖自己的能力，凭借共同的信念，互相支持，为共同的目标一起努力工作的过程。团队合作可以调动团队成员所具有的一切资源和才能，自动消除所有不和谐和不公正，最终给予真诚无私的奉献带来适当的回报。当团队合作是自愿的，它便可以产生强大和持久的力量。

来自于轻松舒适的环境的健康的动力会导致团队成员更满意，从而在一起工作更有效率，而来自不安、不舒适的环境的不健康的动力会导致冲突，从而导致团队成员的不满意。

良好的团队精神并不意味着没有冲突，也不意味着每个人都有相同的个性，或总是保持一致。事实上，冲突和分歧往往是创新和生产力的源泉。因此当团队有冲突和产生误解时，领导者必须能够引导正常的沟通和讨论，帮助解决冲突，厘清误解，从而让团队快速回到正确的决定和向同一个方向前进，否则的话，队友们将无法继续在一个不舒适的状态下工作，他们的工作结果将会被打折。在一个不舒适的环境中，团队成员之间无法产生自由和最佳的合作，更不用说创造力和创新能力了。

（5）客户服务与信誉风险：客户服务代表着企业的文化修养、整体形象和综合素质，直接关系到企业的利益。要赢得有价值的客户，优质的产品很重要，而客户服务也是一个重要的因素，尤其是现在市场上的产品越来越雷同，客户服务变得更加重要。客户服务主要包括寻找潜在客户，新客户的加入，客户销售，客户投诉处理，售后服务等。这些不仅与前线员工相关，也是中后台员工共同承担的职责，因为他们要提供好的支持，确保销售和服务的过程顺畅，系统支持、技术援助、后台的运营和操作都离不开中后台员工。任何员工如果在他的工作中、在他的岗位上、在他与主管的关系中、在他的团队中、在与其他合作伙伴的关系中感到不舒服，就有可能无法提供高质量的客户服务。这种不舒适感还可能导致员工无法履行职责，从而对客户服务产生负面影响。更糟糕的是低质量的客户服务通常会导致公司的坏名声。

### 5.1.3 领导者如何提高员工工作中的心理愉悦感

为了帮助员工创造一个让他们感到安全和舒适的工作环境，领导者应该培养和促进团队的心理安全和舒适感。

有人建议通过渐进变化的方法，从而产生渐进的结果。大多数人都同意如果每天可以在既定目标上提高1%（不妨问下同事看他们是否愿意每天提高1%），到年底，你会比之前好上30倍。领导者可以通过建立团队对有助于心理愉悦的因素的期望，为渐进式变革奠定基础。

为了确保心理愉悦，领导者需要回答以下这些问题：

（1）团队成员将如何沟通和处理不顺畅的工作程序？
（2）作为一个领导者，你会如何应对失败或坏消息？
（3）团队管理冲突的规范是什么？
（4）你愿意接受那些还不是很完整的具有创造性的、脑洞大开的想法吗？还是你只想要经过验证的想法？
（5）你是否可以鼓励和接受有力的、开放式的问题，并且能专注地倾听以理解吗？
（6）你是否能够认真倾听和接受团队成员针对于你的评论和批评？
（7）个人之间的积极互动和对话是建立在相互信任的基础上的吗？
（8）你是否允许且鼓励团队成员进行富有成效的对话和辩论？
（9）你的队友是否愿意和你谈论他们自己或家庭的事情？
（10）你会把你自己或家人的事情告诉你的队友吗？

对上述问题的回答将使团队成员在冒风险、寻求帮助和支持，甚至是犯错误时获得"无罪推定"。反过来，你可以确定他们也会对你抱有同样的态度。基于此，你就可以建立起一种更可靠、更有活力、心理上更愉悦的文化。

综上所述，能够提供心理安全和舒适（本文称为心理愉悦）的新型领导能满足当今和未来世界的需要，这种领导是领导者情商和魅力的展示。相当多的研究一致认为,女性领导风格表现出更好的情商和魅力。在接下来的章节中,将说明母亲领导者天生就能适应此需求。

## 5.2 母亲型领导更适合提供心理愉悦

这一章将重点分析男性、母亲和无生育经验的女性在领导力方面的差异,从而得出结论,母亲型领导具有提供心理愉悦的内在能力。这在某种程度上得到了托马斯(Thomas,1907)理论的支持,他认为母亲是真正的社会传统所集中的心理核心。

### 5.2.1 男性和女性是否用不同的方式来领导?

在过去的几十年里,管理学文献一直有关于女性管理者和男性管理者是否使用不同的领导风格的争论。专家们的结论分歧很大。托马斯(1907)认为,在严格的心理层面上,性别差异是不存在的,尽管在现实社会中,种族和性别差异是确实存在的,但它们是因为社会原因而存在的。20世纪80年代初,研究人员得出结论,领导风格不存在性别差异。巴斯(Bass,1981)说:"现有大量的证据证明,与男性领导相比,女性领导的管理风格没有明确的差异。"但是这种观点受到了相当多的挑战。朱迪(Judy B. Rosener,1990)发表的文章《女性领导方式》(*Ways Women Lead*)强调了女性领导者在组织中的独特贡献,并证明了变革的合作领导模式是更典型的女性领导模式,实际上也是非常有效的。随着她在《哈佛商业评论》(*Harvard Business Review*)上发表的文章,之前得出的"领导风格没有性别差异"的结论受到了质疑,就连巴斯也开始质疑自己之前的结论,虽然巴斯此前一直强烈主张"领导风格没有男女差异"(Bass,et al,1996)。

在现实生活中,我们的确见证或经历着领导风格的"相似性",因为一直以来领导的教育和培训是根据男性领导的标准评价体系建立的,对男性领导风格的模仿和采用是最简单和最直接的帮助女性职业发展的方法。简·H.斯坦福(Jane H. Stanford)说:"早期的想法通常认为,取得领导地位的女性是男性领导模式的成功模仿者,具有通常认为只有男性才有的特征,比如,不留情面和进攻性……在20年前,企业女性甚至按照男性着装,以此模仿男性化的领导典范"(Stanford,Oates,1995)。然而,很多当代思想都认为女性领导风格与男性领导风格截然不同。一些理论家,如赫尔格森(Helgesen,1990)认为,某些女性特征使女性领导者具有优势。根据斯坦福的说法,本质上女性化的特征包括:高度的沟通技能(特别是善于倾听和移情的能力),极强的协调能力(谈判和解决冲突的能力)(Stanford,Oates,1995);其他风格,如良好的人际交往能力(Cantor,Bernay,1992)和处理人事的"软"方法等,也被添加到概念化的女性风格的领导力中,这些都非常不同于男性领导。赫尔格森(Helgesen,1990)认为,女性领导者比男性领导者具有更强的优先排序能力,她认为,这种能力源于打理家庭和抚养孩子的同时还要兼顾事业的现实。菲尔曼(Fierman,1990)认为,女性领导者具有罕见的能力,能够轻松地创建强大的团队精神。他认为,女性非常适合非官僚主义、员工共同参与的组织,"在这些组织中,团队合作和信息的自由流动得到高度重视。"

"一些研究人员认为存在明显的女性领导风格,主要是在工作场所的互动,包容的组织关系,重视员工的教育和成长,赋权和团队建设,全面多样的思维方式"(McCarty,Aisha,2004)。研究表明女性倾向于关注群体目标,愿意牺牲个人利益来帮助他人来一起实现整体的组织目标(肖薇,罗瑾琏,2015)。以上领导风格更多反映的是母亲的特点,通过多年对孩子的抚育和对家庭的关爱,母亲们获得这些能力且成为了她们的习惯。我们看到的母亲领导者身上体现的耐心和乐观等能力,在如今复杂且充满了竞争和压力的世界尤其重要。

女性的领导能力来自于她们不仅要把工作做好,而且要把工作做到最好的普遍意愿。虽然她们有时可能倾向于谨慎行事,但她们通常也会坦然承认自己有所不知,有所不能,而因此寻求且得到帮助。

这些特殊的女性领导风格也在研究的采访中得到了很大程度的证实。

有研究表明,变革型领导力似乎更适合女性,而交易型领导力更适合男性,因为变革型领导与女性特质的"培育"正相关,而与体现男性特征的"攻击性"负相关(Offermann,et al,1997;Bono,Judge's,2004)。对变革型领导与人格特质之间关系的荟萃分析发现,变革型领导与亲和性呈正相关,亲和性反映了领导者的热情、善良、温柔和合作，而亲和性又与女性性别角色密切相关（Lippa，2005）。此外，个性化的考虑似乎与女性的性别角色一致，因为它的发展焦点反映了女性对人际关系和对他人的需求的高度关注（Eagly，et al，2004）。与关于女性和情感的刻板印象一致，研究发现变革型领导行为与情感认知和积极情感呈正相关。相反，主动和被动的例外管理似乎都与男性角色一致，他们的关注点在于：①纠正下属的错误，因为他们强调立即完成任务，而不是建立长期关系；②喜欢利用领导地位来控制他人（Bass，et al，1996）。

人们有时会被有权势的男性吸引，但这更多的是关于权力，而不是这个人本身。女性比男性更善于社交，女性有更好的人际交往能力，更善于理解他人，更善于沟通。

对大脑的研究结果更强化了女性比男性更注重人际交往的印象，至少在某些方面是这样的。加州大学洛杉矶分校精神病学和生物行为科学博士后莱昂纳多·克里斯托弗-摩尔（Leonardo Christov-Moore）和加州大学洛杉矶分校大脑映射中心的神经调节实验室主任马科·亚科博奈（Marco Iacoboni）博士的研究有一个重大发现：女性的大脑在看别人痛苦时表现出更多的同情心。"我们的数据表明，女性更善于感受别人的痛苦，真正体会到对方现在的感受。"在这项研究中，"女性参与者大脑中与疼痛相关的感觉区域的激活程度要比男性参与者高。"2019年2月27日，克里斯托弗-摩尔在接受大卫·奥尔莫斯（David Olmos）采访时如是说。亚科博奈还证实："人们理解别人的疼痛的一种方式是，在自己的大脑中模仿如自己感到疼痛时会做出的反应。在女性参与者中，模仿他人疼痛的区域表现出比男人更大的反应。这表明女性更善解人意；她们比男性更能感受到他人的痛苦。"

女性的大脑往往对他人很敏感，对理解整个系统有浓厚的兴趣，这意味着要弄清楚事物如何一起运作的一般原则，这不仅适用于社会系统，也适用于无生命物体。男性的大脑对事物的抽象概念和多个部分的相互关系非常着迷。女性的大脑却被人类的情感所吸引，而且女性是包容的，而男性的侵略性和进攻性往往会破坏人际关系。长期以来，男性比女性表现出更强的领导能力，这似乎与他们在团队互动中严格以任务为导向有关。女性倾向于成为更民主、更有参与性的领导者，这不止一次地反映出女性在处理复杂互动时更善于处理人际关系。

分娩是一种艰难的经历，它会带来生理和心理上的变化，加上身体的疼痛，有时甚至可以很悲剧化。另一方面，这又很大程度上增强了忍受痛苦和困难的能力，因此中国有句谚语说："为母则刚。"没有这种经历的男性和无生育经验的女性是无论如何无法以类似的方式感知和忍受这种痛苦的。

然而，母亲身上的变化并不止于此，相反，因为对子女的持续培育使责任得到进一步的加强。在外工作并非是不可以停止的，她们可以选择在中间休息一段时间，如果需要的话，她们甚至可以另行择业。但当涉及自己的孩子时，母亲便没有了选择，婴儿一旦出生，就不能把孩子放回到母体，母亲承接的是一个终身的责任，而育儿过程具有高度的不确定性，这将是一个长期的斗争和使命。作为一个母亲，她的责任感和能力必须长期在线。

每个新妈妈都会经历一段忙碌的时期，自己从一个被百般呵护的女儿变成一个必须照顾别人的母亲，角色转换会带来很多心理变动，母亲在与孩子相处时必须温柔、耐心和灵活，同时在解决与孩子有关的问题时，她们需要坚强甚至强硬。

母亲的软硬兼具的特征在日常工作中也有好处，她往往显得更有责任心，可以更坚强地承担起职责。

斯图尔特（Stewart，2015）认为成为人父并不会对一个男人的工作造成损害，因为他不会因为照顾孩子而错过上班，也不会因为带孩子彻夜难眠而精疲力竭地来工作。在他成为父亲之后，在职业上仍然可以努力向上，因为养育孩子主要是母亲的任务，而不是他的。

人们认为在事业上女性比男性缺乏自信。某一领导与管理研究所的一项研究显示，女性管理者的职业生涯受到低抱负和低期望值的阻碍，女性往往缺乏自信，这导致她们较少冒险，更谨慎地选择职业。平均而言，女性在担任管理职位方面要比男性滞后 3 年，而男性对职业有更高的期望，也更有信心。该研究还发现，"女性的职业清晰度和职业抱负似乎不如男性"（约翰，2013）。

无论是从文化、道德、意识形态还是制度的角度来看，保留传统固然重要，但人类社会的进步已经带来了变化，甚至抛弃了那些不适合发展或新需要的因素。与此同时，人们必须承认改变并不容易。就具体的文化变革而言，人们需要对付来自各方面的力量，去说服每一方，而女性擅长各种关系的建立和说服，能够从复杂的关系中找到头绪；她们善于沟通而赢得信任；她们也善于理解、给予支持和真正授权。研究表明，女性往往也比男性更擅长组建有效的团队。

下面来总结一下男女领导者的区别：

（1）男性领导者更有可能从自己的角度思考和判断。相反，女性则更注重与他人的交流，这样她们就可以得到全面的信息，更好地进行信息整合。因此，女性具有整合的特性和优势。

（2）女性的适应力和耐力尤其强，所以当遇到大多数人认为做不到的事情时，她们会更加自信和积极，而这往往会导致意想不到的结果。

（3）女性更有耐心，更善于倾听，更愿意分享自己的观点，所以问题通常得到更充分的讨论。因此，她们可以在决策过程中听到更多的不同意见，从而做出更全面的决策。

（4）女性更愿意做出牺牲，所以她们更愿意在她们认为值得的事情上冒险。这可能与女性的生育过程有关，这是一个生死存活的过程。因此，女性更容易将一些沉重的负担转化为动力。

（5）女性在事业上不如男性有野心。遗憾的是，大多数当代文献纯粹是概念性的，对于领导力与性别之争的实证研究少得可怜。

### 5.2.2 母亲和非母亲的女性领导者之间的差异

关于性别相关的领导力的众多理论一般都关注男性和女性，很少讨论母亲和没有生育经验的女性之间的差异，本研究打破这种沉默，证明母亲领导不同于男性领导和没有生育经验的女性领导，因此本文提出了"第三性别"这个新概念，指有生育孩子经验的女性领导。这个"第三性别"的概念适用于企业领导力的范畴。

由于几乎没有关于母亲型领导者的学术研究和讨论，因此唯有通过对性别、领导力、母性、心理学研究和深度访谈来获得相关的见解，这些也确实给本研究提供了相当有说服力的结论，表明这两组女性领导之间的确存在差异。

**1. 母性使得女性气质得以强化**

正如布克和卡斯（Burke, Cast, 1997）所指出的，第一个孩子的出生导致了环境的戏剧性和持续性的变化，母亲身上的女性气质和男性身上的男性气质都进一步被强化。当一对夫妇有了他们的第一个孩子，女人的性别认同变得更女性化，而男人的性别认同变得更男性化。抚育、温柔和移情都是典型的女性特征，当女性成为人母时，这些特征会得到极大的增强和释放。

乔多罗（Chodorow, 1978）指出母性使得女性和男性的发展过程中产生了重要的分化，影响了女性人格和男性人格的形成。

**2. 事业成功让母亲更健康，更少抑郁**

在《有孩子的职业女性的中年转型》（*The midlife transition of professional women with children - Women in Management*）一文中，朱迪丝·R.戈登（Judith R. Gordon, 2002）描述了他对36名已婚、有孩子、持续工作的职业女性的深度采访。在研究中，他发现，当女性实现了早年设定的职业目标时，她们的心理健康水平更高，抑郁程度更低。已婚女性从全职工作岗位转为家庭主妇3年以上，她们的抑郁感显著增加；那些从家庭主妇转变为全职员工的人，她们的抑郁程度则有明显的降低。

**3. 母亲的多重角色和责任使其看问题的视角更全面**

在组织研究中，为了避免人们之间的相互冲突和竞争，经常把人口统计学、家庭和职业特征和相关问题作为相互排斥的领域。角色限制观点认为，由于时间和精力有限，适应多重角色可能会对妇女产生不利影响。而从角色增强的角度来看，"多重角色可以增加社会整合"里德和哈迪（Reid, Hardy, 1999）。戈登（2002）的实证研究并没有最终指出在被选择的样本中到底是角色限制还是角色增强占了主导地位，然而，这些成功妇女提供的轶事证据支持角色增强的观点。

**4. 母亲们能更好地安排和管理时间**

母亲们与非母亲的女性不同，很可能是因为后者所承担的挑战性的职责相对较少。身为人母，她们现在知道自己可以犯错误，所以会愿意放弃自己曾经的绝对完美主义，也不再追求控制一切。她们不再需要为每个人做每件事。当女性对自己所扮演的多重角色有了更多的认识和接受时，就会发生一种调整。

这促使她们对自己的承诺、空闲时间和精力进行评估，她们去接受和做重要的事情，而放弃那些不重要和没有意义的事情。戈登（Judith R.Gordon，2002）样本中的所有女性都经历了这方面的转变。分清轻重缓急变得越来越重要，女性（对本研究来说，应该是母亲）需要在如何安排时间方面做出艰难的选择。

5. 母亲领导有更高的正能量

许多母亲领导者通过生活和事业的成功，在自身能力和自我效能方面取得了比她们预期的更多的成功，她们因此获得了强烈的成就感，感到自己被赋予了权力。由于这种成功，她们更有可能通过接受自己的成就来重塑自我形象，并增强了个人认同感。职业母亲把精力集中在战略性的任务和结果上。

6. 母性光环与韧性

毛文称，随着女性领导者的魅力指数越来越高，新的"她时代"即将到来。女性领导者之所以受欢迎，主要是因为女性具有"六大优势：勇于尝试自己的想法、愿意挑战现状、拥有较高的志向、乐意参与竞争、有幻想特质和较强的表现力"（毛文，2011）。她表示，在对女性职场价值的研究中，不难发现"正是女性自身的魅力，为女性创造了前所未有的巨大发展空间"。她这样描述女性领导者："她们利用母亲的光环来追逐自己的梦想"（毛文，2011）。母亲的光环对她来说是："她们用母性的气场展开对梦想的追逐，并拥有对生活的特别感悟，这样的女性温婉中带着刚强，微笑中带着坚定，执着中带着包容，强势中带着平和。"尽管她的文章指的是一般女性，但我们可以理解这些更多指的是母亲。毛文为女经理们提出了六大魅力指标：个人魅力；知识；"姿"本（外观）；领导风格；弹性；沟通能力。这些指标让她们与众不同，并预示着"她的时代"的到来。她将韧性描述为养育下一代的责任，这种责任让女性拥有了一种超强的忍耐力和宽容的天性。"女性的坚韧程度超越男性，是不争的事实，女性由于天生承担着抚育下一代的责任，因而有着超强的忍受力，忍耐力和容忍力，一个优秀的女性管理者最闪光的地方或许就是她身上表现出来的意志力，在逆境和困惑中所呈现的镇定，坚强以及持久耐心……女性意志魅力，通常可以表现为不轻易放弃，持之以恒"（毛文，2011）。

有少量的研究表明没有母性经验的女性领导者表现出与男性较相似的特质，最可能的原因是两者处于相同的"单一任务"位置，非母亲女性自发地采用了男性领导风格的核心。她们的女性亲和力不像母亲那样强烈，母亲们的女性气质是无法隐藏的，这是分娩和长期照顾孩子的结果。

任一鸣（2014）等人的研究发现不同性别的需求基本相同，前三位需求是工作、权益保障、家庭。未婚女性的需求（假设推断没有孩子）类似于男性，而已婚女性更关注家庭，她们对娱乐的需要低于男性及未婚女性，相信是因为她们花了更多的时间和精力在家庭和事业上，她们对于家庭的关注远高于男性和未婚女性（图5-1）。

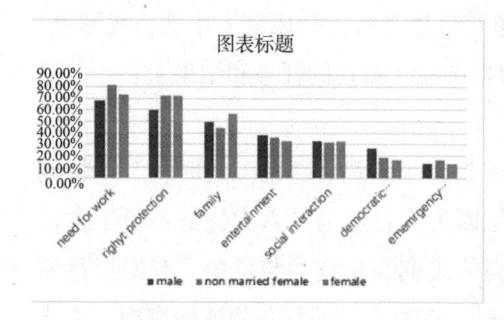

| 需要 | 男性 | 未婚女性 | 女性（总） |
|---|---|---|---|
| 权益保障 | 59.50% | 72% | 72.10% |
| 家庭生活 | 49% | 44% | 57.10% |
| 娱乐社交 | 37.50% | 36% | 33.10% |
| 公益活动 | 32.40% | 32% | 33% |
| 民主参与 | 26.30% | 18% | 16% |
| 民防，治安，应急管理 | 13.10% | 16% | 13% |

图 5-1 三个性别的需求

正如我们之前解释的，三种性别（男性，母亲和没有生育经验的女性）表现出不同的领导风格。我们认为第三种性别更适合今天的社会，对归属感和员工关系的重视在调动员工的积极性方面发挥着重要作用。

## 5.3 母亲领导应该挺身而出

"归属的需要"是人类最基本、最具影响力的本性之一。人们被驱使着去与他人建立联系，但很少有人能预料到，这种似乎存在于心理的每个角落和各种行为背后的需求有多大。"归属感的需要驱动着思考和情感。大多数情况下归属感的增强会带来积极的情绪，而归属感的减弱则会带来消极的情绪，这表明整个情绪系统是为了让你与他人建立联系。甚至身体健康也与归属感紧密相连。有人认为男人和女人都希望可以建立关系并从中受益，而女人在这方面更有天赋。男人有时横冲直撞，寻求独立，打架斗殴，也做其他破坏人际关系的事情，也因此而付出代价"（Cross & Madson, 1997）。而女性，尤其是母亲，她们寻求帮助，支持，同时提供帮助，支持，以确保她们的孩子能在温暖和充满爱的环境中成长，她们的孩子可以得到良好的教育，身心都得到照顾。随着孩子的成长，母亲们在建立和培养关系方面也逐渐建立起了坚强的意志和很好的技巧。

麦肯锡认为，在较多的公司中女性高管之所以表现优异，其原因之一在于女性高管往往比男性高管表现出更多的领导特质，比如"让员工有发展的机会、设立期望和提供奖励、以身作则、激励员工，让员工参与决策"（图5-2）。

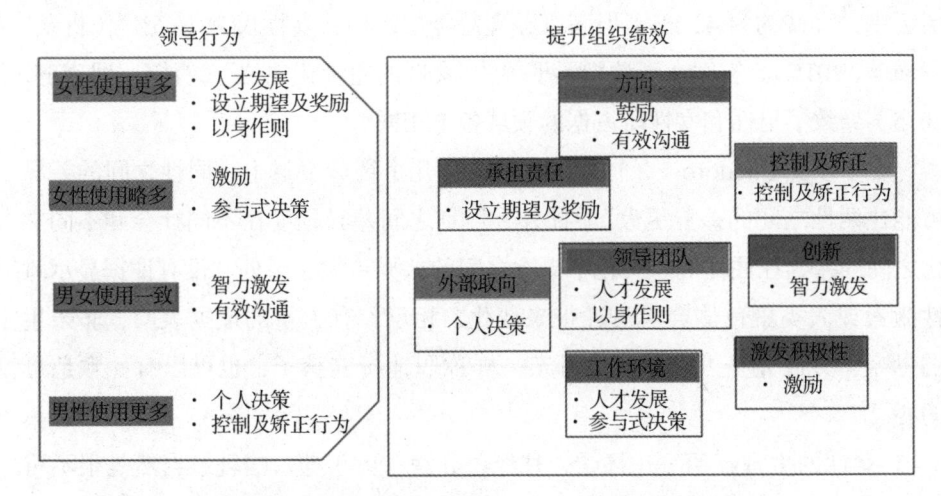

| 领导行为 | | 提升组织绩效 |
|---|---|---|
| **女性使用更多** | ·人才发展<br>·设立期望及奖励<br>·以身作则 | **方向**：鼓励、有效沟通<br>**控制及矫正**：控制及矫正行为 |
| **女性使用略多** | ·激励<br>·参与式决策 | **承担责任**：设立期望及奖励 |
| **男女使用一致** | ·智力激发<br>·有效沟通 | **外部取向**：个人决策<br>**领导团队**：人才发展、以身作则<br>**创新**：智力激发 |
| **男性使用更多** | ·个人决策<br>·控制及矫正行为 | **工作环境**：人才发展、参与式决策<br>**激发积极性**：激励 |

图 5-2 女性常用的领导行为能从三个方面提升企业的绩效

虽然没有关于麦肯锡研究中的女性领导者是否为母亲的信息，但如果说母亲们更容易展示上述特征估计也不为过，如"人才发展、设立期望及奖励回报、以身作则、激励和参与决策"等都是母亲们在与孩子的日常互动中经常使用的方法，她们在很长一段时间里每天都在练习这些技能。

关系掌控变得很重要，因为当今的领导者需要做的大部分事情是影响他人，而这些人通常不一定是他/她的直接下属。与人相处且影响他们是领导者顺利工作的必要能力。

多年来，领导力发展的最大变化之一就是教练角色。过去，领导力主要是告诉人们该做什么，然后监督他们是否完成了任务。但时代变了，组织结构变得不那么等级森严,更多的是合作,人们做事的方式也不同了。

以上提到的品质都是情感和人际关系方面的,它们是新经济下需要的良好的领导品质,正如我们之前提到的,这些品质都与女性有很强的相关性。人们认为,母亲们善于灵活地平衡和应对不同形式的工作,她们也从未依赖于不间断的职业,她们的社交能力都是新经济社会用来促进信息和知识共享所迫切需要的。

如果人们认同在当今及未来的社会中,母亲领导人的风格和行为优于男性和非母亲领导者,那么为什么在企业内部,女性的比例随着职位的上升而不断下降,真正能坐上高管职位的女性仍然是凤毛麟角?中国上市公司中层经理层级中,女性约为42.1%,但高级经理总经层级中,女性仅为16.6%"(肖薇,罗瑾琏,2015)。答案在于性别不平等,"女性的边缘化地位"(肖薇,罗瑾琏,2015)导致了男性和女性所占据的领域各不相同。

乔多罗(Chodorow,1978)认为"在几个统计变量上,同性之间的差异可能比两性之间的差异更大"。此外,性别之间差异程度在不同社会和不同文化之间的差异往往比同一文化下男女之间的差异更大。另外"没有证据显示雌性激素或人类染色体会对母性带来变化,相反,有大量的证据表明,非亲生的母亲,男性完全可以像亲生母亲一样称职地抚养孩子,也可以有一颗慈母的心。"

"女性的生理经历——怀孕、月经、分娩、更年期、哺乳,当然是很不可思议的(当然,无论是自愿选择还是出于无奈,并不是所有女性都会有所有这些经历)"(Chodorow,1978)。母亲的角色不应该仅仅是由母亲来承担,但很显然的是,"女性所处环境及其成长过程已让她在心理上为母亲的角色做好了准备"(Chodorow,1978)。

在人类历史上,男女社会角色的分配发生了很大的变化,当人们在庆祝社会和经济环境对妇女越来越和善的同时,我们必须承认,妇女实现真正的性别平等的道路仍然漫长。在通往成功的道路上,女性领导者仍然需要克服比男性领导者多得多的障碍,才能充分发挥她们作为领导者的潜力。尽管做出了种种努力,但女性领导者依然面临玻璃天花板的困境。女性领导者往往被阻止进一步发展,因为存在着"看不见的,不可逾越的障碍,阻止了少数族裔和女性晋升到公司上层，无论她们的资格或成就如何。"[1] 对于第三性别的母亲领导来说，情况就更困难了，她可以因为自己非常努力工作而达到了一定的等级，或者领导自己的公司达到一定的规模，但到目前为止，无法再往上进一步。职业玻璃天花板通常是由社会期望（刻板印象）、公司规则，甚至是女性自身的限制而造成的。

### 5.3.1 社会期望

2019年，"维度"的调研显示男性认为女性应当承担照顾家庭责任的比例远远大于女性自身，当然，令人们略有安慰的是，有超过一半的年轻一代，也有近四成（36.56%）男性认为女性应当选择经营事业，保持经济独立（图5-3）。

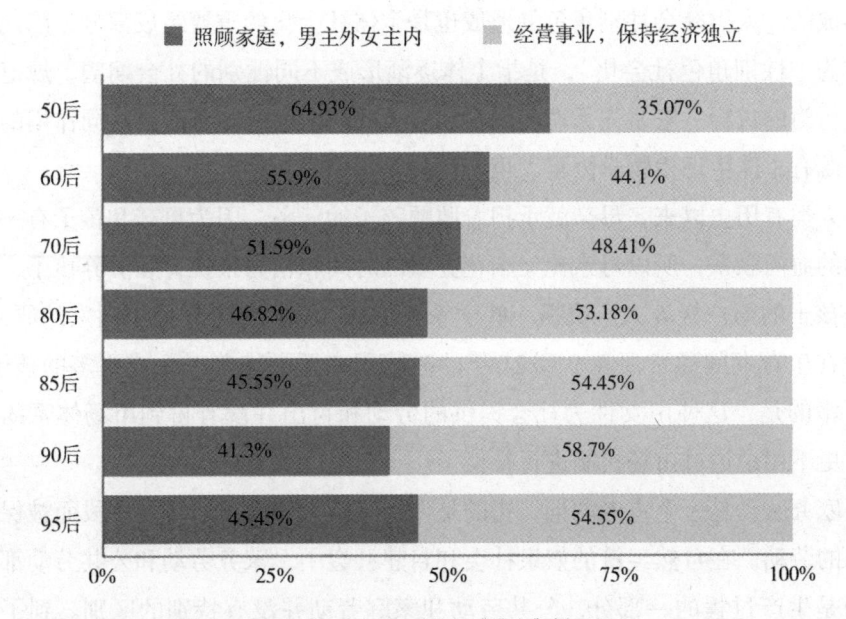

| 年龄段 | 照顾家庭，男主外女主内 | 经营事业，保持经济独立 |
| --- | --- | --- |
| 50后 | 64.93% | 35.07% |
| 60后 | 55.9% | 44.1% |
| 70后 | 51.59% | 48.41% |
| 80后 | 46.82% | 53.18% |
| 85后 | 45.55% | 54.45% |
| 90后 | 41.3% | 58.7% |
| 95后 | 45.45% | 54.55% |

● 数据来源：《维度》& 腾讯理财联合调查制图：《维度》栏目组

图5-3 不同年龄受访者对"女性应更偏向于照顾家庭还是经营事业"这一问题的观点

事实是"妇女负责照料孩子和家庭的特性决定了妇女的日常处所是在家庭内，这也为家庭和公共领域的结构分化奠定了基础"（Chodorow，1978）。因为从文化和政治的角度，公共领域主导着家庭，而男性主导着女性。

---

[1] Federal Glass Ceiling Commission, 1995.

法国学者、早期著名的女权主义者之一西蒙娜·德·波伏娃（Simone de Beauvoir, 1949）这样描述女性："既不是天使，也不是恶魔，更不是狮身人面像，她们只是由于愚蠢的社会习惯而被降为半奴隶的人类。"她书中描述的许多问题至今仍是社会弊病，其中一些甚至变得更糟。

近年来，山东，广东和另外一些省份的各种各样的"女德班""女子学校"极力推广和传授"文艺复兴核心价值观"，建议女性服从丈夫的任何要求，不争吵，不反抗，不主动离婚……这种女性服从性的规训反映了当前女性所面临的性别困境：在家庭和工作的双重负担下挣扎的女性们的发展更加困难。

导致女性自卑和服从的关键社会因素有以下几点。

1. 长期的社会传统使得家务劳动无偿化

性别角色的形成是基于人的自然性别或生物性别，在后天的生存环境中逐渐形成的。人类社会性别角色的形成也是个体社会化的重要组成部分，因此也被称为"性别角色社会化"，是指个体逐渐形成不同性别的社会期望、规范及相应行为的过程。它是先天遗传因素和后天环境因素等多种因素共同作用的结果，既有个体生理生物学因素，也有社会文化因素。

人类有历史以来，母亲就承担着照顾孩子的任务，因为母亲和孩子有一种天然的血肉联系，所以母亲比父亲花更多的时间和精力来抚育和滋养孩子，母亲是孩子的第一抚养人。根据一些学者在1995年对25个发展中国家的研究，女性在生育期间通常要花9到21年的时间用来照顾培养一个或更多的孩子。但不幸的是，这种由女性为社会提供的劳动和付出并没有得到市场体系的认可，更不用说通过市场机制进行补偿了。

家务劳动是一个古老的词，指的是作为维持人类需求的重要手段而被保留下来的劳动。在自然经济的奴隶社会和封建社会中，家务劳动和公共劳动都被认为是生产过程的一部分，公共劳动和家庭劳动并没有特别的区别。到了现代社会，人们认为家务劳动占了工业化国家创造的财富的25%到40%。然而，不幸的是，这部分贡献被忽视了，自18世纪以来，由于工业化和市场化的建立，家庭以外的有偿社会劳动和家庭生活中的无偿私人劳动日益被隔离和管制。家庭之外的社会工作往往与男性有关，而家庭内部的私人劳动往往与女性有关。

乔多罗（1978）写道："从历史上来看，无论文化背景有多不同，婴儿们都是由社会学意义上的母亲来抚育，如果不是她们，也一定是另外的女性来代替她们完成这个任务。"乔多罗（1978）认为，"我们不可以理所当然地认为女人的母性是女性生理学上不可避免的一部分，女人的母性恰恰是源自于文化而非自然的。"乔多罗定义了性别社会学和性别文化的两个普遍特征：一是女性的母性，二是女性在思想和政治上的劣势。第二个是第一个的结果，因为"在大多数传统社会中，女性必须（通常也确实）在她们成年后的大部分时间里生孩子和抚养孩子……由于社会的便利，形成了以女性为主的'家庭'领域和以男性为主的'公共'领域的结构分化……而家庭和家庭内的关系往往是基于亲属关系和代际关系。相比之下，公共机构、公共活动和与等级、组织和社会等相关的事被视为一个主要由男性主导的事业，男性是人类经验的'人造'系统的卓越参与者……相反，妇女所过的生活似乎与真正意义上的社会秩序的建立和维持不太相关。她们的一生更关心人类存在的'动物'方面（分娩、喂养、烹饪、清洁婴儿、照顾病人），女人与自然和动物生活联系在一起，男人与文化和社会联系在一起……文化和社会总是比自然和动物'更高尚和高贵'（Chodorow, 1978）。

综上所述，在市场分工的制度下，社会只认可用于交换的劳动，而自我服务的私人劳动，如和自己的家庭相关的工作（照顾孩子等）是没有补偿的。祝平燕等人在《女性学导论》中指出"这是妇女在家庭中的地位下降而导致的妇女经济和社会地位低下的一个重要制度根源：一方面从事无偿私域劳动的妇女只能服从于男人／丈夫，减少了女性参与社会工作的机会。另一方面，它也使得女性无法展现自我"（祝平燕，周天枢，宋岩，2007）。

讽刺的是：家务事一旦外包，就会与报酬相关，但在大多数情况下，从事家务外包工作的人仍然是妇女，这些从事为其他家庭做家务的妇女因此得到认可和补偿。所以，事实就是：女性就是做家务的人，无论是为别人家还是为自己的家庭，当她们为别人的家庭做家务时她们得到报酬，但是如果在自己的家里做家务事，她们却不被重视也得不到报酬。

缺乏弹性的工作安排是阻碍女性发展的原因之一。在这个社会中，妇女通常承担起早期孩子抚育的主要角色，而社会上早期护理系统仍然不发达，也没有足够的资金支持。而且,女性对家庭成员的照顾还延伸到年迈的父母和其他家庭成员。因此,女性在自己的职业生涯和照顾家庭之间的挣扎不言而喻。

2. 不同的社会领域导致了女性的地位低下

乔多罗(1978)指出:"在当前的社会中,就像在大多数社会时期一样,女性不仅要生育孩子,还要承担照顾孩子的主要责任,在婴儿和儿童身上花的时间和精力远大于男性,她们也因此维持与孩子的主要情感联系。当亲生母亲不抚养孩子时,其他女性,而不是男性,几乎总是代替她们的位置。尽管父亲和其他男性花在婴儿和孩子身上的时间各不相同,但父亲很少是孩子的主要家长,"她继续说,"女性一直在照顾孩子,通常是作为家庭中的母亲,偶尔也会在托儿中心工作,或作为受雇的仆人和奴隶。女性的母性是性别分工中为数不多的普遍而持久的元素之一。"

布克(2002)认为家庭责任对男性和女性职业发展有不同的影响。"工作和家庭被历史性地分割开来。其中,男性在公共领域的工作和事业管理方面占据优势,而女性则在私人领域的家庭事务处理方面占据优势。久而久之,公共和私人两个领域就演变成了性别化的领域,即男性化的特质和技能适用于公共领域,女性化的特质和技能则适用于私人领域。"由此可见,"男性和女性的职业发展差异不仅来源于不同性别的发展差异,更受到社会化过程的影响"。(肖薇,罗瑾琏,2015)。因此,男性有更多的成长和职业发展机会,有更多的升职加薪、培训机会,他们也有更多的机会负责新的项目和任务。人们把工作和职业生涯的主要希望寄托在男性,而把对家庭和生活的期望寄托在女性身上。因此,女性对于外部世界的欲望或期望不断减少。最典型的是,不少女性在职业生涯达到一定水平时开始感到快乐和满足,不再有以前的雄心壮志。

3. 家庭教育、学校教育和社会教育中传统思想的"洗脑"

祝平燕等人认为(2007)在人成长的过程中,父母、老师、朋友"强塞给我们"或不知不觉地告诉人们男孩应该坚强勇敢,女孩应该温柔、软弱、体贴等。这些是社会背景塑造的对性别差异的理解。

A. 家庭因素

家庭背景:指家庭经济状况、父母的受教育程度和职业等。不同的家庭背景使儿童接触到不同的性别角色和工作角色,为个体提供了模仿和学习的机会。此外，在儿童阶段，父母是最早通过言行进行性别教育的教师。有研究表明，母亲的教育水平和职业选择是直接影响女儿教育水平和职业选择的关键因素。

父母养育方式：孩子一旦出生，就会因为他们的生理性别而立即受到不同的对待。在儿童性别社会化的主要因素中，有些父母根据社会文化模式对儿童进行奖励或惩罚。传统家庭对子女教养方式存在着明显的性别差异，重男轻女的家庭尤其如此。更开放和民主的家庭的养育方式有利于孩子的发展。

生活细节：如在游戏和玩具方面往往存在性别差异，男孩的玩具和游戏与女孩的会不一样。

B. 学校教育

中小学教科书通常倾向于忽视女性形象的整体塑造，描绘英雄的文章通常是基于男性的形象，一些关于女性的文章大都是叙述传统的母亲如何伟大，她们为了家庭和孩子的幸福而牺牲自己。社会职业与劳动分工是组织教学教材的主要依据。教材的选择和使用受到编辑和教师固有的性别观念的影响。学校教育在未成年人思想形成过程中起着非常重要的作用。

C. 社会因素

同辈效应：当孩子在10岁左右时，由于男孩和女孩对活动和游戏的兴趣不同，在同龄群体中有明显的按性别分组的倾向。为了促进孩子的性别认同，父母通常鼓励自己的孩子加入同性别的同龄群体。随着个人进入青春期，来自同龄群体的影响将比来自家庭的更大。青少年有一种强烈的同伴认同的需求，并遵循同伴群体的价值观、习俗和时尚。在青少年的同伴文化中，青少年是否遵循社会所接受的性别角色标准成为他们能否被同伴群体所接受的重要条件。

与性别相关的工作分类：社会就是这样把不同的工作分配给不同的性别，并按性别区分角色和责任。我们确实看到相当多的职业和工作类型具有"职业性别标准"，即：哪些职业适合男性，哪些职业适合女性。这种"职业性别划分"不仅受到社会生产水平和劳动分工的制约，还受到旧的性别偏见的影响。从童年的经历中，个体已经开始学习成年人世界的性别分工。

4. 大众媒体的引导

大众传媒是现代社会中个体社会化的重要因素。媒体包括电视、收音机、光盘、书籍、报纸、杂志、微博、微信、抖音等。它们正在影响个人性别角色的形成。大众传媒起着公开、及时、规范化的价值宣传和行为引导作用。因此，社交媒体中所表现出来的角色分化、职业分工、态度、个性、语言等，都是青少年乃至成年人所效仿的"榜样"。

性别不平等是由一种长期的社会文化构成的，每个人都被包含在其中。在今天的小说和电视剧中，女性的柔弱形象及主题越来越多，大量的影视作品都讲述了"男强女弱"的故事，这些女性角色特征通常都是"年轻，漂亮，温柔，顺从"。这些都突出了"男权文化"，反映了男权社会的价值体系和以男性为中心的意识形态。

大众传媒领域存在着贬低女性形象、过度庸俗地消费女性、固化女性传统家庭角色等诸多负面文化现象。典型的现象为：过度渲染"郎才女貌""以财换貌"等，这是明显的歧视妇女；一些特定的表达方式像"剩女""女汉子"等，也体现了对女性的歧视。

大众及相关媒体对这些现象视而不见，或是根本没有意识到这些是对女性的性别歧视，忽视了媒体在促进性别平等文化方面的责任。

职业女性在刻板印象中很少有吸引力，流行文化长期以来倾向于将成功的职业女性描绘成过度专注于事业的女性，以至于她们被称为"铁娘子""女强人"——从这个意义上说，她看起来不像女人，因为"坚强"不该是女性的特征。男人和女人都认为有竞争力的男人非常性感（睾丸激素诱导的行为），而男人和女人都认为女人的性感在于温柔和敏感（也是荷尔蒙诱导的行为）（Carroll，2010）。谦虚、包容和自我牺牲被认为是女性的特质（Sandberg，2015）。快速浏览一下众多的电影，大多数吸引人的女性角色都是那些躲在她们的丈夫、父亲身后的女子，她们谈吐文雅，举止温柔，当然一律着装得体，"浓妆艳抹总相宜"。

李敖（1935—2018）是著名的非学术和有争议的中国台湾作家、社会评论家、历史学家和独立政治家，他声称："美丽女人不会饿死，但会死于消化不良……成功的丈夫是钱多到妻子花不完，成功的妻子，是找到这样的一个丈夫。"这和流行的一句口号没什么区别："你负责貌美如花，我负责赚钱养家。"事实上，这些观点只是把女性推回了古老传统：待在家里，并想尽一切办法变得漂亮和有吸引力以取悦丈夫。如果世界真的如此运转，我们最好许愿漂亮的女人不会变老，不会变丑，否则，丈夫可以名正言顺地去寻找另一个年轻的美女。可悲和讽刺的是，现在很多丈夫并没有能力完全承担起现代意义上支持家庭的责任，妻子也必须出去工作，共同分担家庭的经济负担（当然另一方面也是为了实现自己的个人及社会价值）。事实上，相当多的妻子甚至比丈夫挣得多！中新经纬《维度》2019年3月的调查报告显示：五分之一的中国家庭妻子赚钱更多，23.61%的家庭主妇月收入占家庭总收入的一半以上。即使是男人挣的钱比妻子少，即使女性比她们丈夫挣得更多，男人和女人们仍然憧憬着"你负责貌美如花，而我负责赚钱养家"。而实际情况是，作为妻子和母亲的女人们的生活已经因为家庭和工作的多重责任而难于实现"貌美如花"了。

"一个成功的男人总是有一个伟大的女人做后盾"，这句话在几年前很流行，它清楚地表明了女人的地位总是在男人的后面，虽然"伟大"，但女人是不可见的，不成功的。对于大多数女性来说，她们还没有意识到这是性别歧视，是男女之间的不平等。

女性迷失自我，常被视为附属物的原因主要有以下几点：

首先，这种现象是父权文化的反映。男权是在长期的社会制度和文化中形成的，女性的附属地位是长期受处于主体地位的男权的压迫所导致的主体和表现。

其次，这种现象说明了女性生存的价值体系和思维方式。长期以来，在男性社会的强权下，无意识的女性们乐于受男权文化的庇护，在这一身份下，她们不自觉地陷入商业化的陷阱。强加于女性生理和心理上对男权文化的屈从和依赖，导致全体女性自我意识的丧失。

### 5.3.2 文化影响

张珊明等人（2017）认为"不同文化背景中，女性成为领导者的难易程度是不同的。文化松紧度（cultural tightness）影响着女性领导力的提升。国家文化一般分为宽松文化（loose cultures）和严格文化（tight cultures）。严格文化背景中崇尚硬性的社会规范、行为准则，社会文化容忍度较低；宽松文化下，对社会规范和标准的要求较少，社会文化容忍度较高。女性进入职场，开始承担职业角色不到 200 年的历史。相比较严格文化，宽松文化对于女性成为领导者更具有包容性。已有研究发现，文化松紧度与女性领导者比例呈显著的负相关，在宽松文化下的女性比在严格文化中的女性更有可能成为领导者。如，在巴基斯坦、韩国、土耳其等严格文化下，女性领导者比例不到10%，而在新西兰、匈牙利、乌克兰等宽松文化下，女性领导者比例达到35%"。因此，在两种文化背景下，女性以不同的方式成为领导者。"宽松文化和严格文化赋予了人们不同的领导观，并影响着人们对女性进行领导者分类的心理过程。……虽然宽松文化比严格文化倾向于实施更多的平等策略，但由于缺乏实施和加强平等策略的组织程序结构，使得平等策略的落实艰难，对女性成为领导者方面的影响微乎其微。而在严格文化中，权力明晰、程序规范、平等策略的实施高效而快速"（张珊明，等，2017）。

Soo Min Toh 和莱昂纳多利（Leonardelli, 2012）的研究还发现，相比较未实施性别平等主义策略的严格文化，实施该策略的严格文化有着更高比例的女性领导者。典型的例子是马来西亚和新加坡，这两个国家都是在严格文化中实施性别平等主义策略，而她们的女性领导者比例都很高。

### 5.3.3 企业的用人制度

1. 对母亲的不同期望

麦肯锡对全球高管的调查发现，女性职业发展面临的关键问题在于企业文化以及男性高管缺乏对女性的关切并使其发挥作用。麦肯锡 2013 年的调查显著表明，尽管人们现在可以有效地远程工作，使得女性和男性可以有同样的工作时间，但需要高层管理人员 24 小时待命的不成文的普遍要求，可能是女性晋升的重要障碍。从另一个角度来看，我们也看到了双重标准的使用：理想的员工被定义为随时可以工作的人，而"好母亲"的定义则要求母亲时时刻刻可以照顾她的孩子、丈夫和其他家庭事务。更令人困扰的是含混不清的对于女性自己职业生涯的信息。男性通常会被鼓励去努力追求事业："你可以的，加油！"而女性则被建议"把职业当成马拉松"，而且女性常会被挑战"你确定要继续吗？马拉松真的很长很难的"（Sandberg, 2015）。

### 2. 为男性量身定做的企业用人制度

维梅尔（Vemel，2010）认为商业氛围、政治环境、价值观、现存的观点和艰难的晋升之路都使女性得不到平等或公平的重视和机会。这些体系着眼于男性的思维和行为。女性要想在这些体系中取得成功，就必须表现得更像个男人。在大多数情况下，领导角色都是男性主导的，评估者也主要是男性。人们期望女性领导者表现得像一个领导者——也就是说，权威和自信（男性特征），并学会融入男性世界。传统的性别观念认为理想的员工（男性）把工作放在首位，而女性员工被认为工作承诺较低。如果一个女性想要获得组织和其他男性领导成员的认可，她需要适应男性主导的企业文化和环境，例如，鼓励女性加入高尔夫俱乐部。由于大部分的高层领导职位都是由男性占据的，人们经常将男性和领导者的形象混淆。因此，人力资源部门会为女性领导者提供"果断领导"和"战略思维"的培训。另外，女性又得遵循传统的性别规范，如果她们偏离了这种刻板印象，就会受到惩罚。因此，越来越多的女性将男性的管理风格和模式作为标准参照对象，有意或无意地模仿男性特征、气质和行为。男同事会带女同事去午餐俱乐部，训练她们在会议上毫不犹豫地表达自己的想法，并建议她们做只有"硬汉"才能做的事情。贝尔·罗斯·拉金斯等人（Bell Rose Ragins，et al，1998）建议女性领导者采用男性管理模式和风格来打破"玻璃天花板"。对他们来说，女性管理者必须形成一套专业的领导风格，使男性同事或下属感到舒适，适应男性主导的企业文化或环境。当遇到需要处理的情况时，男性的管理模式和风格可以作为参考标准。在现实生活中，尽管有很多女性管理者像男性一样打高尔夫球，参加午餐俱乐部，接受领导力培训，获得了相应的男性领导技能，但这些技能和经验仍然不能为大多数女性消除职业障碍，因为在企业内部，这些障碍是根深蒂固的，制度上的，而不是这些表面的动作和行为可以改变的。

### 3. 女性领导者的困境

从另一个角度来看，企业和男性领导者仍然希望女性领导者表现得有女人味——也就是说，对他人要友善、体贴。一个女性如果违反自己的性别标准，表现得过于自信、勇于指挥，却没有特别表现出对他人的关怀，那么她就会受到基于偏见的批评甚至批判，而这样的表现在她的男性伙伴身上是不会被批评的。即使有时在困难情况下采用男性的方式是最佳方法，女性也将被批评或限制来这么做。

拉兹洛（Laszlo，2010）指出，人们被要求按照他们的生理性别和社会角色定义来限制他们的行为。如果男人有闯劲，那他就是坚强，而坚强的女人会被贴上"婊子"的标签，男人在表达情感时被告知要"有男人气概"，而女人在表达情感时被认为是敏感和关心。

因此，女性领导者发现自己陷入了困境：当她们违反性别刻板印象或未能符合传统的性别规范，她们会明里暗里地受到惩罚，当她们显示女性的刻板特征和做出相关的行为时，她们又会被认为是缺乏领导能力而因此被企业的其他领导成员边缘化。

"以男性为中心和重点的企业结构及组织形态导致女性在组织高层的比例较低"，这一结果"限制了女性整体职业生涯的职业发展"（Miller, 1976）。

### 5.3.4　女性的自我约束和自卑感

社会和文化对女性角色和身份的刻板印象在女性身上的内化产生了女性的自我约束。正像男性渴望拥有男性气质那样，女性非常担心自己女性气质不够，因此，有大量的书籍和社交媒体教育指导女性如何变得更女性化：柔声细语、温柔体贴、穿着得体，最重要的是美丽和优雅。另外，还有不少女性希望嫁给外表和感觉更男性化的男人：有权势、有保护欲、果断、坚强、专注事业等。由于女性在最高领导职位上的代表性极低，一些女性感觉自己是需要依赖男性的。总而言之，女性必须在有竞争力和有吸引力之间做出选择。

女性往往低估了自己的价值，低估了其影响舆论的能力，低估了自己重塑关系或为新机会铺平道路的能力。就拿使用信息来说，女性在使用信息时会犹豫不决，不愿让别人注意到自己取得的成就，因为这不是"好女人"该展示的。

职业母亲经常挣扎于自己内心的信仰和内疚。职业母亲不断质疑自己继续职业生涯的决定，这种内心的声音甚至可能变得充满敌意，她们自我质疑为什么当孩子需要她们在家时，她们仍然在外追求自己的事业。引起女性自我约束的因素有如下几个方面。

1. 低自尊：消极的自我评价或自我意识

研究中，这种低自尊指的是一种情绪体验，是低估或认为自己（母亲）比别人（丈夫或另一个男性）更低或更差。

肖薇等人（2015）认为，男领导将自己的成功归因于内在的能力和技巧，而女性领导通常将自己的成功归因于外在的因素，如"工作非常努力""运气好""得到帮助"等。男性和女性对于失败的解释也不一样。当男性失败时，他的理由会是"研究或准备不足"或"对这件事不太感兴趣"，而当一个女性失败的时候，她认为是由于自己缺乏能力。同样，当收到负面反馈时，女性的自信和自尊会受到比男性更大的打击，由此导致的失败和不安全感的内化会损害她们未来的表现，而这种心理模式具有严重的长期负面影响。

女性似乎对自己取得成就和成功的能力缺乏信心。女性经常受到自我怀疑的困扰。"多个行业的研究表明，女性往往认为自己的表现比实际情况差，而男性认为自己的表现比实际情况好"（Sandberg，2015）。2012年麦肯锡对4000名知名企业员工进行的一项调查显示，女性对高层领导职位的渴望和进取心较低，相较于36%的男性，仅有一半（18%）的女性对"首席××官"有野心。

女性缺乏自信的另一原因是她们认为社会和她们的企业没有这样的环境让她们晋升到高层。由于女性被认为是善良有余，能力不足，人们想要雇用和提拔的是那些既能干又因善良而受欢迎的人，这就给女性造成了巨大的障碍。研究已经清楚地表明，成功和受欢迎程度对男性来说是正相关的，而对女性则是负相关的。在麦肯锡2013年"妇女的重要性（Women Matters）"的调查中，有近40%的女性受访者认为，女性领导和沟通方式不符合其所在公司的高层管理人员的主流风格，30%的男性受访者持相同的观点；69%的女性高管表示她们有信心可以升到最高管理层，相比之下，有这一信心的同龄男性的比例为86%。

2. 害怕成功

尽管她们现在也接受同等的教育，能够阅读和有自己的思考，甚至有更好的理解能力，也可以说出自己的需求和欲望，但许多女性却依然"喜欢"躲在男人背后，因为她们"担心不被喜欢，害怕作出错误的选择，恐惧收到负面关注，担心被认为手伸得太长，害怕被评判，害怕失败，害怕变成不合格的妈妈/妻子/女儿"（Sandberg，2015）。事实上，她们害怕为自己说话，害怕成功。

霍纳（Matina Horner，1972）通过实验试图了解成功的动机在性别上的差异基础。参与者被设定如下情境："安妮或约翰是密歇根大学医学院的一名学生，在第一学期期末考试中，安妮或约翰的成绩名列全班第一。参与者被要求描述一个故事来说明安妮或约翰在知道成功结果后的心理感受，以及之后的情境演变。研究人员让男性参与者描述约翰，让女性参与者描述安妮。研究发现，女性参与者对成功的看法与男性参与者截然不同：65%的女性对安妮的成功表现出消极心态，而只有10%的男性对约翰的成功表现出消极心态。下面是男性和女性分别为约翰和安妮描述的两个故事。

男性参与者写的故事通常表现出成功感和满足感。一名男性参与者对约翰的典型描述如下：约翰是一个明智的大学生，他学习努力，并为自己感到骄傲。在读高中的时候，约翰理想的目标是进入大学医学院。自从得到了学习医学的机会，他在兴奋和骄傲的同时，也知道在医学院成功是不容易的，所以，他一直努力学习。后来，约翰终于实现了他的初衷，以大学里最高分获得了学位。

女性参与者对安妮的反应通常都是负面的，就像其中一个女性对安妮的典型描述一样：安妮和男朋友卡尔在同一个班级，他们彼此之间已经有深厚的感情。安妮和卡尔得知她在考试中得了一等奖后很不高兴，因为安妮一直希望卡尔能做得比她好。所以，从第二学期开始，安妮决定不再专注于她自己的学习，而是帮助卡尔学习。从那时起，卡尔在学校取得了很大的进步。他们婚后不久，卡尔继续完成学业，安妮则辍学专心做家务。

根据霍纳（Horner，1972）的观点，女性主体所表达的负面形象通常分为三类：害怕引起社会反感，害怕不够女性化，否认自己成功的事实。逃避成功的动机是在动机的期望——价值理论框架内概念化的。它被认为是占主导地位的社会刻板印象的内在心理体现，这种刻板印象认为能力、独立、竞争和智力上的成就是与女性气质基本不一致的品质，尽管它们与男性气质和心理健康呈正相关。

霍纳（Horner，1972）总结说，女性的成就动机与男性不同。在男女竞争的条件下，女性的成就动机是消极的，男性倾向于追求成功，而女性则害怕成功。成功给男人带来满足，而给女人带来焦虑。

尽管霍纳（Horner）的研究结果引起了很大的争议，但"女性害怕成功"的观点仍不断被听到。侯典牧（2017）也表示："在现实生活中，人们常常对事业上非常成功的女性冠以'女强人'的代号。许多男性不希望自己的妻子超过自己，成为所说的'女强人'。许多女性自己也不愿做'女强人'，因为一旦成为'女强人'，她们就得承受事业家庭各方面的重担，还得承受来自社会上的一些不认同感。因此，不少女性有一种对成功的恐惧，马斯洛把这种心理现象称为"约拿情结"（Jonah complex），即害怕最高成就，惧怕成功，对理想有敬畏感。这种情节导致女性不敢去做自己本来能够做得很好的事情，甚至逃避发掘自己的潜能。因此对成功的恐惧造成了很多女性不敢追求成功，限制了自身能力的发展。

3. 从众心理

从众心理主要表现为缺乏自我表达的精神，这类人没有独立的思想，只是人云亦云。根据侯典牧（2017）的研究表明，女性产生这种心理的原因主要有以下几个方面："一是女性的自卑心理使然。由于女性的自卑心理较强，对自己缺乏信心，总感到技不如人，对自己的观点和看法没有把握，怕成为笑柄。二是由于在生活中受到局限和压抑，某些女性羞怯、胆小，喜欢习惯性地往后退，不敢公开表达自己的意见，缺乏主动表现自我的意识。三是对权威和领导的惧怕。尽管女性有好的方案和意见，但由于与领导和权威的观点不一致，而不敢说出口。女性的这种心理在很大程度上影响和限制了自身的发展，使其永远不被人重视，难以脱颖而出。当一个人成为一个可有可无的人物的同时，也就失去了许多发展和成功的机会。"

4. 男人（丈夫/父亲）背后的女人

尽管这是一种被广泛"认可"的社会意识形态，但笔者很高兴看到一些情况相反的例子：丈夫支持妻子的成功。典型的一个例子就是屠呦呦，中国诺贝尔医学奖得主。她的丈夫李廷钊是她的高中同学，作为教授级高级工程师的他，其本人工作也很忙碌，但他还是承担起了照顾妻子和孩子的职责。在屠呦呦瑞典的获奖之行，一直陪同的李廷钊笑言"做了一辈子的厨师，保姆，临老了，还当起了秘书"。

5. 委付心态

鲍迈斯特（2010）指出："男人知道，在紧急情况下，为了挽救女性，他可以牺牲自己的生命。"这个社会的约定俗成使女性感到应该、必须依赖男性，因为男性可以保护和拯救她们的生命，提供经济支持等。"许多女人梦想嫁给一个百万富翁，但很少有女人想自己成为百万富翁。"鲍迈斯特（2010）认为男人和女人都渴望财富，但他们对乏味的工作、丑陋的妥协和肮脏的自我牺牲有着不同的态度。男人必须挣钱养家，女人天性的第一选择是通过使自己变得有魅力、可爱来吸引有钱的男人；她的第二个选择是嫁给一个将来可能会有钱的男人。

侯典牧（2017）指出，很多很出色的女人一旦结婚就选择待在家里，或者不再努力工作，她的事业被爱和家庭所取代。"对自己丈夫有一种托付形态，认为自己嫁给这个男人，就把自己整个人交给了这个男人，男人从此开始应该对自己的人生和一切负责。这种托付心态会限制女性对工作和事业的进一步追求。"

一项针对世界上最著名的常春藤盟校的调查显示，妈妈们都想待在家里陪孩子，享受做母亲的乐趣。2001年一项针对哈佛大学女性硕士学位持有者的调查显示，她们中的三分之一没在工作，另外三分之一人只是兼职或是合同工。2014年《时代》杂志公布的一项调查显示，22%的硕士或有专业学位的女性待在家里照顾孩子。三分之一的女性MBA毕业生没有从事全职工作。"社会对大学毕业生的需求通常超过现有毕业生人数，所以很难认为女性大学毕业生的低就业率是因为她们找不到工作"（Baumeister，2010）。

鲍迈斯特（2010）说："仍然有相当多的女性选择在家照顾孩子，所以她们不能在经济上自给自足，需要其他的经济支持，这就是丈夫。很多有前途的女孩说她们已经结婚了，为了丈夫的工作，她要随着一起搬到别的地方去，所以她们必须放弃自己的事业。通常情况下，她们的事业会被搁置很长一段时间。因为女孩们不会回来完成她的研究或履行她的职业生涯承诺。对女性来说，剥夺成功和竞争的机会是不公平的。拥有教育资源却不去使用，也是对社会资源的浪费"（Baumeister，2010）。

宁愿待在家里而不追求事业限制了女性的职业发展。"使她丧失追求成功的原动力，也使她丧失思维的独立性，难以产生新的想法，创造出新的意念，制订出新的计划，严重制约自身潜能的发挥"（侯典牧，2017）。其实这种委付于男人的心态是女人的幻想，是很危险的。如果有一天这个"值得信赖的"富有的丈夫突然离开了她，她将面临巨大的痛苦，因为放弃现有的已习惯的生活和思维，去开始一个新的独立的生活和事业是很很难的。事实上，确实有许多这样"痛苦"的案例。

2021 年 8 月 3 日，民政部公布了过去几年的离婚率如表 5-1 所示。

表 5-1 2017—2021 年离婚率

| 年份 | 2017 | 2018 | 2019 | 2020 | 2021 |
|---|---|---|---|---|---|
| 离婚率/% | 33.23 | 35.78 | 40.80 | 41.12 | 23.19 |

离婚人数对于结婚人数比例的上升来自两股力量：结婚的人越来越少；越来越多的夫妻离婚。这两股力量都表明，女性现在需要越来越独立，特别是经济上的独立。

6. 以稳定为中心，以家庭为中心

张珊明等人（2017）认为女性在职业生涯中经历了两个阶段："初入职场的女性大多是积极进取的。随着结婚生子后家庭格局的变化，许多职场女性渐渐转变为求稳求安。然而，这种思想意识易于导致女性职业提升动力的慢慢丧失。"女性，尤其是女性领导者的注意力转换体现了她们的价值。许多女性对自己的工作和事业没有全面的认识，只认识到其对家庭和收入的影响，也可能在某种程度上认识到个人价值的实现，但往往忽略了其对整个社会的影响。对女性职业价值的狭隘解读，限制了她们社会价值的传递，使她们无法为自己的职业发展拥有灵魂和核心。以个人和家庭为中心的心态导致她们对社会活动的贡献较少，对其他社会、组织、行业关系和发展趋势的关注也较少，有限的职业关系网也阻碍了她们在领导力发展方面的有效提升。

7. 女性针对女性

更糟糕的是女性更倾向于将另外的女性视为竞争对手，而不是合作伙伴，因为她们需要为企业中"预留"给女性的有限高位而相互竞争。

让我们回顾一下我们之前讨论过的内容：第三性别似乎更适合今天和明天

的世界，这可以从以下几个方面来解释：

（1）交易型领导方式逐渐让位给变革型领导方式。

（2）变革型领导风格与女性特质呈正相关。

（3）与没有做过母亲的女性领导者相比，母亲型领导者具有明显的女性特征。

（4）具有第三性别情商和魅力的变革型领导可以提供心理上的愉悦感，这对员工的充分参与至关重要，员工会更有创新精神，更有动力，最终能够交付比预期更好的结果。

是的，第三性别似乎最适合领导当今的世界，但现实是，第三性别处在一个非常尴尬的位置：一方面，她们被认为具有得天独厚的内置领导能力，她们中的许多人已被证明至少不亚于男性领导人；另一方面，受性别不平等，刻板印象的影响，她们仍然在事业上挣扎，这主要是由三种力量造成的：传统的文化及社会期望；企业的潜规则；女性的自我约束。大众需要做更多的事来解放母亲领导的职业道路，让社会从这一未被充分利用的重要资源中受益（更多的母亲领导承担更多的责任），对现有资源做更好和最优利用（母亲领导提供更有效的领导能力，提供心理愉悦）。在下一章中，重点讨论如何采取可能的行动，使母亲领导者在她们的职业生涯中有公平和更容易的上升之路。

## 5.4  性别角色之争——从刻板印象到魅力四射

哈佛大学前校长劳伦斯·萨默斯（Lawrence Summers）曾假设是否在数学和科学的最高智力水平上男性比女性多。因为这一言论他不得不在2005年道歉并辞去了校长职务。这一事件表明，社会对女性的歧视越来越少，对针对女性的不善观点也越来越不宽容。有人认为，哈佛大学自然科学领域的终身教授中男性多于女性，可能是由于"性别歧视"或其他原因，而不是智力上的差异。事实上，研究人员发现，男性和女性的平均智商几乎是一样的，差别只在小数点后面好几位。

性别认同的男性化和女性化根植于社会层面而非生理层面,社会文化希望男性具有攻击性、竞争性和趋向于行动,而女性则是被动的、合作的和善于表达的。玛格丽特·米德(Margaret Mead,1936)的结论是性别之间在性格特征和性情上没有明显的差异,相反,差异是由社会化和文化对两性的期望的差异造成的。正如心理学家们所指出的,如果父亲能分担家庭负担,照顾孩子,他会逐渐接受并变得女性化,而扮演"父亲"角色的女性会变得更加男性化。"如果那些我们传统上认为女性化的气质和态度,如消极被动、负责任、爱惜孩子等,在一个部落中被容易地确立为男性模式,而在另一个部落不对大多数女人或者男人做此类的强制规定,我们便不再有任何依据把这些行为看作是与性别有关的。某些传统意义上被认为与性别有关的行为其实与此无关,而是与个性喜恶相关,也即是心理上的——每个性别都有这种潜在特性。这些气质特征是否在两性中平均分布,仍有待进一步研究,就像性别差异的整个问题一样,这些差异究竟是先天的,还是不同生理构造的个体在性格形成的过程中而带来的,不得而知"(Mead,1936)。所以,如果社会能够不如此明确地在基于差异化的方式分配"任务",不把全职母亲认同成母亲的唯一角色,那么母亲领导者将会有更多的机会。

布克和卡斯在1997年的研究中假设父母的性别认同将会朝着受干扰的方向改变:男性会变得更男性化,而女性会变得更女性化。在他们的研究中,他们试图找出答案:如果丈夫和妻子各自扮演对方的角色会发生什么?他们的假设结论是两者的性别认同标准会随着另一方的特征而改变:男人会变得女性化,女人会变得男性化。他们的假设被证明是有据可依的:如果男人可以更多地照顾孩子和家庭,他们的女性特征会被扩展,他们因此而变得更加平衡,真正地有利于家庭和社会。

心理学家还发现,母亲因不能随时陪着孩子而担心没有给予孩子足够的关心。这种焦虑更多的是母亲本身的问题而不是孩子真正缺乏关爱。研究表明,完全由母亲照顾的孩子和被其他人照顾的孩子在发展上没有什么不同,他们在认知技能、语言能力、社会能力、建立和维持关系的能力,或母子关系的质量上没有发现任何差距。"研究不断发现,最重要的是照顾孩子的质量,儿童们的需求需要被及时觉察到且得到认真负责的满足"(Waldfogel,2006)。"母亲会因为她的工作对家庭造成的影响而感到内疚，而父亲则不会有这种愧疚"（Robin，1995）。

研究表明，人们在较低职位置时，不太愿意分享自己的观点，常用模棱两可的方式来表达。这就解释了为什么对许多女性来说，在工作环境中直言不讳是一个额外的恐惧，开口要求升职，自我推销更是难上加难，而男性对此得心应手。身居高位的男性往往没有意识到他们仅仅因为自己是男性而享受到的好处，这可能会让他们忽视与身为女性相关的劣势。地位较低的女性也认为男性身居高位理所应当，因此她们会努力遵守规则，努力工作以获得晋升，而不是对可能存在的偏见提出质疑或表达不满。

大众不能再假装偏见不存在，也不能再回避它们。人们相信，创造一个更平等的环境不仅会为组织带来更好的业绩，而且很可能会为所有人带来更大的幸福。

今天的男性和女性比历史上大多数时候都更相似。几十年来，我们的社会一直在努力消除性别差异，为男孩和女孩提供相同的教育、相同的成长条件和相同的机会，并将这种平等的待遇扩大到成年男性和女性。

有许多聪明有智慧的女性没有以有意义的方式为社会做出贡献，也许是因为社会不知道如何容纳她们。解放妇女走向独立的唯一道路是妇女经济地位的改变，同时，也依赖社会观念、文化等的改变。"只有当女性自身意识发生根本性的改变，才能真正实现男女平等"（Beauvoir，1949）。

张珊明等人（2017）认为"女性并不缺乏自身的领导策略，也不太缺乏女性领导提升的政策和机会，真正缺乏的是对女性领导的认同，包括对女性领导角色和身份的自我认同、社会认同和文化认同"。

打破玻璃天花板并不容易，需要多方面的行动。因此，接下来的讨论将集中于可以采取哪些行动，以帮助母亲们走向领导角色。

### 5.4.1　来自政府和社会的行动

为了帮助母亲领导在事业上得到提升，政府可以充当促进性别平等的催化剂，曝光甚至惩罚性别不平等的行为。政府的政策和立法可以消除歧视性做法和人为的障碍，并设立和执行有利于年幼子女的母亲的立法。这将减轻母亲的负担,有助于改变社会观念。

1. 心态改变

男性并非本身就在某种程度上高贵,只是因为他们创造了男性主导的文化,就使他们自己的群体可以生活得很好,至少比和他们相对的群体更好。事实证明,女性完全有能力在大公司的高级职位上表现出色,而男性完全有能力换尿布。事实上,"大多数男人对这些事情没有足够的热情,所以他们不愿意为那种生活做出牺牲。女性群体更致力于互助互爱的人和人的个体关系,从来没有真正接受创建大型社会结构所需要和带来的残酷的竞争和人类痛苦"(Baumeister,2010)。

没有必要争论为什么只有男性创造了巨大的文化、社会结构和群体组织,向前看在当今世界更合理、更合适、更受益。母亲在企业和社会中也能做得很好吗?让更多的女性担任领导角色是受益的吗?如果答案是肯定的,那么大众该期望为女性提供更有利的环境和机会,让她们在由男性创造的、为男性量身定制的企业和社会结构中有所作为。有必要让更多的母亲从个体对个体的关系中走出来,走向更大的舞台。因此,现有的社会规范需要改变,以便人们朝着新的社会规范前进。

(1)在社会规范里,那些基于刻板印象和社会分配的社会规范被新的规范所取代:对每个人的要求和期望不再以性别为基准,而是按照每个人的热情、才能、兴趣、能力等来衡量。

(2)这个世界的权力结构不是为了有益于男性领导者,而是为了培养和给机会于真正有才能的人,这样就给了更广大的人群更多的机会。

"研究表明,不同的群体比同质化群体更能成功地做出好的决策,这给企业发出了信号,消除'玻璃天花板'可以积极影响他们的盈亏底线"(Johns,2013)。

后人可能会问,为什么男人就不能更像女人一点呢?父母之间更平等的劳动分工将为下一代树立更好的行为榜样。现在人们知道女人能做男人能做的事情,但不知道男人也能做女人能做的事情。我们应该给男人多一点机会去证明。"如果社会和商业模式积极鼓励男性照顾年迈的父母和养育孩子,并且女性在企业和政府中有平等的'当家作主'机会,那将是很棒的"(Zwein,2010)。

2. 家庭和学校

家庭和学校也应该在孩子成长过程中鼓励和树立"男女平等"的思想。这并非否认可能存在的两性天生的差异，它更多的是鼓励和给予男孩和女孩机会去尝试异性所擅长做的事情，以扩大他们的视野，提升他们的能力，避免造成人为的"差异"。

3. 媒体

人们不需要伪善的"你美丽我赚钱"口号，而应该鼓励母亲们"做自己，寻求支持，让配偶分担家庭负担"。

对于李敖这样的名人，媒体不应该对他那些有负面社会价值的言论推波助澜，尽管人们并不反对媒体分享这些名人们在各自领域的有用的知识。

4. 退休年龄

在中国，国家法定的企业职工退休年龄为男性满 60 周岁，女工人年满 50 周岁，女干部年满 55 周岁。在中国和世界范围内，女性的平均寿命都比男性长。中国疾病预防控制中心慢性病中心周脉耕团队，南京理工大学循证社会科学与健康研究中心柏如海、拜争刚团队等在《柳叶刀》期刊发布的一份研究报告预测显示：预计到 2035 年，我国平均预期寿命将达到 81.3 岁，其中女性为 85.1 岁，男性为 78.1 岁。研究发现，中国女性和男性的预期寿命差距，预计将从 2019 年的 6.2 岁增加到 2035 年的 7.0 岁。

很多女性在人生最佳阶段"被迫"退休。在她们 50 岁上下的时候，长大了的孩子们已经不需要继续照顾，在领导团队和公司方面积累了足够的经验和智慧，但遗憾的是这时却是她们必须退下来的年龄，尽管那正好是她们有能力，有精力来贡献和表现的时候。我们很高兴看到政策似乎有一些放松，下面的延迟退休政策正在讨论中：女性退休年龄每三年延迟一岁，男性退休年龄每两年延迟一岁，到 2045 年男性女性退休年龄同步达到 65 岁。这样做是不无道理的，随着人口老龄化，为母亲领导者多提供 5~10 年的机会将有利于社会。

## 5.4.2 企业的行动

1. 多样的职业发展模式

让男人和女人一起承担家庭责任。在职业发展方面，母亲不可能像大多数男性领导或没有孩子的女性领导那样完全或只以事业为核心。她们必须把重要的家庭责任（照顾孩子，照顾老人等）和她的职业发展同时兼顾。因此，与其"歧视母亲"，不如承认、认可甚至奖励她们的非凡能力。一个好的方法是灵活的用工和工作模式（时间，地点，工作分配，业绩指标等）。赫尔利和索南菲尔德（1997）指出，锦标赛的职业上升模式，即通过比赛式的战胜一系列失败者而取得胜利的方式到达高位，并不适合女性，女性特别是母亲需要一个不同于男性的职业上升模式。有人认为，某些独特的职业模式是典型的女性经理的职业生涯途径，而它们可能不符合一个典型的男性模型的连续线性发展形态，男性比女性更有可能遵循一个连续的线性路径。在女性职业研究中，线性、等级晋升、冠军赛等传统男性主导的晋升模式仍在出现，但越来越多的研究提出了具有女性特征的职业发展模式。康妮·理查森（Connie Richardson，1996）指出，与男性的"分层"职业发展模式相比，女性的职业发展模式更像一条"蛇"，其他学者也提出了另外的职业发展模式，例如，以"新女性"生活方式为基础的职业发展模式：它鼓励女性在职业生涯中追求自己的梦想、发挥潜力，并在职业发展中兼顾家庭和个人生活的平衡，她们可能会寻求灵活的工作安排，如远程办公或弹性工作时间，以更好地平衡工作与家庭责任。

事实上，不同的晋升模式是需要的，这不仅是为了母亲，也是为了工作性质、责任不同的人。如果允许父亲跟随不同的职业生涯模式，他们可能会愿意花更多的时间在家里，分享家庭的负担，更重要的是可以避免因"父亲缺失"在孩子成长过程中带来的心理问题。

约翰斯（Johns，2013）呼吁雇主制订具体的计划，致力于性别多样性。根据她的观点，那些成功打破障碍的公司都有以下的共同特点：CEO的支持打破性别障碍；组织或公司对此有特定要求；企业提倡包容的文化；企业正视先入为主和刻板印象的问题；强调问责；跟踪进展，构建全面的完整的体系。这其中，消除结构、组织和文化上的障碍的全面性的项目至关重要，包括在董事会、执行委员会和高级管理人员中设立女性名额要求，并积极开展外联和招聘女性。约翰斯提议在组织内部为女性升职提供导师计划，导师可以是男性或女性领导者。

2. 禁止、取消男性俱乐部

在提供不同的职业发展和晋升模式的基础上，强烈建议打破"男性俱乐部"类的团体。一个更开放、更包容、更少"圈/层""俱乐部"的企业会让母亲获得更多的晋升机会。

3. 灵活的工作时间,地点和方式

为了在组织中取得成功,许多女性必须为了工作而调整自己的家庭和生活安排:一再推迟结婚、生育年龄,甚至维持没有孩子的状态。有些公司已经采取了很好的措施来缓解这种情况,比如,给予父亲产假、减少母亲工作时间等。人们希望看到有更多的企业和组织普遍采用育儿福利,并增加更多的其他福利,如灵活的工作时间,员工之间的工作分担,在家工作以帮助母亲们应付多重责任。所有这些安排都应该在直接主管的全力支持下实施,以避免这些"福利政策"只是停留在纸上或口头上。依性别来安排和分配工作时间将减少母亲领导在家庭和工作、婚姻和生育、家庭和社交之间的时间分配冲突。事实上,在这样的工作时间和工作模式下,母亲们很可能会感到更有动力,更有效率,而不是表现出在不友好的工作安排下的缺乏努力和比预期更糟的结果。

4. 保荐(sponsorship)项目

"保荐者是那些在组织中宣传和推销受保荐人的技术和能力的人,并帮助受保荐人在职业生涯上不断攀升"(约翰斯,2013)。在职业领域中,保荐通常指的是一个有影响力的个人对另一个人的职业发展提供支持和推动,包括提供资源、机会、建议和推荐等,旨在帮助被赞助者在其职业生涯上更加顺利和取得成功。

休伊特(Hewitt,2013)根据人才创新中心(Center for Talent Innovation,简称CTI)的研究发现,大多数女性(85%)和多元文化的专业人士(81%)在职业发展中需要"保荐"支持,但他们获得这种支持的频率低于白人男性。然而,Catalyst 2010年的一项研究显示,女性获得导师(mentor)的人数多于男性,而获得晋升的男性人数则多出15%。为什么?研究结果表明,更多的导师并不一定会有利于晋升,但有一位高级导师提供保荐却能带来晋升。安排保荐计划有助于女性领导者的职业发展。

5. 其他的可能行动

麦肯锡2010年的一项研究发现,在管理层有承诺、有专门的女性发展项目、有一组能跟踪多元化进程、检查人力资源流程、为女性提供育儿等支持的赋能工具的公司，性别多元化表现最好。

组织可以通过以下方案来帮助提高母亲领导者的比例：合理的薪酬、培训和晋升机制、良好的高管层关系网、提供家庭工作福利计划、打造家庭友好的组织文化……

更多的母亲领导会带来更多的女性组织权力，于是更多的女性，更多的母亲将被吸引而取得职业成功和为社会带来额外的贡献。

6. 父亲陪产假、育儿假

在世界经济论坛（World Economic Forum）发布的报告 The Global Gender Gap Report 2018 中，男性陪产假和育儿假在促进性别平等方面是重要的指标。

陪产假：发达国家都有相关的法规或实践。挪威现行法律规定男性陪产假的假期时间最长为 10 周；冰岛政府规定男性专属陪产假假期时间为 3 个月；美国联邦法律未规定任何带薪的陪产假，然而，根据《家庭与医疗休假法》（Family and Medical Leave Act，简称 FMLA），有资格的雇员可以获得 12 周的无薪陪产假，以照顾新生儿或领养的孩子。还有一些公司也提供有薪的陪产假福利。加拿大联邦法律规定，有资格的父亲可以获得最长 5 周的带薪陪产假；英国法律规定，有资格的父亲可以获得最长 2 周的带薪陪产假；此外，根据《家庭与工作法》（Shared Parental Leave），父母还可以选择共享剩余的父母假期，最长可延长至 50 周，其中 37 周为带薪。澳大利亚联邦法律规定，有资格的父亲可以获得最长 2 周的带薪陪产假。此外，根据雇主和行业的政策，陪产假的时长和待遇可能有所不同。

《中华人民共和国劳动法》第十八条规定，父亲可以享受 3 天带薪陪产假。一些地方性规定可能会提供更长的陪产假，如北京市规定提供 15 天陪产假。陪产假的具体天数和薪资待遇会因地区、公司和个人情况而有所不同。许多大型企业和国有企事业单位也纷纷推出更长的陪产假，如腾讯、阿里巴巴等公司分别提供 15 天和 10 天的陪产假。

育儿假：挪威父母育儿假有两种选择模式：若一个家庭选择在假期时间内获得全额工资补贴，则其最多可休 26 周的育儿假；若该家庭更注重家庭成员之间的陪伴，则可以在休假的 36 周内每日获得其日工资 80% 的补贴。冰岛有 3 个月的父母共享育儿假，且休假顺序可由父母双方自行决定，在这一阶段，政府强制性要求一个家庭中的母亲一方必须休够42天的产假，父亲一方休假时间最短则不得少于15天，即父母专属的这部分假期之间不得转互相让，只能选择放弃或者享受；除此之外，剩余部分的法定假期则可由父母双方自由支配，选择由哪一方进行休假。

中国全国各地育儿假规定各有不同，一般是对于子女3周岁前的夫妻来说的，夫妻每人每年可以享受5到10天的假期，通常可分次休假。

西方发达国家的陪产假和育儿假实施方式灵活多变，除上面提到的挪威、冰岛外，德国也确立了2个月的父亲专属假期，该假期不得转让，只能放弃或享受，且该专属假期一经放弃，其相应的生育津贴也会一并丧失。随着政府对于父亲的陪产假及育儿假的推出，越来越多的企业也相继出台有关的规定，父亲们参与孩子的生存培养势必会有助于母亲们的产后回归职场及职业生涯的发展。中国可以借鉴国外专属假期的模式，因为比起传统自由分配的父母育儿假，专属假期能够大大提高男性在育儿过程中的休假率，使其负担起在育儿生活中应有的责任，有利于进一步平衡男女在社会中的分工。

### 5.4.3 男性/父亲可以采取的行动

本研究想给男性/父亲以下建议。

（1）分担家庭责任。"不要认为把家庭责任留给妻子是理所当然的。不能老是以自我为中心，要学会分享，一起承担家庭生活和家庭责任，更多地用女性的视角来言行"（Laszlo，2010）。父亲的持续存在对保证孩子心理健康很重要。

（2）支持妻子的事业。如果妻子能在事业上做得很好，即使比你强，也要接受，因为这不表明你不好，相反是解释了你的"好品味"和不落俗套。如果她们事业有成，一定要为她们也为你自己感到自豪。

（3）包容的心态。准备接受母亲领导成为同事甚至上级主管的可能性和事实，支持组织变得更加包容，甚至进一步积极帮助和提升母亲领导的能力，承认母亲可以成为好的领导者。

（4）学会成为第三性别的领导者。承认领导不再是男性独有的领域，领导需要更多的情商和魅力，所以要适应第三性别的特征，让自己也成为第三性别。

皮尤中心（Pew Center）2014年的一项研究发现，在过去的25年里，虽然全职居家爸爸的数量增加了一倍多，但男性留在家里的仍占少数，许多人是因为残疾或失业才待在家里的。"但是，说他们有意选择在家照顾孩子的父亲的比例已经急剧扩大：从1989年的5%跃升至21%（Stewart，2015）。"

根据2022年中国家庭科学育儿洞察白皮书，❶在中国，妈妈群体仍是育儿的绝对主力军，全职妈妈占比25%（指每天带娃时间在8小时以上，且无其他工作），69.5%的爸爸参与育儿，全职育儿爸爸比例为1.2%。

### 5.4.4 母亲领导的行动

女性自身的魅力为女性创造了前所未有的巨大发展空间。"开放和多元化的时代，让女性有更多的机会步入管理者的行列"（毛文，2011）。

"男女两性在本质上没有区别，女性缺乏的是关于（如何游戏）的规则和技能，进而可以通过培训和指导等途径开发女性的技能，而全然不管关于（如何游戏）的知识和技能完全是基于男性的经历和经验建立起来的"（肖薇，罗瑾琏，2015）。

"一个人要成为领导者需要经历两个必要的社会心理过程：第一个心理过程是个体必须被视为领导，即领导者分类过程。人们心中往往有一个理想的领导形象，可称之为领导原型（leader prototype）。文化背景不同，领导原型也会有所不同。但是，不同文化背景下的领导原型也具有一些普遍性特征，通常包括智力、勤奋、魅力等方面的品质。如果个体特质符合他人心中的领导原型的话，那么他更有可能成为领导者。第二个心理过程是个体将自己视为领导并愿意承担领导者角色，即自我分类过程，个体视自己为领袖也更有可能成为领导者"（张珊明等，2017）。

"现代女性可以在三种人生轨迹中自由选择自己的生活方式：职业第一；家庭第一；工作与家庭的平衡。女性的实际生活确实可以分为这三类。在极端的情况下，一些女性为了追求事业而放弃家庭，而另一些女性为了家庭牺牲了自己的事业。相比之下，对于现代男人来说，专注于事业几乎是他们唯一该做的选择。很少有男人会选择做家庭主夫"（Baumeister，2010）。在这个信息

---

❶ 中国家庭科学育儿洞察白皮书[C]// 上海艾瑞市场咨询有限公司，2022艾瑞咨询11月研究报告会论文集.[出版者不详].2022：36.

社会，同时兼顾家庭和事业变得可能。第一，许多母亲型领导者被证明在家庭和事业上都很出色；第二，高质量的家务劳动外包，甚至外包照顾孩子都已存在，母亲领导者有更多的时间用于工作和事业；第三，工作时间长短不再是业绩好坏的标志，相反，工作质量，效益和工作效率才更重要；第四：现场办公不再是优秀领导的必要标准，各种远程办公可以像在办公室一样有效；第五，许多父亲愿意并且已经行动起来分担家庭责任。

因此，是时候让母亲领袖自豪地宣称自己的权利和地位了。显然，这些权利和地位是伴随母亲们良好的心态改变和行动而来的。

关于母亲的领导能力，一个非常重要的话题就是战略思维，这在很大程度上被认为是男人的强项。我们接下来做个详细的分析研究。

### 5.4.5　战略思维

现代战略家给出了他们对战略的定义。迈克尔·波特（Michael Poter）在1980年将战略定义为"……宽泛的公式来指明业务将如何竞争，其目标应该是什么，需要执行哪些政策来实现这些目标"和"……公司的奋斗结果（目标）及实现目标的手段（策略）的组合。"鲁梅尔特（Rumelt，2011）提出了战略的三个重要方面：预设；对他人行为有预判；有目的地安排好相应的行动。他将战略描述为解决设计问题，在各种元素之间进行权衡，必须进行安排、调整和协调，而不是计划或选择。张丽珝在《女性领导力》（2018）一书中指出领导决策是一套"科学的决策方法和技术……，在领导活动中，为了实现一定的组织目标，通过科学的决策方法和手段，从若干个有价值的计划中选择其中一个最佳方案，并在实施中加以完善和修正，以实现领导目标的活动过程"。在书中，张丽珝还介绍了战略能力的六大要素。

（1）分析问题的能力。要求领导要把握事物的主要矛盾，权衡利弊得失，妥善解决问题。

（2）逻辑判断能力。领导者能够正确判断事物的因果关系，预测事物可能的趋势。

（3）创新能力。领导者应该对新事物和新想法有敏感度。他们在指导过程和领导的过程中思路开阔，提出新思想、新方案，用创新思维把握决策过程。

（4）直觉的能力。直觉能力是指根据直觉做出决策和处理问题的能力。有时候直觉在领导者的决策过程中更加准确，所以领导者应该培养直觉的能力。

（5）决断魄力。在多种选择中做出果断选择的能力，毫不犹豫，并具有勇气和责任感。

（6）组织群体进行决策的能力。决策往往是群策群力的结果，领导者在决策过程中应该能够收集各方的意见，集中各方观点从而形成最终的决断。

有研究称，男性在战略思考和决策方面更强，女性缺乏前瞻性和有效性。与男性领导者相比，女性领导者更感性，缺乏自信，注重眼前的事，而不是着眼于未来，使得她们在做重大的商业决策时容易怯懦，悲观保守，对未来的预测能力较差，缺乏洞察力和前瞻性。王瑾（2015）指出："女性CFO（预测决策）行为效果较差，表现为预测缺乏前瞻性和有效性，决策时易优柔寡断；此外，女性的独特性还体现在思维模式上。女性领导者通常更多地进行关系思考，注重对细节的把握……这种思维方式使女性在解决问题时更善于协作，但是由于过于注重细节容易忽视对全局把握。"另一方面，Huang J K和达伦·基斯根(Huang J，D J. Kisgen，2012)发现有证据表明，男性在重大企业决策中表现出比女性更强的自信。他们比较了女性高管和男性高管所做的公司财务和投资决策，发现男性高管比女性高管进行更多的收购和发行债券。此外，由男性高管担任的公司进行的收购的公告回报率比由女性高管担任的公司低约2%，而由男性高管担任的公司发行债券的公告回报率也较低。女性高管对预期收益给予更宽的范围，更有可能提前行使股票期权。

在过去，女性的机会较少，见的世面也不大，所以就缺乏策略思维。但在现在，信息、资源和对外部世界的广泛接触对男性和女性来说几乎没有差别，所以女性不善策略的说法已受到了挑战。ELLE媒体集团的高级副总裁卡罗尔·史密斯（Carol Smith）曾经说过根据她的经验，女性老板往往是更好的管理者、更好的导师、更好的思考者。Oxygen Media前首席执行官格里·利伯斯（Gerry Lebers）认为，女性在管理和领导组织方面与男性不同，在许多方面都优于男性。例如，女性善于发现想法之间的联系，与他人建立伙伴关系，促进部门和企业之间的合作。

人们有理由相信母亲型领导者越来越具有战略思维能力，尽管她们表现这种能力的方式可能与男性领导者不同。对于女性领导者的战略思维和决策能力，学者们关注的是其领导和决策风格的独特性：更注重人际关系，决策更民主。在决策过程中，女性领导者比男性领导者更体贴，比男性领导者更善于关注和观察人们的内心世界，所以她们更善于倾听群体的意见，这使得决策更加可靠和可行。因此，在这个复杂的世界里，看似占据优势的男性战略思维和决策能力可能并不一定是最利于当今需求的，合适的决策力需要更多地关注细节和从多方面来思考。

有了以上的理解，我们现在可以给母亲领导者们一些建议，帮助她们克服障碍，使得在这个真正需要她们的时代发挥应有的作用。

（1）持续进步，展现远见卓识的能力；勇于接受风险和不确定性。

（2）增加自信，相信同时追求职业生涯和个人生活是崇高而可实现的目标；追求远大的目标，同时记住我们每个人都有真正的局限。

（3）保持独立的个性和坚持做自己，才能赢得别人的关注，才能赢得成功的机会。

（4）让你的伴侣共担家庭责任："让你的伴侣成为一个真正的伴侣，不要把自己束缚在无法达到的标准上（Sandberg，2015）。"女性必须在工作中获得更大的权力，同理，男性也必须在家庭中获得更大的权力。母亲往往不愿将家务责任交给丈夫，或者更糟的是，她会常常质疑丈夫在这方面的努力和能力，结果便是父亲们在家里做得更少。任何想让自己的伴侣成为真正伴侣的人，都必须把他当作一个平等的——同样有能力的——伴侣"（Sandberg，2015）。

（5）继续分享你的情绪，这有助于建立深厚的关系，把你的同事变成支持你的资源，这将有利于你的工作。女性的交际方式很有用。

（6）不惧成功，不自卑，克服从众心理，要学会勇敢地站出来，展示自己的才能。

（7）避免"完全依赖丈夫"的心态。事实上，当双方地位平等时，夫妻关系就会趋于稳固，家庭地位也会趋于平等。当两者的经济地位发生变化时，特别是当男性的经济地位有很大提高时，影响夫妻关系稳定性的不确定性会增加，女性的家庭地位会直线下降。女性社会地位的提高和发展有赖于自身的同步发展。盲目依赖别人，没有自尊，缺乏独立性就像一枚定时炸弹，到一定时候就有爆炸的危险。这个世界上你唯一可以依靠的人就是你自己！当你陷入困境时，只有你自己能完全拯救自己。"拥有爱情，但不要失去自我。为爱失去自我的女人最容易被男人抛弃（侯典牧，2017）。"

（8）不要停止更不能失去学习的能力，不可以因为分娩照顾孩子，时间不够等为借口而停止学习。

（9）不要试图取悦所有人，或是寻求被所有人喜欢。一个人之所以能领导一个团体或公众，主要是因为其个人魅力，而不是通过取悦他人。有魅力的人自然会吸引人们接近你，追随你。

（10）做你自己，做一个有特点、个性和领导风格的母亲，不需要以男性的方式行事，你不需要用男性的样子来显示自己是"强者"。

简言之，我们鼓励母亲们通过发展自己的支持网络体系、在工作单位中找一个保荐者、获得导师指导、展现自我，让大家了解你对于企业的价值，只有这样母亲们才可以创造出自己的社会资本。

# 6 结论

身处由信息、技术、大数据把人们紧密相连的世界，所有人和事（人类与非人类、团体与个人，团体与团体，个体与个体），在任何时间，任何地点都被紧密地连接起来。在办公室工作并不一定比在家工作或通过其他远程工作模式更有效率；物理距离和体力是否强壮不再是影响履行职责和承担责任的关键因素，虽然有人认为强壮的体魄是成为最高领导者的关键，但这种体力上的要求主要指的是"充沛的精力"，充沛的精力则是男女都可以拥有的。信息技术的发展进一步改变了人们的生活、工作、互动和实现目标的方式，甚至改变了人们的思维方式。另一方面，对于快速变化的环境，适应能力即知识的累积变得更加重要；衡量效率的标准不是你在办公室工作多少时间或者你是否 7×24 小时随时待命。如今，人们可以在办公室，在家里，在咖啡馆，甚至在海滩上工作和交付任务；沟通、学习、分享、讨论，甚至决策都可以非常迅速地完成；社交媒体使每个人都能极其快速地获得信息，几乎没有秘密可言；当人们在做自己的工作，高质量地完成任务的同时，还可以和孩子在一起，照顾自己的家庭。"有时间"和"有能力"的概念被重新定义。因此，不能因为母亲在办公室的时间较短而低估她们，现在即使不在办公室，她们可以在家、在学校陪孩子、在医院陪老人的同时远程通过数字化系统工作，完成任务。

当人们庆幸可以在任何时间、任何地点都与外界保持着良好的联系时，人们也开始意识到，这种无处不在的联系可能会让人不知所措，有时甚至感到有压力。VUCA（波动性、不确定性、复杂性和模糊性）导致压力和不安全感。世界变化太快，竞争太激烈，生活代价太高……，"数字解决一切"的现象使人们之间的关系越来越疏远，情感交流和关怀变成了奢侈品，抑郁症越来越令人担忧。根据《2022年国民抑郁症蓝皮书》显示，目前我国患抑郁症人数达到 9500 万人（2007 年为 3000 万人）。世界卫生组织（WHO）统计，全球约 10 亿人正在遭受精神障碍困扰，每 40 秒就有一人因自杀而失去生命。这种"蓝色忧虑"的发病率（抑郁症）在全球范围内约为 3.1%，在发达国家为 8%~10%。抑郁症患者中，女性占比为 68%，远高于男性。现在看似时刻相联的人们在情感上并没有很好地连接，他们迫切需要被倾听、关怀、理解、欣赏、激励，以便释放压力，感到轻松，并获得支持从而得到自我发展。因此，本文提出了"心理愉悦"的新概念，它使员工在压力和不确定性下感到舒适和轻松。

自动化和 7×24 小时的方便的数字沟通已经简化了人们的大部分任务和职责，给人类留下的是相对复杂和富有挑战性的职责，而这些职责又往往不是任何一个人可以自己单独完成的。随着组织的网络化、扁平化和松散化，"去权力化（De-empowerment）"成为一种常态，决策制定、计划执行、结果交付都取决于团队合作。如今的团队成员每个都是聪明、有知识、独立的人，无关乎性别、年龄和地理位置的差异。对领导力和管理能力的分析表明，传统的官僚主义、等级制度、记分卡/基于 KPI 的管理方法不再有效，取而代之的是扁平化的、以团队为基础的、以客户为中心的、每个人自我负责任的管理方式；以权力和技术能力为基础的老派领导方式被变革型、情境型领导所取代。近年来，领导力的情商受到了特别的关注。信息化时代的领导效能表现为思想开放、魅力引导、愿景共享、良好沟通基础上的关系建立。这些特征非常适合拥有高情商的母亲。人们认为女性的情商比男性高，而母亲的经历使她们的情商进一步提高，这有助于她们自然地获得内在的能力：认识自己和他人的情绪，正确处理情绪，利用情绪信息引导思维和行为，管理或调整情绪以适应环境和达到目的。

在这样一个快速变化而人们间情感遥远的世界里，对于一个领导者来说，快捷和高效的关键是提供心理愉悦的能力。能够给周围的人带来安全感和舒适感的领导者，通过运用基于情商的魅力，可以获得成功。本文的文献回顾和访谈证实：母亲型领导者具有特殊的复合型领导能力，能够识别社会、企业和员工个人的需求，对世界的变化和演变也很敏感，从而捕捉企业发展机遇和降低相应的风险；与生俱来的母爱使得她们关心下属的幸福和成长，关心公司的发展，她们往往愿意为其他员工的利益，为公司和社会的利益做出个人牺牲；她们能够与内部或外部的各方和个人建立良好的关系，有效地调动和分配资源；能够激励员工充分发挥创造力和创新能力。"彼得·德鲁克（Peter Drucker）曾说过女性的特点更符合转变的时代"（张艺，2020）。亨利预测中心的鲍勃·塔雷尔（Bob Tarrell，1994）也表示，从长远来看，职场女性化是未来的趋势，女性在团队合作和灵活性方面比男性更好，这些品质在管理中越来越有价值。肖薇，罗瑾琏（2015）指出，在《黄金时代管理》（*The Management to the golden age*）报告中，美国管理研究院认为，未来的管理者应该具备基本的心理素质、灵活性和适应性、敬业精神（承诺）、活力、对组织变革的敏感性。这些是女性（母亲）的主要特征，因为她们善于应对社会、工作和家庭的变化。由此，我们的结论是，母亲型领导者，凭借其孕育和抚养子女而自然生成的领导魅力和高情商，可以提供心理上的愉悦感，她们的领导风格在现在和将来都比传统的男性特征的领导风格更适合。

越来越多的母亲领导担任高级职位，她们给公司带来了更好的业绩，而其他没有或仅有少量女性高管的公司业绩就相对逊色。不可否认的事实是，只有非常小的比例的女性能够进入高层。本研究试图弄清楚为何女性高管人数如此之少。女性刻板印象是造成这一现象的主要原因之一，本文对此进行了详细的分析。笔者通过大量的文献研究，从社会和组织结构、生物学和心理学（神经学）的角度来识别女性刻板印象。同时笔者也采用专门设计的定性研究方法，通过在线调查、焦点小组讨论、深度个人访谈、案例研究、个人观察等方式，了解女性刻板印象的成因，以及如何将刻板印象转化为魅力。研究结果如下：

（1）在这个世界上，男性不再是唯一或主要的养家糊口的人，女性占劳动力的一半，尽管有相当一部分妻子的收入高于丈夫，平均而言，女性的收入低于男性。

（2）女性和男性的大脑可能存在一些差异，这可能导致对世界的反应，对他人的反应会有细微的差异，但没有证据表明女性比男性能力更差。

（3）尽管妻子像丈夫一样去上班，但她们仍然是主要的家务负担者，所以妈妈们有两份全职工作。如果母亲花在孩子和家庭的时间没有预期的多，她们便会受到批评或谴责，而父亲则会因为只专注于事业而受到表扬，他们往往会因为为了社会或企业责任而忽视家庭责任而受到赞赏。

（4）母亲经常因为不能每时每刻在孩子身边而感到内疚，于是她们在家里更努力尝试来弥补和安慰丈夫，这就是常发生在母亲高管身上的现象。即使她们有更高的社会地位且收入远远超过她的丈夫，她反而会更努力地取悦感觉不快的丈夫。

（5）女性的关怀、爱心、脆弱等刻板印象，不停地在家里、办公室里被提醒，作为对男性的积极进取、雄心勃勃和成功的刻板印象的对照。尽管在全球大部分地区，女性都获得了和男性类似的教育和工作机会，性别刻板印象仍然使女性在事业、家庭和社会活动中无法获得同样的机会。

性别讨论已经持续了几十年，性别不平等依然存在，其原因是多方面的：

（1）社会对男性和女性的期望不同：家庭和学校教育；没有报酬和不受重视的母亲的家务劳动和责任；媒体宣扬的"需要保护"的女人和强壮有力的男人……这一切都导致了女性成为不言而喻的"低等公民"。

（2）企业及职业环境大多是为男性量身定做的，更看重男性的特质。

（3）女性自我限制：低自尊、怕成功、从众心理、女性针对女性等都对女性职业上升产生负面影响。女权运动给女性的社会地位带来了显著的进步，同样的教育和工作机会是这种进步最有意义的证据，然而母亲的情况似乎并不像人们认为的那样理想。母亲的身份在某种程度上把这种情况拖回了旧的地位，如果母亲在她们的职业上花费的时间和精力比为家庭——丈夫、孩子和老人更多的话，她们就会被（社会、丈夫，甚至自己）否定；母亲被认为是理所当然的（她自己和丈夫）要承担所有与家庭有关的主要责任，尽管她是在全职工作。

本文因此提出了一个新概念：第三性别，来展现母亲领导被误解和被低估的现实处境，因为她们面临的现实比男性和没有孩子的女性领导更具有挑战性。第三性别概念提出的另一个原因是肯定母亲型领导者与男性和没有孩子的女性领导者相比，具有相当明显的特征：怀孕、分娩、照顾孩子等，把女性变成了一个坚强、痛苦"免疫"、同时可以处理多重任务、自律、乐于奉献、无私、宽容的人。她现在是一个更好的倾听者和沟通者，善于管理时间，做出决定，并以更有效和高效的方式处理事务。那些克服了身体和精神上的障碍，达到最高领导水平的母亲是真正优秀的人才，但不幸的是，许多母亲由于各种外部和内部的障碍未能达到这一水平。

很明显，如果没有社会、企业、男性，尤其是女性自身的共同努力，母亲领导不会自动成为平等的领导力量。因此，社会、企业、家庭应该共同努力。

（1）社会应该将母亲领袖视为一个独立的性别，而不是把她们纳入一般的女性群体，并充分意识到母亲领袖面临的挑战是不同的，比没有孩子的女性和男性领导面临的挑战更艰巨。对社会来说，认识到母亲的角色不仅仅是在家里抚养孩子，服务丈夫，照顾老人，这是很重要的。母亲不但可以像男性一样有资格担任领导角色，甚至可以表现得更好。社会应该鼓励和认可父亲分担家庭责任，理想情况下，这应该成为一种规范。

（2）企业应该重新审视以男性特质为中心的评价体系。与其使用记分卡和KPI，不如采取更加全面的以人为本的衡量方法。在"分层式"男性职业生涯模式的基础上，增加"蛇形"女性职业生涯模式，以确保职业发展上的性别中立。工作地点和时间的灵活性也很重要，以方便母亲在怀孕、分娩和照顾孩子期间的特殊需要。

（3）父亲应该感激和重视妻子在家庭责任上付出的额外努力，而不是把这视为理所当然，他们应该和妻子一起分担家庭的经济和非经济负担；父亲应该像母亲一样学会平衡家庭和事业。鼓励父亲领导提拔女性/母亲领导。

母亲应该掌握自己的命运，她们可以在三种人生轨迹中自由选择：事业第一、家庭第一、工作与家庭平衡。她们也可以在这三个类别之间切换。无论她们做出何种选择，重要的是：

（1）不要低估她们的能力，特别是在战略思考方面，尽管这往往被认为是女性领导者的弱点。S公司的J女士和克尔斯汀等"母亲领袖"们已经证明，她们可以成为优秀的远见者和战略家。

（2）有自信和保持独立，这是母亲自信地生活的关键。

（3）让丈夫分担家庭责任，不躲在丈夫身后，勇于展示自己的能力和成功。

（4）不断关注重要的趋势，并准备好抓住和利用随之而来的机会。

（5）展示并继续提高情商，这是母亲领导者的关键力量。

令人高兴的是，在家庭和工作方面，男性和女性、父亲和母亲的角色正在慢慢融合。越来越多的女性正在成为家庭的经济支柱，越来越多的男性在抚养孩子，家庭正以各种不同的方式发生着根本性的变化，这种转变是由新兴的数字时代推动的更广泛的社会革命的一部分。数字世界已经将人际交往能力和情商相关的特质转化为商业资产。一些曾经被贴上"女性化"标签并被摒弃的品质，对于如今企业生存和繁荣所需的合作、畅所欲言的文化来说至关重要。认识这些资产并在其基础上发展，需要真正的勤勉和不断地实践。成为一名有效的领导者需要大量的关注，不是关注自己的需求，而是关注他人的需求，这需要献身于比自己个人更大的事情。科技让这个巨大的世界变得越来越小，它让每个声音都变得很重要，让每个声音都能被听到。展望未来，如果领导者们想要留住人才并能保持竞争力，他们将面临越来越大的压力，要求他们将工作场所的参与度和灵活性作为日常标准。一个领导者如何能给他/她的队友带来心理上的愉悦感，并对公司的成功产生影响变得至关重要。

一场深刻的全世界社会革命不可能只和一半的人类相关。一个世纪以来，女性的角色和愿望一直在改变，当然男性的角色和愿望也在改变，尽管变化缓慢。

女性不应该接受这样一种刻板印象：她们天生就默认在工作场所扮演配角，她们需要克服很多的障碍，不可以错误地认为目前女性领导职位的稀缺是自然的现象。我们需要采取更多的行动，使这个世界成为每个人都能发挥最大的能力的地方，在这里性别本身不应该是标准，在这里人才和能力应得到充分优化，人们在一个和谐的世界里互相学习和互帮互助。在这里还想强调的是，提供心理愉悦的能力会给母亲领导提供强大的理由和机会脱颖而出，得到她们应有的位置，另外，这种能力不仅是母亲领导的特权，它可以通过学习和应用而获得，所以男性和没有孩子的女性都可以成为第三性别，即现在和未来社会需要的领导者。

本研究的目的是鼓励和创造更多的机会于母亲领导者，因为她们有能力提供卓越的表现，在世界范围内的数量不多的女性高级主管们，已经证明了这一点。这里并不着重研究最出色的男性领导者是否也有类似甚至更好的表现，因为研究的目的不是试图说服母亲比男性领导者或没有孩子的女性领导者更好，相反，研究想要证明，母亲与生俱来的提供心理愉悦的能力是这个社会所需要的，所以更多的母亲应该得到成为领导者的机会，从而确保领导资源不被浪费。从另一个角度来看，"母亲式"领导是所有领导者（无论男性还是女性）都可以学习和采用的，这有利于现今社会的需要。

雌雄同体逐渐成为一个很有趣的话题。从生物学的角度来看，雌雄同体是指男性和女性特征的结合，形成一种模糊的形态。它是最近才被引入管理领域的。一些研究人员发现，当女性领导者在领导行为中表现出雌雄同体时，下属——无论是男性还是女性,会对领导者行为的有效性给予更高的评价。

所谓的雌雄同体是指她们在与同事相处时都保持着强烈的母性特征,但在决策行为上比男性表现出更强的原则性和坚定性。如果女性仍然是女性,但吸收了男性的精华,换句话说,女性采取雌雄同体的管理方式,将有助于克服工作场所中性别刻板印象的负面影响。

下一步可能会有意思的研究是看看在与由顶级男性领导负责的公司相比,母亲领导领队的公司的表现是否依然更出色。因为人们有理由相信标准普尔500指数公司的29位女性CEO(58%)是女性精英中的精英,将她们与男性领导者中的普通精英进行比较可能是不公平的。

在将来的女性研究中,也可以考虑对不同年龄、婚姻状况、家庭地位分布的女性有一个更详细的分析,在此基础上,设想建立一个更有效和公平的职业环境;而另一方面,在更广泛的意义上,通过进一步研究,可以反思各个领域的类似问题,包括地域差异、个体特征、家庭背景等。基于这两个方面的反思,在相对有限的意义上有利于管理理论的发展和相关管理实践的发展;从更广泛的意义上来说,人们也可以期待它的较深刻的社会意义。

如今,一个事业型母亲比历史上以往任何时候都更有价值。社会的快速发展为母亲们创造了许多机会,让她们成为领导者,把最好的自己展现出来。让笔者用克尔斯汀的话来作为这个研究的结语:"我们正在抛弃旧的方式,这是好事,因为正是那些旧的方式造成了不平等。现在轮到我们(女性)来打造新的工作和领导方式了。"

参考文献

[1] ADLER R D. Women in the Executive Suite Correlate to High Profits [J] .Harvard Business Review, 2001(46).

[2] ALAMHMOUD A A, Emotional Intelligence in Leaders: A case study of its Effect on Team Performance [J].British University in Dubai, 2009.

[3] 丹尼尔·亚蒙.女性脑[M].杭州:浙江人民出版社,2018.

[4] ASHKENAS R, MANVLLE B. Leader's Handbook[M].Boston: Harvard Business Review Press, 2019.

[5] ANKER R. Theories of Occupational Segregation by Sex: an Overview [J]. International Labour Review, 1997, 136(3) .

[6] AYERS W. To Teach: the Journey of a Teacher[M].New York: Teachers College Press,1993.

[7] BAKER C. Stereo typing and Women's Roles in Leadership Positions [J].Industrial and Commercial Training, 2014,46(6).

[8] BAUMEISTER R F. Is There Anything Good About Men? How Cultures Flourish by Exploiting Men [M]. Oxford: Oxford University Press, 2010.

[9] BAZELON E. Emily, A Mind of His Own[N].The New York Times, 2010-03-25(039).

[10] LAWSON J,BARON-COHEN S,WAEELWRIGHT S. Empathising and Systemizing in Adults with and without Asperger Syndrome[J].Journal of Autism and Developmental Disorder, 2004,34(3).

[11] BASS B M. From Transactional toTtransformational Leadership: Learning to Share the Vision [J]. Organizational Dynamics, 1990, 18(3): 19-31.

[12] BASS B M. Leadership and Performance beyond Expectations [M]. New York: Free Press, 1985.

[13] BASS B M, AVOLIO B J, ATWATER L. The Transformational and Transactional Leadership of Men and Women [J]. Applied Psychology, 1996, 45(1): 5-34.

[14] BASS B M, BASS R. The Bass Handbook of Leadership:Theory, Research, and Managerial Applications [M].New York:The Free Press, 2008.

[15] BERG B L, LUNE H. Qualitative Research Methods for the Social Sciences [M]. Boston : Allyn & Bacon, 2012.

[16] 边慧敏. 大学生领导力提升 [M]. 成都: 西南财经大学出版社, 2012.

[17] HERSEY P, BLANCHARD K H. Management of Organizational Behavior-Prentice-Hall Inc. [J]. Academy of Management Journal, 1969, 12(4): 526.

[18] BLANCHARD K, CARLOS J P, RANDOLPH A. Empowerment Takes More Than a Minute[M].Oakland: Berrett-Koehler Publishers, 2001.

[19] BONO J E, JUDGE T A. Personality and Transformational and Transactional Leadership: A Meta-analysis [J]. Journal of Applied Psychology, 2004, 89(5): 901-910.

[20] ARROW K, BOWLES S, DURLAUF S. Meritocracy and Economic Inequality [M].Princeton: Princeton University Press, 2018.

[21] BURKE P, CAST A D. Stability and Change in the Gender Identities of Newly Married Couple [J]. Social Psychology Quarterly, 1997(60): 277-290.

[22] BURKE R J,NELSON D L. Advancing Women's Careers [M].New Jersey: Wiey-Blackwell Publishing, 2002: 112.

[23] BURNS J M. Leadership[M]. New York:Harper and Row,1978.

[24] 奥利维亚·福克斯·卡巴恩.精英的人格魅力课 [M].浙江人民出版社,2018 .

[25] CANTOR D , BERNAY T , STOESS J .Women in Power:the Secrets of Leadership[M]. Boston: Houghton Mifflin Harcourt, 1992.

[26] CHEMERS M M. An Integrative Theory of Leadership [M].Mahwah: Lawrence Erlbaum Associates Publishers, 1997.

[27] 切斯特·I.巴纳德.经理人员的职能 [M].北京:电子工业出版社，2016.

[28] CHODOROW, NANCY J. The Reproduction of Mothering [M].Sociology of Gender Berkeley University of California Press, 1978：33,40,107-112.

[29] CIALDINI R B. Influence: The Psychology of Persuasion [M].New York:Harper Business, 1993.

[30] CIALDINI R B, Pre-Suasion: A Revolutionary Way to Influence and Persuade [M]. New York: Simon & Schuster, 2016.

[31] COLMAN A M. Dictionary of Psychology (3 ed.)[M].Oxford: Oxford University Press, 2008.

[32] COVEY S R.Seven Habits of Highly Effective People: Restoring the Character Ethic [M].New York:Simon & Schuster , 2004.

[33] COVEY S R. The 8th Habit [M].New York:Simon & Schuster, 2004.

[34] COVEY S R. Principle Centered Leadership [M].New York:Simon & Schuster, 2009.

[35] CROSS S E, MADSON L. Models of the Self: Self-construals and Gender[J]. Psychological Bulletin, 1997,122(1):5-37.

[36] 克罗齐.维柯的哲学[M].郑州:大象出版社, 2009.

[37] BEAUVOIR S. Le Deuxième Sexe[M].Paris: Gallimard, 1949.

[38] DENZIN N K, LINCOLN Y S. The Discipline and Practice of The Sage Handbook of Qualitative Research (3rd ed.)[M]. California: SAGE Publications, 2005.

[39] DERUE D S, NAHRGANG J D, WELLMAN N, et al. Trait and Dehavioral THeories of Leadership: an INtegration and Meta-analytic Test of THeir RElative Validity [J]. Personnel Psychology, 2011, 64(1): 7-52.

[40] DIGGINS C, KANDOLA, P. Emotional Intelligence: the Key to Effective Performance [J].Leadership & Organization Development Journal, 2004, (1):20.

[41] 董智,夏欣苗."权神授"思想背后的管理学动机[J].沈阳师范大学学报(社会科学版),2008,(3):112-114.

[42] 杜玉先. 现代柔性领导的固有特征 [J]. 领导科学, 2002(23): 38-39.

[43] EAGLY A H, WOOD W, JOHANNESEN-SCHMIDT M C. Social Role Theory of Sex Differences and Similarities: Implications for the Partner Preferences of Women and Men [J]. The psychology of gender, Guilford Press, 2004: 105.

[44] EAGLY A H,KARAU S J, JOHNSON B T. Gender and Leadership Style among School Principle S: a Meta-analysis [J].Educationa Administration Quarter 1992, 28(1): 76-102.

[45] EDMONDSON A C. The Fearless Organization: Creating Psychological Safety

in The Workplace for Learning, Innovation and Growth, [J].Hoboken: Wiley, 2018:99-100.

[46] HEWITT S A. Forget a Mentor, Find a Sponsor: The New Way to Fast-Track Your Career [M].Boston: Harvard Business Review Press, 2013.

[47] FAYOL H. General and Industrial Management [M].New York: Pitman Publishing, 1949:6,31.

[48] FREDRICKSON B. The Value of Positive Emotions [J]. American Scientist, 2003, 91(4): 330.

[49] GALTON F. Hereditary Genius [M].New York: Appleton, 1869.

[50] GIDD C A. The PRinciples and TRaits of Leadership [J].The Journal of Administration and Social Psychology, 1947(4) :267-284.

[51] GLASTER B G. Doing Grounded Theory: Issues and Discussions [M].Sociology Press, 1998.

[52] GOLEMAN D.Emotional Intelligence [M].New York: Bantam Books, 1995:18

[53] GOLEMAN D. Working with Emotional Intelligence [M].New York: Bantam Books,1998.

[54] GORDON J R, BEATTY J E, WHELAN-BERRY K S. The Midlife Transition of Professional Women with Children [J]. Women in Management Review, 2002, 17(7): 328-341.

[55] GRAEN G B, UHL-BIEN M. Relationship-based Approach to Leadership: Development of Leader-member Exchange (LMX) Theory of leadership over 25 years: Applying a multi-level multi-domain perspective [J]. The Leadership Quarterly, 1995, 6(2): 219-247.

[56] HARRIS H, BREWSTER C, SPARROW P. International Human Resource Management [M]. CIPD Publishing, 2003:21.

[57] HELGESEN S. The Female Advantage: Women's Ways of Leadership [M].New York: Doubleday, 1990.

[58] HEMPHILL J K. Situational Factors in Leadership [J]. The Elementary School Journal, 1950(11):15.

[59] SIMON H A. Decision Making: Rational, Nonrational, and Irrational [J]. Educational Administration Quarterly, 1993, 29(3): 392-411.

[60] HORNER M S. Toward an UNderstanding of Achievement-related Conflicts in Women [J]. Journal of Social Issues, 1972, 28(2): 157-175.

[61] 侯典牧. 女性心理学 [M]. 北京: 北京师范大学出版社, 2017.

[62] HOUSE R J, HOWELL J M. Personality and charismatic leadership [J]. The Leadership Quarterly, 1992, 3(2): 81-108.

[63] HUANG J K, KISGEN D J. Gender and Corporate FInance: Are Male Executives OVerconfident Relative to Female executives? [J]. Journal of Finacial Economics, 2012,108(3): 822-839

[64] HURLEY A E, SONNENFELD J A. A Study of the Tournament Model with Female Managers [J]. Women in Management Review, 1997, 12(1): 3-10.

[65] JACOBSEN C, HOUSE R J. Dynamics of Charismatic Leadership: a Process Theory, Simulation Model, and Tests [J]. The Leadership Quarterly, 2001, 12(1): 75-112.

[66] 蒋莱. 女性领导力研究 [M]. 上海: 复旦大学出版社, 2011.

[67] JOHNS M L. Breaking the Glass Ceiling: Structural, Cultural, and Organizational Darriers Preventing Women from Achieving Senior and Executive Positions [J]. Perspectives in Health Information Management, 2013, 10(Winter): 1e.

[68] KAHN W A. Psychological Conditions of Personal Engagement and Disengagement at Work [J]. Academy of Management Journal, 1990, 33(4): 692-724.

[69] KANTER R.M. Men and Women of the Corporation [M].New York: Basic Dooks,1977.

[70] KAPLAN R S, NORTON D P. The Balanced Scorecard: Translating Strategy into Action[M].Boston:Harvard Business School Publishing, 1996.

[71] KAPLAN R, NORTON D. Using the Dalanced Scorecard as a Strategic Management System [J]. Harvard Business Review, 2007, 85(7).

[72] KAPLAN R S, Norton D P. The Balanced Scorecard : Measures That Drive er-

formance [J]. Harvard Business Reviewm, 1992(1-2):22.

[73] KELLY R E. The Power of Followership: How to Create Leaders People Want to Follow and Followers Who Lead Themselves [M]. New York: Doubleday, 1992.

[74] KRAUSE T R. Leading with Safety [M].Aoboken: Wiley, 2005.

[75] KRAUSS S. Research Paradigms and Meaning Making: a Primer [J]. The Qualitative Report, 2005, 10 (4): 758-770.

[76] Lévi-Strauss C. Race and culture [J]. International Social Science Journal,

[77] MUMFORD M D, SCOTT G M, GADDIS B, et al. Leading creative people:

[78] LEVINE K J, MUENCHEN R A, BROOKS A M. Measuring TrAnsformationaland ChArismatic Leadership: Why Isn't Charisma Measured? [J]. Communication Monographs, 2010, 77(4): 576-591.

[79] LINDLOF T R, TAYLOR B C. Qualitative Communication Research Methods [M].New York: Sage Publications Inc, 2002: 54.

[80] LIPPA R A. Gender, Nature, and Nurture (2nd ed.)[M]. Mahwah Lawrence Erlbaum Associates Publishers, 2005.

[81] 刘峰. 管理创新与领导艺术 [M]. 北京: 北京大学出版社, 2006.

[82] 刘莉, 李明德. 解读"三代平衡计分卡" [J]. 中国城市经济, 2010(8): 50.

[83] LORDER J. Gender Inequality [M].New York: Oxford University Press, 2010.

[84] 鲁林. 家长式领导VS变革型领导：领导方式与员工工作态度关系的元分析 [D]. 成都: 四川师范大学, 2019.

[85] MACCOBY E E, JACKLIN C N. The Psychology of Sex Differences [M].San Francisco: Stanford University Press, 1974.

[86] MICHEL M. La Connaissance Ordinaire [M].Klincksieck, 2007.

[87] 毛文. 魅力指数引领"她时代" [J]. 人力资源, 2011(4): 88-89.

[88] SALOVEY P, MAYER J D. Emotional INtelligence [J]. Imagination, Cognition and Personality, 1990, 9(3): 185-211.

[89] MAYO G E. The Social Problems of an Industrial Civilization [M].London: Routledge, 2007.

[90] MCCARTY D R, KUDURA K A. Perception of Men, Women and CEOs:the Effects of Gender Identity [M].Oxford: Oxford University Press, 2004.

[91] 幸西娅·麦考利, 埃伦·范·韦尔索.领导力发展手册[M].翁文艳,文茂伟,译.上海: 格致出版社,2001.

[92] MCCULLOCH A D. Charisma and Patronage: Reasoning with Max Weber [M]. London Routledge , 2014.

[93] 乔治·赫伯特·米德灵.自我与社会[M].月瑟,译.上海:上文出版社, 2018:51.

[94] MEAD M. Sex and Temperament in Three Primitive Societies [J].American Anthropologist, 1936 (38): 122.

[95] MILLER J B. Towards a new Psychology of Women [M].Boston :Beacon Press, 1976.

[96] TOH S M, LEONARDELLI G J. Cultural Constraints on the Emergence of Women as LEaders [J]. Journal of World Business, 2012, 47(4): 604-61.

[97] MOCKLER R J. Readings in Management Control [M] New York: Appleton-Century-Crofts, 1970 .

[98] MONTEDELLO A R, BUZZOTTA V R, Work Teams That Work [J].Journal of Career Planning & Employment, 1995 (55): 102.

[99] Orchestrating expertise and relationships [J]. The Leadership Quarterly, 2002, 13(6): 705-750.

[100] 彼得·G.洁斯豪斯.领导学:理论与实践 [M].吴爱明,陈爱明,陈晓明,译.北京:中国人民大学出版社,2012.

[101] 尼克·奥博伦斯基.未来领导力:成为VUCA时代的复合型高适领导者[M].苏学梅,王宾,译.北京:人民邮电出版社,2017.

[102] ROSS S M, OFFERMANN L R. Transformational Leaders: Measurement of Personality Attributes and Work Group Performance [J]. Personality and Social Psychology Bulletin, 1997, 23(10): 1078-1086.

[103] PORTER M. Competitive Strategy: Techniques for Analyzing Industries and Competitors [M]. HongKong: The Free Press, 1966.

[104] RADFORD B. How Difference are Male and Female Brains? [J]. Discover

News, 2010 (5): 39.

[105] RAGINS B R, TOWNSEND B, MATTIS M. Gender Gap in the Executive Suite: CEOs and Female Executive Report on Breaking the Glass Ceiling [J]. The Academy of Management Executive, 1998, 1(12): 116.

[106] REID J, HARDY M. Multiple Roles and Well-being Among Midlife Women: Testing Role Strain and Role Enhancement Theories [J]. The Journals of Gerontology Series B: Psychological Sciences and Social Sciences, 1999, 54B(6): S329-S338.

[107] RHOMAS T J. Encyclopedia of the Ancient World [M]. NewYork: Salem Press, 2003:37.

[108] SIMON R W. Gender, Multiple Roles, Role Meaning, and Mental Health [J]. Journal of Health and Social Behavior, 1995, 36(2): 182.

[109] ROSENER J.B. Ways Women Lead [J]. Harvard Business Review, 1990 (68): 46,104.

[115] RUMELT R P. Good Strategy/Bad Strategy [J].Crown Business , 2011: 128.

[110] SANDBRG, SHERYLL K. Lean In: Women, Work and the Will to Lead [J]. Marketing,2013 .

[111] SCHNARRISSUES K. Are Female Executives Finally Worth More Than Men? [J]. The Governance and Leadership Categories: Leadership and The Workplace, 2012: 41.

[112] HARRIS J, SCHEIN, EDGAR H,et al. Personal and Organizational Change Through Group Methods: The laboratory approach [J]. Miley,1967.

[113] SCHWANDT T A. Constructivist, Interpretivist Approaches to Human Inquiry [J]. Handbook of Qualitative Research, 1994(January 1994): 118-137.

[114] SHAO Z, FENG Y Q, WANG T N. Charismatic Leadership and Tacit Know ledge Sharing in the Context of Enterprise Systems Learning: The Mediating Effect of Psychological Safety Climate and Intrinsic Motivation [J]. Behaviour & Information Technology, 2017, 36(2): 194-208.

[115] 尚俊杰. 看不见的领导: 信息时代的领导力 [M]. 北京: 北京交通大学出版

社, 2017.

[116] SIMMEL G. Sociologie, Études sur les Formes de la Socialisation [M]. Paris: Presses Universitaires de France, 2010.

[117] 斯坦·斯莱普.感情领导力[M].高采平,史鹏举,译.北京:电子工业出版社,2011.

[118] STANFORD J H, OATES B R, FLORES D. Women's Leadership Styles: A Heuristic Analysis [J]. Women in Management Review, 1995, 10(2): 9-16.

[119] STEIN S J. The EQ Leader: Instilling Passion, Creating Shared Goals, and Building Meaningful Organizations through Emotional Intelligence [M]. Hoboken John Wiley & Sons, Inc., 2017.

[120] STOGDILL R M. Personal Factors Associated With Leadership; A Survey of The Literature [J]. The Journal of Psychology, 1948 (25): 35-71.

[121] STOGDILl R M. Handbook of Leadership: A survey of the literature [M].New York: Free Press, 1974.

[122] TARREll B. Forecasting in Women, in Management Review [M].London: Paul Chapman Publishing, 1994.

[123] ALLEN A T. Feminism and Motherhood in Western Europe, 1890–1970 [M]. New York: Palgrave Macmillan US, 2005.

[124] BÖGENHOLD D. Taylor, Frederick Winslow: The Principles of Scientific Management [M]. Stuttgart: J.B. Metzler, 2020: 1-2.

[125] TIMOTHY R, CLARK. The 4 Stages of Psychological Safety[M].Auckland: Berrett-Koehler Publishers, 2020.

[126] THOMAS,WILLIAM I,Sex and Society,Studies in the Social Psychology of Sex [M]. London: University of Chicago Press, 1907.

[127] Evelyn T M. Touching the Depths of Things: Cultivating Nature in East Asia [J].2009.

[128] FRIEDMAN. New Zealand's Prime Minister May Be the Most Effective Leader on the Planet [J]. The Atlantic, 2020:2.

[129] 加姆巴蒂斯塔·维柯.新科学 [M].朱光潜,译.北京:人民文学出版社, 1997.

[130] WALDFOGEL J. What children need [M]. Cambridge, Mass: Harvard University Press, 2006.

[131] 王化成,刘俊用.企业业绩评价模式选择—兼论中国企业业绩评价模式选择[J].管理世界 , 2004(4): 21.

[132] 王瑾. 女性CFO领导行为内涵与影响效应——基于扎根理论方法的研究[D]. 呼和浩特: 内蒙古大学, 2016.

[133] WEBER M, TALCOTT P, HENDERSON A M.The Theory of Social and Economic Organization [M].New Yor: The Free Press, 1947.

[134] WILSON S. Three Reasons Why Jacinda Ardern's Coronavirus Response Has Been a Masterclass in Crisis Leadership [J]. The Atlantic, 2020:2.

[135] 肖薇,罗瑾琏.主持职业成功的主持情境组织驱动女性领导者[M].北京:中国社会科学出版社, 2015: 104,110,112,117,127,132,140.

[136] 杨希.女性领导力,聚焦金融行业女性高管现状[J].新浪财经, 2020(4): 4

[137] 杨昕卓. 中国古代文学作品中的女性意识 [J]. 中国文艺家, 2019(2): 86-87, 123.

[138] YEAGER S J. Classic Methods in Public Administration Research [M].London: Routledge, 2018.

[139] YOUNG DUNLOP M .The Rise of the Meritocracy 1870-2033.An essay on education and Inequality [J]. Penguin Books,1958

[140] 岳政君.详解三代平衡计分卡[J].北大商业评论, 2006: 23.

[141] 张丽琍, 张瑞娟. 女性领导力 [M]. 北京: 北京师范大学出版社, 2018.

[142] 张敬. 女性领导力的研究与开发——以现代领导力的柔性化趋势为视角[J]. 唐山师范学院学报, 2018, 40(4): 117-120.

[143] 张珊明, 唐立英, 李婷. 社会认知视角下女性领导力发展困境研究综述 [J]. 山东女子学院学报, 2017(4): 29-33.

[144] 张艺. 女性领导力特质与员工创新绩效的关系研究——基于知识共享的中介作用 [D]. 北京: 北京交通大学, 2020.

[145] 赵凤喈.中国妇女在法律上之地位[M].石家庄:稻乡出版社,1977.

[146] 祝平燕, 周天枢, 宋岩. 女性学导论 [M]. 武汉: 武汉大学出版社, 2007.

[147] 周虹霞. 从领导哲学视角看中西方古代领导思想的异同 [J]. 法制博览, 2018(36): 271-272.